LA REVOLUCIÓN CUBANA ¿POR QUÉ? ... CAUSAS Y EFECTOS

ENSAYO TEÓRICO EMPÍRICO SOBRE LAS CONDICIONES DE LA REVOLUCIÓN Y SUS CONSECUENCIAS

COLECCIÓN CUBA Y SUS JUECES

EDICIONES UNIVERSAL, Miami, Florida, 2018

NELSON AMARO

LA REVOLUCIÓN CUBANA ¿POR QUÉ? ... CAUSAS Y EFECTOS

ENSAYO TEÓRICO EMPÍRICO SOBRE LAS CONDICIONES DE LA REVOLUCIÓN Y SUS CONSECUENCIAS

Copyright © 2018 by Nelson Amaro

Primera edición Talleres Gráficos Rosales, Guatemala, 1967
Segunda edición revisada y aumentada, 2018
EDICIONES UNIVERSAL
P.O. Box 450353 (Shenandoah Station)
Miami, FL 33245-0353. USA
(Desde 1965)

e-mail: ediciones@ediciones.com
http://www.ediciones.com

Library of Congress Catalog Card No.: 2018959997
ISBN-10: 1-59388-302-1
ISBN-13: 978-1-59388-302-7

Composición de textos: María Cristina Zarraluqui

Diseño de la cubierta: Luis García Fresquet

En la cubierta Valle de Viñales en Cuba y balseros escapando de la Isla

Todos los derechos
son reservados. Ninguna parte de
este libro puede ser reproducida o transmitida
en ninguna forma o por ningún medio electrónico o mecánico,
incluyendo fotocopiadoras, grabadoras o sistemas computarizados,
sin el permiso por escrito del autor, excepto en el caso de
breves citas incorporadas en artículos críticos o en
revistas. Para obtener información diríjase a
Ediciones Universal.

DEDICO ESTA TESIS:

A CUBA.............MI PATRIA
Y A MI ESPOSA TERESITA DE GUATEMALA,
MI SEGUNDA PATRIA

NOTA: Los primeros cinco capítulos de este libro, en su forma original fueron presentados por el autor para optar al título de Licenciado en Sociología y fue aprobado con dos votos de distinción por el Tribunal constituido al efecto por la Escuela de Sociología de la Universidad Pontificia de Santiago de Chile, el 17 de enero de 1967. Posteriormente, en su vida profesional, hubo peticiones para que el autor hiciera estudios sobre aspectos críticos del desarrollo y evolución de la situación cubana. De estas contribuciones, se hizo una selección que componen los capítulos restantes y constituyen «los efectos», de la ocurrencia de la revolución, lo cual corresponde al título de la obra.

ÍNDICE

PRÓLOGO xix
INTRODUCCIÓN xxiii
    1. Grupos de Derecha.. xxiii
    2. Grupos de Centro xxiii
    3. Grupos de Izquierda... xxiii

CAPÍTULO I   LA TEORÍA DE LA REVOLUCIÓN EN CARLOS MARX Y SUS SUCESORES............................ 1
   i Carlos Marx 1
       1. La influencia de la esencia del ser humano............................ 2
       2. La determinación de las realidades económico-sociales........ 3
       3. Consecuencias de las luchas de clases identificadas.............. 6
   ii Vladimir Ilich Ulianov, alias Lenin 10
   iii Stalin y Mao Tse-Tung 14
   iv Conclusiones generales 19
   Referencias.. 25

CAPÍTULO II UN ESTUDIO DE CASO, LA REVOLUCIÓN CUBANA, SEGÚN MARX 27
   i Conflictos sobre la distribución de recompensas económicas entre las clases... 30
   ii Fácil comunicación entre los individuos en la misma composición de clase, de manera que las ideas y los programas de acción sean diseminados sin esfuerzo. 52
   iii Crecimiento de la conciencia de clase en el sentido de que los miembros de una clase tienen un sentimiento de solidaridad y entendimiento de su rol histórico....................... 56
   iv Profunda insatisfacción de la clase baja por la inhabilidad para controlar la estructura económica de la cual se siente la víctima explotada... 60

   v Establecimiento de una organización política resultado de la estructura económica, la situación histórica y la maduración de la conciencia de clase 67
   vi Anti-imperialismo, entendido en el marco de la reacción ante la fase monopolista del capital... 74
   vii Vinculación a los movimientos de liberación nacional, resultante del nexo del movimiento proletario socialista, a la lucha anti-colonial 88
      Conclusiones 91
      Referencias 95

CAPÍTULO III HACIA UNA SUPERACIÓN DE LA TEORÍA DE MARX Y SUS SUCESORES 99
   i   El aporte de Ralf Dahrendorf... 103
   ii Las limitaciones del Modelo de Conflicto............................ 105
   iii Hacia una superación de algunas limitaciones..................... 108
   iv Axiomatización de la teoría 117
      Conclusiones 121
      Referencias 122

CAPÍTULO IV ¿POR QUE OCURRIÓ LA REVOLUCIÓN CUBANA? 125
   i   Cuba a la luz de la teoría de las clases 125
   ii El Período de Gestación.. 130
   iii El Periodo de Triunfo o de Crisis General 151
   iv El Período de Ampliación... 158
      Conclusiones 181
      Conclusiones finales 183
      Referencias 186

CAPÍTULO V IMPLICACIONES PARA UNA TEORÍA GENERAL DE LA REVOLUCIÓN 189
   i   ¿Qué es Revolución? 189
   ii Tipos de Revolución 191

   iii Las fases de la Revolución y sus condiciones 194
   iv Revolución y desarrollo 200
   v Revolución e interpretación de la historia............................. 206
   vi La misión del mundo de hoy 211
   Referencias... 213

CHAPTER VI DECENTRALIZATION, LOCAL GOVERNMENT AND CITIZEN PARTICIPATION IN CUBA 215

   Lessons from The Soviet Union and Former Socialist Countries 217
   Decentralization Changes in Cuba... 220
   Local Goverment in Cuba 222
   Citizen Participation 228
   Non-Governmental Organizations (NGOS) allowed by the Regime... 236
   Bringing Cuban Decentralization and Local Government Efforts In Line With Other Countries 243
   Conclusions.. 245
   References... 249

CAPÍTULO VII LECCIONES DE LA PAZ EN CENTROAMÉRICA: UN INTENTO DE APLICACIÓN A CUBA 255

   Nicaragua: Un caso especial en Centroamérica y una sola lección 256
   Comparaciones útiles entre Guatemala y El Salvador 258
   El caso guatemalteco: Un paradigma de posible aplicación al caso cubano.. 263
   Conclusiones 269
   Referencias.. 272

CHAPTER VIII MODELS OF DEVELOPMENT AND GLOBALIZATION IN CUBA...................................273

   The Independent Path Model, 1959-62 273

The Return To Agriculture and Sugar, 1963-70 276
Pragmatic Development And Geopolitics, 1970-86
  (See also Mesa-Lago, 1979, especially pp. 20-27) 281
Rectification of Errors and The Special Period
  Model, 1986 to Date 285
Globalization and Development Models 290
Conclusions 292
References 294

CAPÍTULO IX LA ECONOMÍA SOCIAL DE MERCADO
  VISTA POR UN SOCIÓLOGO 297
Visiones Contrapuestas de la Realidad Social 298
Visión desde la Sociología y la Doctrina de una
  Economía Social de Mercado 300
Patrones de la Realidad que han Orientado el Desarrollo y el
  Combate a la Pobreza desde los Sesenta en el Mundo 303
Tendencias Ideológicas en Relación a la Erradicación
  de la Pobreza 310
Pivotes para la Ideología Integral: Una Reingeniería
  Necesaria 315
Conclusiones 319
Referencias 322
Otras fuentes 324

LISTA DE CUADROS

CAPÍTULO II

Cuadro 1: 1960, Distribución del ingreso de la población trabajadora agrícola de Cuba 38

Cuadro 2: 1960 Cuba: Distribución del ingreso de la población económicamente activa en el área urbana 48

Cuadro 3: Proporción de afroamericanos y blancos en la fuerza laboral por grandes grupos ocupacionales 50

Cuadro 4: Periódicos, tiraje estimado y número de ejemplares por mil habitantes, 1952-1958 53

Cuadro 5: Número de receptores de radio instalados y por mil habitantes y número de estaciones transmisoras, 1958 53

Cuadro 6: Número de receptores de televisión y por mil habitantes, 1958 54

Cuadro 7: Status de empleo pre-revolucionario y actitud hacia los comunistas entre los trabajadores antes de la revolución (en porcentajes) 59

Cuadro 8: Preferencias de los votantes según pertenencia de clase con vista a las elecciones de 1952 68

Cuadro 9: Valor de la inversión de USA en millones de dólares por sector económico 75

Cuadro 10: Proceso de formación de la estructura económica cubana 79

Cuadro 11: Extensión de la lucha de clase, según las variables estudiadas, antes de 1959 94

CAPÍTULO III

Cuadro 12: Método de análisis del proceso revolucionario cubano 121

CAPÍTULO IV

Cuadro 13: Tipos de marginalidad según clase y residencia rural-urbana y etnia 131

Cuadro 14: Grado de marginalidad y actitud hacia la revolución (en porcentajes) 133

Cuadro 15: Generación política y actitud hacia la revolución (en porcentajes) 137

Cuadro 16: Generaciones políticas, status prerrevolucionario de empleo y actitudes políticas (en porcentajes) 138

Cuadro 17: Generaciones políticas y referencia a individuos 150

Cuadro 18: La relación entre etnia, cambio en estatus de empleo y actitud hacia la revolución 180

Cuadro 19: Tema de la interacción entre caudillo y masa 182

CAPÍTULO V

Cuadro 20: Tipo de marginalidad según orden de importancia 193

Cuadro 21: Eslabones débiles en revoluciones seleccionadas 196

CHAPTER VI

Table 1. Cuba: Territorial Organization and Municipal Indicators 225

CAPÍTULO IX

Cuadro 22: Perfiles ideológicos de desarrollo de acuerdo a objetivos priorizados por los gobiernos 311

LISTA DE FIGURAS

CAPÍTULO IV

Figura 1: Aplicación de las curvas temporales J de Davies a la historia cubana, en los cuales a periodos de bonanza siguen crisis que inducen los cambios,

resaltando el divorcio entre lo económico y lo
político y su coincidencia en la fase última 145

CHAPTER VI

Figure 1: Cuba: Links between the CDR's Vigilance
System and Government Bodies 241

CAPÍTULO IX

Figura 2: Valores Universales y su Interrelación de la
Economía Social de Mercado: una visión integral
desde la Sociología 302

ACRÓNIMOS

AJR	Asociación de Jóvenes Rebeldes
ANAP	Asociación Nacional de Agricultores Pequeños
ASCE	Association for the Study of the Cuban Economy
BANFAIC	Banco de Fomento Agrícola e Industrial Cubano
CDRs	Comités de Defensa de la Revolución
CECE	State Committee for Economic Cooperation
CEPAL	Comisión Económica para América Latina y el Caribe
CIA	Central Inteligence Agency por sus siglas en inglés; por sus siglas en español: Agencia Central de Inteligencia
CTC	Confederación Nacional de Trabajadores de Cuba
FLACSO	Facultad Latinoamericana de Ciencias Sociales
FMC	Federación de Mujeres Cubanos
FMLN	Frente Farabundo Martí para la Liberación Nacional
INRA	Instituto de la Reforma Agraria
IPF	Instituto de Planificación Física
JUCEPLAN	The Central Planning Board
NEP	New Economic Policy
NGOs	Non-Governmental Organization
OIT	Organización Internacional del Trabajo
OMS	Organización Mundial de la Salud
ORIs	Organizaciones Revolucionarias Integradas
PAC	Patrullas de Autodefensa Civil

PRC	Partido Revolucionario Cubano
PURS	Partido Unido de la Revolución Socialista
PSP	Partido Socialista Popular
SDPE	Sistema de Dirección y Planificación de la Economía, Economic Management and Planning System
UJC	Unión de Jóvenes Comunistas
UNESCO	Organización de las Naciones Unidas para la Educación, la Ciencia y la Cultura
URNG	Unidad Revolucionaria Nacional Guatemalteca
USA	Estados Unidos de América
USSR	Unión de Repúblicas Socialistas Soviéticas
VOP	Vigilancia y Orden Público-Vigilance and Public Order

PRÓLOGO

Juan Manuel Salvat

Y el descanso, vivir en acción.
Del himno de la ACU.

Para escribir este prólogo tengo que confesar varias cosas y así el lector no se sentirá engañado o pensando la razón de estas páginas que no tienen tanta relación con el contenido del libro, aunque sí con su autor, mi gran amigo Nelson Amaro Victoria. Primero les confieso que no soy sociólogo ni académico, solamente un editor y distribuidor de libros por mandato de los caminos de Dios. Pensé, como Nelson, en ser abogado. Pero los azares de la vida hicieron que me quedara dos veces en segundo año de la Escuela de Leyes en dos universidades distintas. Todo esto debido a la falta de libertad y excesos policiales en mi país. Pensé vivir siempre en Cuba y terminé, después de varios años intentando una solución de libertad, haciendo mi vida en Miami, Estados Unidos. Estas cosas solo suceden en países revueltos con regímenes dictatoriales, como fue y es mi patria Cuba.

Y en Miami comencé abriendo una librería, seguida por una distribuidora y terminando con una editorial que lleva 53 años publicando libros de muchas materias siendo la mayoría sobre Cuba. Nunca habíamos publicado un libro de Nelson y en el verano, conversando, hablamos de reeditar su libro sobre la Revolución Cubana. Y él entonces me pidió que escribiese el prólogo. En realidad dudé pues nunca había escrito para un libro a pesar de haber publicado más de 1,600 títulos. Pero le dije que sí y esta es la razón de este escrito y también de esta explicación que pide disculpas al lector.

Dios me ha dado la Gracia de tener muchos buenos amigos. Y digo muchos con sentido de realidad y no como una exclamación cubanísima de aumentar la realidad. Y Nelson Amaro está entre los primeros. Nos conocimos en la Agrupación Católica

Universitaria cuando fui a estudiar a La Habana en 1957. Fuimos juntos a estudiar Derecho en la Universidad de San Juan Bautista de La Salle y después en la Universidad de La Habana. Nelson también estudiaba en la Facultad de Filosofía y Letras aunque yo preferí la de Ciencias Sociales y Derecho Público. Y poco a poco seguimos profundizamos una amistad que ya nunca se interrumpirá a pesar de los exilios, las distancias de países diferentes donde hemos vivido. Siempre hemos tenido una estrecha comunicación logrando mantener esa fraternidad que sentimos a toda prueba.

Ha habido difíciles momentos compartidos tanto en la época de la dictadura de Batista como en la época del gobierno revolucionario de los Castro. Nuestro pensamiento ha tenido como cimiento el ejemplo y mensaje de Jesucristo con una profunda base ignaciana. Han sido esas ideas y el amor a la libertad como derecho y necesidad humana, las que han marcado nuestras vidas y han dado razón a nuestras luchas, muchas veces de peligro, penurias, tristezas pero también con muchas razones para ser felices, fundar familia con buenas y queridas esposas, tener hijos y nietos entrañables y esperar ya, con canas abundantes, los biznietos. Trabajamos y soñamos por una Cuba libre y próspera para todos y hemos tenido que vivir siempre luchando contra regímenes personales dictatoriales que suprimieron la libertad y paralizaron el desarrollo de nuestro país.

Nelson Amaro prosiguió sus estudios en Santiago de Chile y luego en Estados Unidos. Ha trabajado en muchos puestos importantes y en lugares diferentes. Así ha logrado una formación sólida y al mismo tiempo experiencias en países diferentes en América Latina, Estados Unidos, Europa y África. Recaló por amor en Guatemala donde tiene a su esposa Teresita para ser feliz, una cátedra universitaria y tiempo para sus estudios. Fue en 1967 cuando escribió y publicó su tesis, *La Revolución Cubana ¿Por qué?* Es, sin dudas, un estudio importante que busca las razones de una revolución que cambió el destino de una Nación para peor. Todavía hoy los cubanos y muchos otros que estudian la realidad cubana, se preguntan por qué sucedió esto. Esa misma pregunta se la hacen ahora nicaragüenses, venezolanos y de otros países.

Cómo es posible que para solucionar dificultades reales pero con soluciones, los pueblos caigan en la trampa del comunismo que nunca brinda felicidad pero siembra miedo y horror en el país donde llegan. Y que a pesar de los ejemplos que se ven y palpan, todavía otros países cometan el mismo error de aceptar populismos despóticos de derecha o izquierda, aunque no me gusten esos términos engañosos pues al final son, en la práctica, muy parecidos: un señor que promete solucionar los problemas, pero necesita todo el poder y absoluta obediencia para gobernar. Y países que comienzan a padecer las carencias sin recibir las soluciones prometidas, pero viven la trampa de no poder cambiar pues ya no existe la libertad.

Entonces el libro de Nelson adquiere cada día más importancia, brinda mil razones más para leerlo y estudiarlo. Pues en este libro sí se analizan las causas que llevaron a un pueblo a cometer un error inmenso y que, a pesar de muchas luchas heroicas, de miles de fusilados y docenas de miles de prisioneros políticos, no se ha logrado revertir el proceso hacia la libertad y todo se mantiene igual. Se harán cambios cosméticos y muy amarrados para que ese gobierno pueda subsistir, pero nunca en libertad.

Este libro es mucho más que la primera edición pues ha sido revisado y aumentado por el autor. Cuando lo leo disfruto la capacidad de mi amigo autor para estudiar las situaciones y alcanzar conclusiones que puedan ayudar a todos nuestros países a lograr una sociedad libre, justa, solidaria y feliz. Me solidarizo con Nelson Amaro en este párrafo con el que cierra su libro:

> *«Los objetivos de desarrollo y la erradicación de la pobreza, sólo se lograrán cuando creemos un ser humano capaz de soñar una sociedad diferente, libre del hambre, la ignorancia y la enfermedad en donde impere la libertad, igualdad y solidaridad humana basadas en la dignidad plena del hombre. A través de contrastar estos valores con el 'desorden establecido', llegaremos al ideal de una nueva Cristiandad basada en el bien común donde impere en forma permanente la paz y la justicia. La economía social de mercado es la visión correcta a la luz de estos valores.»*

Y yo espero que el lector tome conciencia de que la mejor forma de lograr ese objetivo es a través de cambios pacíficos e inteligentes donde puedan existir gobernantes que amen a sus pueblos, pero siempre respetando la libertad, la justicia, la igualdad con oportunidades, la solidaridad, y se respete siempre esa dignidad humana de la que hablamos pero muchas veces olvidamos. Que el olvido termine en el importante logro de la felicidad plena para todos. Gracias amigo entrañable, gracias Nelson por este libro.

INTRODUCCIÓN

No ha habido quizás, tema más mal tratado en los últimos años, que la revolución cubana. Gran parte de los libros escritos, incluyendo los de renombrados autores, adolecen de una carga valorativa tal, que es imposible discernir al final, entre la realidad y la ideología, entre lo que sucedió realmente y lo que quieren hacer creer que sucedió de acuerdo a esquemas preconcebidos. Aquí encontramos los matices y colores más diversos que desfiguran, según la bandera política sobre todo, la interpretación de la realidad cubana antes y después de 1959. Utilizando el esquema tradicional de «centro», «derecha», o «izquierda», y simplificando al máximo las creencias generales, se podrían clasificar éstas de acuerdo a los siguientes patrones:

1. Grupos de Derecha: «La revolución cubana es producto de la conspiración internacional del comunismo internacional que, utilizando el engaño y la astucia, pudo controlar los resortes del poder en la isla».

    Cuba era un país donde predominaba la clase media y su «standard» de vida podía calificarse entre los mejores de América Latina e incluso, en algunos renglones, semejante al de los países desarrollados.

2. Grupos de Centro: «La revolución cubana es producto de la miseria que viven nuestros países. Ella surgió para remediar esos males, pero después fue traicionada. A ella contribuyó en medida, la mala política norteamericana, que no la ayudó en los momentos que necesitaba».

3. Grupos de Izquierda: «La revolución es producto de la explotación que existía en Cuba sobre las clases bajas, que constituían la inmensa mayoría de la población. Ella fue una revolución campesina principalmente, que decidió enfrentarse al imperialismo yanqui, logrando su completa derrota en la isla. Tiene dos fases principalmente: una an-

ti-burguesa, anti-feudal y anti-imperialista, y otra donde se instaura el socialismo».

En mayor o menor medida, cada grupo participa de estos tipos de creencias sobre lo que ocurrió en la isla. Sin embargo, ¿se ajustan a la verdad estas posiciones? No cabe duda que el régimen implantado en la isla sigue la línea del pensamiento marxista, aplicado ya en otros países, y que la interpretación que dan las principales personalidades de la Revolución Cubana, se ajusta a ese pensamiento. Por esa razón, al trazarnos el propósito último de esclarecer desde el punto de vista sociológico, la aparición de la revolución cubana en la historia, hemos querido en primer lugar, confrontar la teoría marxista con la realidad cubana, para ver si existían las condiciones propicias para el éxito de una revolución según esa interpretación.

Posteriormente, y de acuerdo a los resultados de esa investigación, enunciamos un intento de explicación, que pudiera abocar aquellos aspectos contemplados por la explicación marxista, así como también, eliminara aquellos que no resistieran la contrastación con los datos empíricos de la realidad misma, para así poder obtener la adecuada explicación del fenómeno cubano. Más tarde, relacionamos las generalizaciones obtenidas con la teoría general sociológica sobre la revolución, así como con áreas importantes que pudieran esclarecerse si se dedica un mayor estudio al tema.

Todos los autores concuerdan en que el estudio del fenómeno revolucionario, es escaso entre los sociólogos actuales. Las características únicas de tal fenómeno, al parecer no han permitido hasta ahora, un mayor esclarecimiento de dicha área. Es precisamente en la literatura marxista pasada y contemporánea, donde encontramos mayores referencias, aunque siempre «cargadas» políticamente, como veremos a lo largo de este mismo estudio. Este último hecho desalentador, cuando América Latina tiene hoy un proceso, que aún los sectores más «conservadores», califican de «pre-revolucionario».

Bastaría observar las guerrillas en Guatemala, Venezuela, Colombia y Perú, la fuerza de los partidos marxistas en Chile, la preconización de una revolución por una nueva fuerza política en el continente, la democracia cristiana, la bipolarización de las clases en casi todos nuestros países, la intervención de los «marines» en Santo Domingo, para concluir en el diagnóstico de que en la mayoría de las naciones de nuestros continentes, están operando las mismas fuerzas cuyo desenlace en Cuba fue, precisamente, la revolución cubana y en Chile, el arribo al poder de un movimiento aún reciente, pero cuyo destino último, según sus principales personalidades, es realizar también una revolución.

A nuestro entender, este hecho es un índice de que, a excepción de los sectores marxistas —existe generalmente, un mayor énfasis en el rechazo a una situación que se juzga inadecuada, quedando aún por ver, el compromiso de cómo se lleva esa situación de manera práctica, a un nuevo orden. De aquí pudieran surgir muchas preguntas: ¿Debilidad teórica?, ¿alianza de los que proclaman la revolución con los mismos a los cuales se oponen?, ¿incapacidad para determinar cuáles son los resortes que producen el fenómeno?, ¿ausencia de caudillos en los cuales esté depositando el consenso de la nación?, ¿demasiado respeto a las instituciones?, ¿carencia de canales que vinculen al pueblo a los líderes?, ¿exceso de burocracia?, ¿timidez en trazar una división marcada entre el paso y el futuro?

Todas ellas son preguntas a nivel práctico, que inciden directamente, en el estudio que nos ocupa y que pueden ser enfrentadas científicamente. Ojalá, la experiencia cubana sirva para ello y el tránsito hacia el nuevo mundo, en el resto del continente, sea hecho con el menor dolor y la mayor solidaridad para los seres humanos. Ese, y no otro, es el propósito último de esta obra.

Advertencia final: En la primera parte de este estudio, analizaremos los presupuestos marxistas para la ocurrencia de una revolución. Intentaremos ser fieles al pensamiento original, para luego probar y someter sus afirmaciones a la realidad de Cuba, previa al estallido revolucionario. Manejar los conceptos marxistas para que una revolución pueda ocurrir, no quiere decir que se aceptan sus generalizaciones. Por el contrario se someterán sus postulados a la realidad empírica para ver si se sostienen o no. Será el resultado de los siguientes capítulos, si esas afirmaciones corresponden a la realidad y por lo tanto el punto de partida, no corresponde necesariamente a las tendencias ideológicas del autor.

CAPÍTULO I

LA TEORÍA DE LA REVOLUCIÓN EN CARLOS MARX Y SUS SUCESORES

Queremos, en esta primera parte del tema, trazar en sus rasgos generales, la teoría marxista de la revolución según se ha desarrollado hasta hoy, y ver la posibilidad de que dichas afirmaciones puedan formar hipótesis que sean capaces de verificarse empíricamente, en cualquier tipo de realidad correspondiente a países en vías de desarrollo.

De manera que no pretendemos hacer un desarrollo pormemorizado del pensamiento marxista contemporáneo. Tan sólo aspiramos a desprender aquellas proposiciones que incidan sobre el tema revolucionario, reduciendo su nivel de generalización, de manera que sea identificables empíricamente, desde la propia realidad social y apuntando hacia una operacionalización de las variables significativas que hayamos podido reunir. Nuestra pregunta no es, entonces, tan sólo que dijo Carlos Marx. Es, fundamentalmente, qué utilidad sociológica nos ha legado el pensamiento marxista hasta hoy, respecto al significado de la revolución.

i
Carlos Marx

Para poder llevar a cabo lo enunciado arriba, nos hemos hecho las siguientes preguntas:

1. ¿Por qué piensa Marx que es necesario hacer una revolución?

2. ¿De qué manera se relaciona esto a la propia realidad social que se quiere transformar?

3. ¿Cuál es el papel que corresponde a cada factor en la lucha por el poder y cuáles son los resultados finales de esa acción en cada uno de los aspectos anteriores?

En una pregunta: ¿Por qué se hace la revolución, cómo surge de la realidad social, cómo se adelanta y qué pasa después? Para ello es necesario hacer relevante el pensamiento filosófico donde se asienta la teoría social.

1. La influencia de la esencia del ser humano

El pensamiento de Carlos Marx no sólo contiene una crítica a la historia y especialmente, a la sociedad capitalista. Tampoco es solamente un programa de acción y la proposición de una imagen de una sociedad futura. Es, fundamentalmente, por encima de lo anterior, una visión del hombre en el mundo a partir de la cual, se llega a un humanismo naturalista y social y a una concepción de la historia, el materialismo histórico, en todo lo cual se encuentra lo anteriormente enunciado.

De esa manera, el hombre es un ser que busca su objeto en la propia naturaleza. En ese sentido, es un ser genérico, ya que él es también parte de esa naturaleza. El ser humano, como especie, tiene un signo distintivo del resto de las especies: su capacidad creadora. Y no sólo eso... también la capacidad de contemplar su obra. Este hecho define su género. Hay un aspecto central que define esencialmente la relación del hombre con la naturaleza: la actividad. En palabras de Marx (1947):

> El hombre es un ser genérico, no sólo en el sentido de que constituye la comunidad (la suya propia y la de otras cosas su objetivo práctico y teóricamente, sino también y esto es simplemente otra expresión de la misma cosa), en el sentido de que se considera como la especie actual, viva, como un ser universal y en consecuencia, libre. (p. 161)

Esta actividad se concreta en el trabajo, en el cual el hombre se objetiva a sí mismo y por lo tanto, lo que produce es una extensión de él mismo. No se trata del trabajo espiritual abstracto, del cual nos hablaría Hegel, más bien se trata de acuerdo a Chambre (1954) del:

> ....trabajo concreto, del trabajo de todos los días, a la vez material y espiritual, por el cual el hombre se esfuerza por subyugar a la naturaleza, trabajo que humaniza la naturaleza hostil y que naturaliza

al hombre, creando así el hombre social, reconciliado con la naturaleza y la totalidad de la humanidad. (p. 54)

Sin embargo, Marx constata que este trabajo es enajenado, porque el trabajador siente el producto realizado como no formando parte de su naturaleza, como algo extraño a sí mismo e incluso, como un poder independiente que se vuelve contra él, debido a que ha perdido el control de su propia contribución. Esto lo analiza Carlos Marx (1947) a partir de un hecho económico contemporáneo:

> El trabajador se vuelve más pobre a medida que produce más riquezas y a medida que su producción crece en poder y en cantidad. El trabajador no sólo crea bienes; también se produce, a sí mismo y al trabajador, como una mercancía y en la misma proporción en que produce bienes. Este hecho supone simplemente que el objeto producido por el trabajo, su producto, se opone ahora a él como un ser ajeno, como un poder independiente del productor. El producto del trabajo es trabajo encarnado en un objeto y convertido en cosa física; este producto es una objetivación del trabajo. La realización del trabajo aparece en la esfera de la economía política como una invalidación del trabajador, la objetivación como una pérdida y como servidumbre al objeto y la apropiación como enajenación. (p.103)

La revolución significa aquí para Marx, el camino que lleva a la emancipación del trabajo que se rebela contra la explotación humana. Esta emancipación coincide con la liberación del ser humano, de las enajenaciones de su actividad, y al producirse ésta, la especie va a reconciliarse con su género, la naturaleza con el hombre, el interés individual con el interés general, la esencia con la existencia, o sea, lo abstracto con lo concreto. Por eso, es necesario hacer la revolución.

2. La determinación de las realidades económico-sociales

Parte ahora Marx de la propia realidad social: esta enajenación se da en diferentes formas en las distintas etapas del desarrollo histórico, que se haya condicionado por el nivel que hayan alcanzado las fuerzas productivas asociadas a los diferentes medios de producción que el hombre haya logrado idear para el control de la naturaleza. Junto al crecimiento de estas fuerzas productivas, se desarrollan determinadas relaciones de producción que se cristalizan en estructuras jurídicas, políticas, económicas, sociales, religiosas, etc. Hook (1965) lo enuncia así:

> En la producción social de su existencia los hombres entran en relaciones determinadas necesarias, independientes de su voluntad; estas relaciones de producción corresponden a un grado determinado de desarrollo de sus fuerzas productoras materiales. El conjunto de estas relaciones de producción constituye la estructura económica de la sociedad, la base real sobre la cual se eleva una superestructura jurídica y política y a la que corresponden formas sociales determinadas de conciencia. El modo de producción de la vida material condiciona el progreso de vida social, política e intelectual en general. No es la conciencia de los hombres la que determina la realidad; por el contrario, la realidad social es la que determina su conciencia. Durante el curso de su desarrollo, las fuerzas productoras de la sociedad entran en contradicción con las relaciones de producción existentes o, lo cual no es más que su expresión jurídica, con las relaciones de propiedad en cuyo interior se habían movido hasta entonces. De formas evolutivas de las fuerzas productoras que eran, estas relaciones se convierten en trabas de estas fuerzas. Entonces, se abre una era de revolución social. (p. 159)

En la etapa capitalista que sucede al feudalismo, esto se deja ver en la evolución del capital, que haciendo uso de la libre competencia, se va acumulando cada vez más en pocas manos, a través de los monopolios. Marx (1959) dice:

> El monopolio del capital se convierte en grillete del régimen de producción que ha crecido en él y bajo él. La centralización de los medios de producción y la socialización del trabajo llegan a un punto en que se hacen incompatibles con su envoltura capitalista. Esta salta hecha añicos. Ha sonado la hora final de la propiedad privada capitalista. Los expropiadores son expropiados. (pp. 648 -649)

En realidad, el capital, mediante el cual se ejerce una dominación sobre el trabajo —en su forma más pura desde el punto de vista histórico— no es más que el propio trabajo acumulado que es prácticamente, robado por el dueño de los medios de producción al apropiarse de un objeto creado, en el cual no intervino y no dar al obrero más que una ínfima parte del valor de ese objeto –aquella que le permite supervivir para que siga trabajando para él-. En consecuencia, existe una contradicción antagónica e irreductible entre el proletario y el empresario. La función de la ideología burguesa es desfigurar este conflicto en su beneficio, ya que existe la tendencia de los que poseen los medios de producción, de perpetuar esas relaciones en perjuicio de los explotados.

De aquí se deriva la división fundamental en clases de la sociedad capitalista: los propietarios y los no propietarios. Luego entonces, donde primero hay que ubicar el concepto de clase, es dentro de la estructura de producción dada de una sociedad y luego, dentro de las relaciones sociales que esta crea. Por esa razón, nos dice Marx (1959):

> Los propietarios de simple fuerza de trabajo, los propietarios de capital y los propietarios de tierras, cuyas respectivas fuentes de ingresos son el salario, la ganancia y la renta del sueldo, es decir, los obreros asalariados, los capitalistas y los terratenientes, forman las tres grandes clases de la sociedad moderna, basada en el régimen capitalista de la producción. (p.817)

De aquí, en otra obra (Marx, 1959) sigue afirmando que para apoyar todo lo anterior, se impone lo siguiente:

> ...toda una superestructura de sentimientos, ilusiones, modos de pensar y concepciones diversas y plasmadas de un modo peculiar. La clase entera los crea y los plasma derivándolos de sus bases materiales y de las relaciones sociales correspondientes. (p. 32)

Estas clases están en una lucha constante, a través del tiempo, señalando el nivel de las fuerzas productivas, quienes, entre explotadores y explotados, serán los futuros dominadores en las distintas etapas históricas: pero dichas contradicciones se van simplificando cada vez más, hasta llegar a la actualidad en que se enfrentan el proletariado y el capitalista, que es la lucha final, porque la desaparición de éste último, significa la socialización de los medios de producción, tendencias hacia donde apuntaba el desarrollo del nivel de las fuerzas productivas desde sus inicios.

De ahí que afirme Marx (1955) en el Manifiesto Comunista:

> La historia de todas las sociedades que han existido hasta nuestros días, es la historia de las luchas de clases ... opresores y oprimidos se enfrentaron siempre, mantuvieron una lucha constante, velada unas veces, y otras franca y abierta lucha que terminó siempre con la transformación revolucionaria de toda la sociedad o el hundimiento de las clases beligerantes. (p.33)

La revolución traería consigo una nueva infraestructura económica, basada en la socialización de los medios de producción; esto repercutiría, a la vez, en el resto de las superestructuras, que son producto de las enajenaciones del sistema anterior, y que irían desapareciendo paulatinamente, para dar paso a las nuevas relaciones de producción.

3. Consecuencias de las luchas de clases identificadas

Lo anteriormente enunciado, son las regularidades que descubre Marx en la aplicación del socialismo científico. Esto ocurre y ocurrirá, aún cuando el hombre no hubiera descubierto dichas regularidades. Engels nos dice:

> Fue precisamente Marx el primero que descubrió la gran ley que rige la marcha de la historia, la Ley según la cual todas las luchas históricas ya se desarrollen en el terreno político, en el religioso, en el filosófico o en otro terreno ideológico cualquiera, no son, en realidad, más que la expresión más o menos clara, de luchas entre clases sociales y que la existencia, y por tanto también los choques de estas clases, están condicionados, a su vez, por el grado de desarrollo de su situación económica, por el modo de su producción y de su cambio condicionado por esta. Dicha ley....tiene la misma importancia que la Ley de la Transformación de la Energía para las Ciencias Naturales. (p. 3)

Pero como nos dice Sciacca (1958): «Hasta aquí, los filósofos han interpretado el mundo, ahora se trata de cambiarlo». Hemos visto, a través de todo el desarrollo del pensamiento de Marx, desde la actividad que se concreta en el trabajo y la asociación de éste junto con los medios de producción, a las fuerzas productivas resultantes de las distintas épocas, el papel que corresponde al proletariado industrial. De esta forma en la actualidad, es el obrero quien tiene el rol protagónico preponderante... la encarnación del progreso humano. Los capitalistas van a mantener una dominación económica y política sobre el proletariado principalmente, y luego, sobre el resto de la sociedad. Donde es más crítica esa dominación, es en las industrias, donde se enfrentan obreros y capitalistas, explotados y explotadores, unos dependientes de un salario miserable, otros buscando el mayor beneficio, unos con el poder político sancionado por la sociedad burguesa, el otro sin ese poder, unos trabajando en común, los otros en forma individual y sin participar prácticamente, en el proceso productivo.

Los principales cambios van a estar entonces:

1. En la contradicción entre el nivel de las fuerzas productivas constituidas por el trabajo y las formas sociales que lo envuelven.
2. En la lucha de clase inherente a esta contradicción, lo cual nos lleva a ubicar dos aspectos principales:
   a. La ubicación de las clases dentro de la estructura de producción en un tiempo y lugar.
   b. Las variables que contienen el término «clase», cuyo alcance nos va a dar la medida del avance del proletariado hacia la toma del poder, y del grado de conflicto entre las clases.

La tarea principal que tiene el proletario y con él, las clases explotadas, es agudizar esas contradicciones de clase, para hacer saltar esa «envoltura capitalista» y a la vez, esperar dentro de esas condiciones, la oportunidad propicia para la toma del poder político, desde donde partirán las direcciones para una sociedad sin clases, vale decir, sin conflictos.

Esta centralización del poder político tendrá un carácter transitorio. La sociedad marcha inevitablemente, hacia el socialismo. La tarea del proletariado, no obstante, es adelantar, el proceso histórico. De esta manera, tenemos el primer alcance empírico hacia la realidad que queremos desentrañar: es la madurez de la lucha de clases, lo que determinará la posibilidad de la toma del poder político. Pero… ¿qué entendía Marx por clase? Eso, en realidad, nunca se ha sabido completamente. En el momento de iniciar ese trabajo, en el último capítulo del Capital, le sorprende la muerte. Ossowsky

(1963, p. 694 y sig.) interpreta tres enfoques de Marx, con respecto a las clases sociales: una dicotomía básica ya descrita, y un esquema de gradación intermedio, determinado por los límites de las dos clases básicas y antagónicas; un esquema tricotómico funcional sin una clase intermedia (se incluye pequeña burguesía como atributo de clase, no como resultante); y una estructura «multidivisional», con diferentes clases persiguiendo diferentes intereses.

En los países en vías de desarrollo, es evidente que prevalece el primer tipo de enfoque a que se refiere Ossowsky, debido, principalmente al incipiente industrialismo. En el análisis empírico, ese será el que desarrollaremos. Hasta aquí, hemos planteado las clases dentro de la estructura de producción. Nos falta ver las características de las relaciones a que da origen esa estructura, porque para la constitución de una clase, desde el punto de vista marxista, no solo basta una situación objetiva, sino también una disposición subjetiva. Esto es, precisamente, lo que convierte una «clase en sí» en una «clase para sí», pues, lo que se trata, es de transformar la historia, no de interpretarla. Las variables principales de ese proceso, las describe Marx en el «Manifiesto Comunista» citado y es comentado y resumido por diversos autores como Wright Mills (1964) cuando dice:

> El proletariado pasa por diferentes etapas de desarrollo. Su lucha contra la burguesía comienza con su surgimiento. Al principio, la lucha es entablada por obreros aislados, después por los obreros de una misma fábrica, más tarde, por los obreros del mismo oficio de la localidad, contra el burgués aislado que los explota directamente... Pero la industria, en su desarrollo, no sólo acrecienta el número de proletarios, sino que los concentra en masas considerables; su fuerza aumenta y adquieren mayor conciencia de la misma. Los intereses y las condiciones de existencia de los proletarios, se igualan cada vez más, a medida que la máquina va borrando las diferencias en el trabajo y reduce el salario, casi en todas partes, a un nivel igualmente bajo. Como resultado de la creciente competencia de los burgueses entre sí y de las crisis comerciales que ella ocasiona, los salarios son cada vez más fluctuantes; el constante y acelerado perfeccionamiento de la máquina, coloca al obrero en situación cada vez más precaria; las colisiones individuales entre el obrero y el burgués, adquieren más y más, el carácter de colisiones entre dos

clases. Los obreros empiezan a formar coaliciones contra los burgueses y actúan en común, para la defensa de sus salarios. Llegan hasta formar asociaciones para asegurarse los medios necesarios, en previsión de estos choques circunstanciales. Aquí y allá la lucha estalla en sublevación…A veces los obreros triunfan, pero es un triunfo efímero. El verdadero resultado de sus luchas no es el éxito inmediato, si no la unión cada vez más extensa, de los obreros. Esta unión es favorecida por el crecimiento de los medios de comunicación creados por la gran industria, y que ponen en contacto a los obreros de diferentes localidades. Y basta ese contacto, para que las numerosas luchas locales, que en todas partes revisten el mismo carácter, se centralicen en una lucha nacional, en una lucha de clases. Más, toda lucha de clases es una lucha política. Y la unión que los habitantes de las ciudades de la Edad Media, con sus caminos vecinales, tardaron siglos en establecer, los proletarios modernos, con los ferrocarriles, la llevan a cabo en unos pocos años. (pp. 44-45)

En esta última exposición, están contenidas las variables principales del complejo de relaciones sociales, que constituye una clase. Bendix y Lipset (1963) las resumen así:

1. Conflictos sobre la distribución de recompensas económicas entre las clases.
2. Fácil comunicación entre los individuos en la misma composición de clase, de manera que las ideas y los programas de acción sean diseminados sin esfuerzo.
3. Crecimiento de la conciencia de clase, en el sentido que los miembros de la clase tienen un sentimiento de solidaridad y entendimiento de su rol histórico.
4. Profunda insatisfacción de las clases más bajas acerca de su inhabilidad para controlar la estructura económica, la cual siente como explotadora y a sí misma, como víctima.
5. Establecimiento de una organización política resultante de la estructura económica, la situación histórica y la maduración de la conciencia de la clase. (p. 30)

Estas características son aditivas cualitativamente, como Marx nos hace ver en su análisis. No se puede decir que hay una clase pura conceptualmente, hasta tanto no haya una organización política capaz de derribar el orden burgués. La intensidad de esta lucha última, dará acceso al proletariado al poder político, por la revolución que hará estallar un orden burgués ya carcomido. La lucha de clases, contenida en esas variables, nos va a dar el índice empírico de las posiciones ya tomadas por el proletariado, para en un momento dado, tomar el poder. El pensamiento anterior, sin embargo, es enriquecido por otros autores que veremos seguidamente.

ii
Vladimir Ilich Ulianov, alias «Lenin»

Demás está decir, como muchos han probado ya, que en aquellas sociedades donde Marx esperaba con mayor certidumbre que se produjera su profecía, son, precisamente, las que han tenido una evolución distinta. A partir de Lenin, hay variantes al contenido original, al hacer un diagnóstico de la realidad que se vivía a principios del Siglo XX. Lenin (1960) dice:

> El Capitalismo se ha transformado en un sistema universal de sojuzgamiento y de estrangulación financiera de la inmensa mayoría de la población del planeta, por un puñado de países "adelantados". El reparto de este «botín» se efectúa entre dos o tres potencias capaces y armadas hasta los dientes, que dominan en el mundo (Norteamérica, Inglaterra, Japón) y arrastran a su guerra, por el reparto del botín, a todo el planeta. (p. 727)

Este hecho lo define como «imperialismo» que, brevemente pudiera connotarse como «la fase monopolista del capitalismo» (p. 798). No obstante, a esta definición, habría que añadir sus cinco rasgos fundamentales.

1. La concentración de la producción y del capital, llevada hasta un grado tan elevado de desarrollo, que han creado los monopolios, los cuales desempeñan un papel decisivo en la vida económica.
2. La fusión del capital bancario con el industrial y la creación, sobre la base del capital financiero de la obligación financiera.

3. La exportación de capitales, a diferencia de la exportación de mercancías, adquiere una importancia particularmente grande.
4. La formación de asociaciones internacionales monopolistas de capitalistas, las cuales se reparten el mundo.
5. La terminación del reparto territorial del mundo, entre las potencias capitalistas más importantes. (p. 799)

De todos estos rasgos, aquel que nos interesa, de acuerdo al propósito de nuestro trabajo, es la exportación de capitales, manifestación del imperialismo que liga a los países ricos con los pobres, bajo relaciones de dominación económica y política. Esta dominación se ha producido por los excedentes de capital de los países industriales que, guiados por la búsqueda de beneficio mayor, se han desplazado hacia países de menor poder. A su vez, esta exportación de capitales, repercute en el desarrollo del capitalismo dentro de los países en que aquellos son invertidos, acentuándolo extraordinariamente.

Además, Lenin (1960) reitera:

> El capital financiero ha creado la época de monopolios. Y los monopolios llevan consigo los principios monopolistas: la utilización de las «relaciones» para las transacciones provechosas, reemplaza a la competencia en el mercado abierto… La exportación de capitales pasa a ser un medio de estimular las mercancías. (p. 777)

Los efectos políticos del imperialismo se manifiestan en subordinar a Estados que gozan de independencia política, transformándolas en colonias. Según Lenin (1960)… «Los países semi coloniales son típicos en este sentido, como «caso intermedio». Luego entonces para este pensamiento innovador basado en Marx, el análisis de la conciencia que tienen de ese hecho, las diversas fuerzas de los distintos países, debe ir a lo siguiente:

> Lo esencial en la crítica del imperialismo, es saber si es posible modificar, mediante reformas, las bases del imperialismo, si hay que seguir adelante, agudizando y ahondando más las contradicciones que el imperialismo engendra, o hay que retroceder, atenuando dichas contradicciones. (p. 818)

Lenin se declara partidario de lo segundo. La tarea del proletariado, entonces, consiste en agudizar esas contradicciones de acuerdo a la lucha de clases, ya que al intensificarse la opresión nacional, habrá también una mayor resistencia, y al haber una mayor organización social de la producción en esta etapa, se hará más contradictorio el hecho de que los medios de producción se basen en la propiedad privada. En forma sintética... —y apuntando hacia lo empírico— habrá mayores condiciones para realizar una revolución en la medida que exista una mayor anti-imperialismo, dado no sólo por su aspecto fáctico o institucional, sino también por la conciencia que tengan los explotadores de ese hecho.

Otro aspecto que hay que tener en cuenta, es el que subrayan Baran y Sweezy (1966), respecto a la evolución del imperialismo contemporáneo, en relación al propio Lenin:

> Esta teoría, unida a la importantísima ley leninista del desarrollo desigual, permitió explicar satisfactoriamente, las tendencias centrales del desarrollo de la economía mundial y de la política mundial, en el período anterior a la primera guerra mundial. Desde entonces, sin embargo, han ocurrido ciertos cambios en las características de las clases dirigentes de los países dominantes, cambios que es necesario tomar en consideración para el desarrollo correcto de la teoría. (p. 50)

¿A qué cambios se refieren Baran y Sweezy? Ellos constatan lo siguiente:

> Ya no se puede hoy hablar de los industriales o de los banqueros como elemento rector dentro de las clases capitalistas dominantes. Las grandes corporaciones monopolistas, que fueron creadas y en los primeros años, controladas por los banqueros resultaron fuentes de enormes ganancias y poco a poco, mediante la liquidación de sus deudas y la acumulación de beneficios, conquistaron la independencia financiera. Además, en muchos casos, adquirieron un poder de control sustancial sobre los bancos y otras instituciones financieras. Estas corporaciones gigantes son las unidades elementales del capitalismo monopolista en su etapa presente: sus (grandes) propietarios y jerarcas, constituyen el escalón rector de la clase dirigente. El análisis de estos gigantes corporativos, y de sus intereses, es lo que más nos ayudará a comprender el funcionamiento del imperialismo de nuestros días. (p. 50)

Con respecto a la exportación de capitales, característica del imperialismo descrita por Lenin, Baran y Sweezy (1966) afirman que en la etapa presente, esa no es la principal característica de la expansión del capitalismo, más bien es la importación de capitales, fruto de la inversión de los países dominados. Lo que caracteriza este período es lo siguiente:

> Parece que la inversión extranjera, lejos de ser un medio para desarrollar países subdesarrollados, es un dispositivo de lo más eficiente para transferir la riqueza de los países pobres a los opulentos y, al mismo tiempo, permitir que éstos aumenten su control sobre la economía de los pobres. (p. 50)

De manera, entonces, que a la lucha de clases, desarrollada por Marx, extiende Lenin la lucha anti-imperialista entendida como la reacción ante la fase monopolista del capital mientras que Baran y Sweezy nos enriquecen este contexto en la actualidad.

Habría necesidad de enfatizar otro aspecto, en el cual insiste Lenin, por desarrollar sus ideas dentro de un país pre-capitalista como era Rusia. Para él, se hacía imprescindible la ampliación de la lucha de clases, de manera tal, que englobara a todos aquellos que, de una manera u otra, se encontraran objetivamente explotados. Es el manejo sutil de esta concepción, lo que hace de Lenin un estratega, ya que hacía especial énfasis en la agudización de los conflictos de clases intermedios, dentro de la gran guerra del proletariado contra el capital, siempre y cuando adelantara las condiciones para la toma del poder político, aprovechando, de esta forma sectores aparentemente distantes de su concepción ideológica.

Por ello, nos dice Lenin (1957):

> Obtener la victoria sobre un adversario más poderoso, únicamente es posible poniendo en tensión todas las fuerzas y utilizando, obligatoriamente, con solicitud, minucia, prudencia y habilidad, la menor grieta entre los enemigos, toda contradicción de intereses entre la burguesía de los distintos países, entre los diferentes grupos o diferentes categorías burguesas en el interior de cada país: hay que aprovechar igualmente, las menores posibilidades de obtener un aliado de masas, aunque sea temporal, vacilante, inestable, poco seguro, condicional. (Prólogo)

Esta apreciación va a informar y ampliar la lucha de clase, a partir de Lenin y tendremos que tomarla en cuenta en nuestro análisis posterior.

iii
Stalin y Mao Tse-Tung

Ya Lenin, al plantear la naturaleza del imperialismo, hacía ver la otra cara de la medalla: la protesta nacional frente a la intromisión de potencias extranjeras. Sin embargo, él vela este hecho, más como una forma de socavar las bases de sustentación de la clase explotadora en los países capitalistas, que como una vía de los países explotados para alcanzar internamente el poder. De aquí que Lenin (1965) exponga:

> Las guerras nacionales contra las potencias imperialistas no solo son posibles y probables: son inevitables y son progresistas y revolucionarias, aunque, desde luego, para su éxito se requiera la unión de esfuerzos del inmenso número de habitantes de los países oprimidos (centenares de millones en el ejemplo considerado de la India y la China), o una conjunción particularmente favorable de circunstancias en la situación internacional, (por ejemplo, que el agotamiento de las potencias imperialistas, la guerra entre las mismas, su mutuo antagonismo, etc., paralicen su intervención), o la simultánea insurrección del proletariado contra la burguesía, en una de las grandes potencias (este caso último en nuestra enumeración, es el primero en cuanto a lo deseable y conveniente para la victoria del proletariado). (Citado por Arzumanian, A., 1965, p. 138)

Con Stalin (1946) y Mao-Tse-Tung (1959), no solo se establece la necesidad de vincular el movimiento marxista en general, como vanguardia del proletariado, al esfuerzo por la liberación nacional en los países coloniales y semi-coloniales, sino que se afirma, históricamente, el triunfo del socialismo en una sola nación por una parte, y por otra, por primera vez, se produce una revolución socialista, en un país con estructuras netamente agrarias. Estos dos hechos van a marcar dos modelos revolucionarios distintos, que van a informar la teoría marxista previa.

En último término, estas vías revolucionarias descansan en el diferente grado de industrialización de la Unión Soviética y China, situación que configurará dos modos de proceder diferentes: el primero, el de la Unión Soviética, será originado, principalmente en las ciudades; el segundo, el que Mao propone para China, se basa en una lucha frontal militar, que surge como rebelión campesina, principalmente, y va a toma del poder político en los centros urbanos. Para nuestro análisis empírico, estos hechos apuntan a apreciar la lucha de clase en términos rurales o urbanos, para descubrir donde son más óptimas las condiciones, para la realización de una revolución. En la reformulación que hace Mao, surge, naturalmente, el asignar al campesinado, prácticamente un rol protagónico, que en la tesis marxista-leninista original, correspondía al proletariado industrial. Mao formula esta apreciación, precisamente a raíz del Frente Único propuesto por el Kuomintang, (en el cual sólo cabe una participación marginal al campesinado), lo cual le vale una condena del Politburó en los siguientes términos: «El proletariado es la sola clase… que está en posición de continuar la política agraria radical, que es una condición para el … ulterior desarrollo de la revolución». (Condena a Mao en 1927, cuando fue suprimido del Politburó).

Esta condena parte de la apreciación ortodoxa que hace Stalin de Lenin, sobre la «cuestión nacional». En base a un cuadro sintetizador, formulado por el propio Stalin (1946), se pueden enunciar las siguientes proposiciones relativas a los movimientos de liberación nacional:

1. El mundo está dividido en dos campos: el que forma un pequeño puñado de naciones civilizadas, que poseen el capital financiero y explotan a la inmensa mayoría de la población del planeta, y el campo de los pueblos oprimidos y explotados de las colonias y de los países dependientes, que forman esta mayoría.

2. Estos países constituyen una formidable reserva y la más importante fuente de fuerzas para el imperialismo.

3. La lucha revolucionaria de los pueblos oprimidos contra el imperialismo, es el único camino por el que pueden emanciparse de la opresión y de la explotación.

4. Los países coloniales y dependientes más importantes, han iniciado ya el movimiento de la liberación nacional, que tiene que conducir, por fuerza, a la crisis del capitalismo mundial.

5. Los intereses del movimiento proletario en los países desarrollados y del movimiento de liberación nacional en las colonias, exigen que estos dos aspectos del movimiento revolucionario, se unan en un frente común contra el enemigo común: el imperialismo.

6. La clase obrera en los países desarrollados, no pueden triunfar, ni los pueblos oprimidos pueden liberarse del yugo del imperialismo, sin la formación y consolidación de un frente revolucionario común.

7. Este frente revolucionario común, no puede formarse si el proletariado de las naciones opresoras, no presta un apoyo directo y resuelto al movimiento de liberación de los pueblos oprimidos, contra el imperialismo de su propia patria pues «no puede ser libre el pueblo que oprime a otros pueblos». (Marx).

8. De las proposiciones anteriores, se deduce que la acción revolucionaria está más allá de los problemas nacionales, ya que éstos deben someterse a una estrategia común. De ahí que Lenin ponga especial empeño en la creación de la 3ra. Internacional, y Stalin dé especial importancia a la labor del Comintern.

9. La acción revolucionaria, en el plano mundial, debe ser, aun cuando se acepte una cierta participación de la burguesía, dirigida por las clases proletarias, tanto de los países desarrollados como la de los pueblos oprimidos, teniendo como reserva, el campesinado (sobre el cual, el propio Lenin tenía sus dudas acerca de sus afanes «pequeños burgueses»). (p. 55 y s.)

Ahora bien, esta lucha hay que enmarcarla dentro de un momento histórico, y aquí coinciden Mao y Stalin. Mao (1959) dice:

Luego de tales acontecimientos (guerra de 1914-17) la revolución democrática-burguesa china, cambia de carácter y pertenece a la categoría de la nueva revolución democrática burguesa, y por lo que respecta al frente revolucionario, forma parte de la revolución mundial proletario socialista...En una era, en que el frente capitalista mundial se ha derrumbado en una parte del globo (una porción que constituye la sexta parte del mundo), en tanto que en otras partes ha revelado plenamente su decadencia: en una era en que lo que resta del capitalismo, no puede sobrevivir sin basarse más que nunca en las colonias y semi-colonias... una era así, cualquier revolución contra la burguesía y el capitalismo internacional no pertenece ya a la antigua categoría de la revolución democrático–burguesa mundial, sino a una nueva revolución mundial burguesa o capitalista... pero esta vez favorable a la nueva revolución mundial proletario socialista. Esas colonias y semi-colonias revolucionarias, no pueden ser ya consideradas aliadas del frente contrarrevolucionario del socialismo mundial. (p. 128)

Lo anteriormente citado, informa toda la alianza de los comunistas con el Kuomintang chino, de tendencia reformista burguesa, según la terminología marxista. La divergencia surge cuando Stalin insiste en que la única forma de lograr el poder político en China, es a través de la participación en el Frente Unico propuesto por Kuomintang y Mao cree que la victoria debe obtenerse a través del enfrentamiento bélico, dadas las estructuras agrarias que predominan en China y que hacia propicio ese tipo de lucha. La repercusión teórica de estos enfoques, radica en la participación del proletariado, como hemos visto. Marx había desarrollado ya su tesis, de que el capitalismo estaba destinado a desaparecer, víctima de sus propias contradicciones, pero esto ocurría bajo el gobierno burgués que saltaba hecho pedazos cuando la situación estaba madura, gracias además, a la participación del proletariado (centros urbanos) en la intensificación de la lucha de clases.

Para Lenin, sin embargo, esta misma fase capitalista puede cumplirse bajo lo que llama «la dictadura democrática del proletariado y el campesinado», que en realidad, era una unión de partidos y así también lo consideraba Stalin en un principio. Sin embargo, para Mao, esa fase capitalista puede cumplirse bajo la dictadura del proletariado mismo, que quiere decir, en lenguaje chino, bajo la dirección del partido. Todo este desarrollo parte de la necesidad de Mao de justificar la participación campesina en su enfoque, ya que si la lucha parte del campo, ellos, los campesinos, iban a tener una influencia decisiva.

Así empieza un juego de palabras en que «proletariado», «clases», etc., van a ser proclamadas públicamente, aunque en la realidad, tengan un significado distinto. Mao se convierte así más en táctico que un teórico. La conciliación del capitalismo con el socialismo, es explicada por Mao (1959) así:

> El capitalismo se desarrollará en cierto grado y ello será un resultado inevitable de la revolución democrática en la China económicamente atrasada. Pero ello será solo un resultado de la revolución china, será el desarrollo de los factores capitalistas, por una parte, y de los factores socialistas, por la otra. ¿Cuales son los factores socialistas? Son la creciente influencia política del proletariado y del Partido Comunista en todo el país; la dirección del proletariado y del Partido Comunista que ha sido o puede ser reconocida por el campesinado, los intelectuales y la pequeña burguesía urbana; y las empresas estatales de la República Popular y las cooperativas del pueblo trabajador. Todos éstos son factores socialistas... Juntamente con la situación internacional favorable, harán posible que la revolución democrático -burguesa china, se aleja finalmente, del futuro capitalismo y se encamina hacia la realización del socialismo. (p. 118)

La tarea del Partido es completar la revolución democrático-burguesa de China, la que es llamada «la revolución de la Nueva Democracia» y que se concreta en la realidad, alrededor de 1911 y se extiende. Pero eso sólo es un paso, ya que conjuntamente, es necesario prepararrla para transformarla en una revolución socialista, cuando se hayan cumplido todas las condiciones necesarias. De todo este andamiaje teórico, se desprende una acción doble: una bélica, frontal, tratando de ganar territorios y, al mismo tiempo, una mano extendida dentro de esos dominios, a aquellos factores que podrían ayudar a la consolidación y posterior triunfo de la revolución proletaria que, por otra parte, no puede caer en otras manos, debido a que son victorias militares del ejercito y por tanto, se asegura la dirección de Partido.

Esta táctica la explica Mao (1959) así:

Nuestro Partido... puso en práctica, con firmeza, la línea política de desarrollar las fuerzas progresistas, conquistar a las intermedias y aislar a las ultra conservadoras, y amplió con decisión, las zonas liberadas y el Ejército Popular de Liberación. Esto aseguró no sólo que el Partido pudiese derrotar al imperialismo japonés, durante el período de agresión de éste: sirvió además, cuando Chiang Kai-Shek desató su guerra contrarrevolucionaria, después de la rendición japonesa, para que pudiese pasar con éxito y sin pérdidas, a la línea de oponerse a la guerra contrarrevolucionaria de Chiang, por medio de una guerra revolucionaria popular y conquistar grandes victorias, en un breve plazo. (p. 25)

La táctica, que ha sido bautizada por los marxistas como «dos pasos adelante y uno atrás» siguiendo a Lenin es, sin duda, el principal aporte de Mao, a la teoría y práctica marxista. Esta táctica se mira reflejada en un manifiesto firmado por el Partido Comunista (Mao Tse Tung, 1959, p. 173 y s.) y dirigido al Kuomintang, durante la guerra: de las diez exigencias que se hacen, cuatro se refieren a la unidad entre ambos grupos, tres a la libertad de acción para los comunistas, y tres a ataques a la política del Kuomintang.

El propósito de nuestro análisis al exponer ambos modelos, es ubicar empíricamente, desde el punto de vista marxista, cual es el camino que toman los movimientos de liberación nacional, en los países en vías de desarrollo. Y buscar además, los acuerdos que nos permitan establecer unas variables adecuadas que nos indiquen el grado de madurez de estos movimientos, dentro de un contexto de lucha de clases. La vinculación a los movimientos de liberación nacional, del movimiento proletario-socialista, es, precisamente, la clave que nos va a dar las condiciones objetivas y subjetivas, para que surja una oportunidad propicia para desatar una revolución exitosa.

iv
Conclusiones generales

De lo anteriormente expuesto, se desprende toda una teoría revolucionaria que engloba, no sólo la comprensión de la realidad que se quiere modificar, sino también la forma en que debe intervenir el hombre para adelantar el proceso histórico. Nosotros nos ocuparemos de los primero, en el sentido de plantear las variables significativas, que pueden aplicarse a un momento histórico determinado.

Aquí utilizaremos todos aquellos aspectos que apunten hacia lo empírico. De todo el planteamiento de Marx y sin tratar de imponer «criterios de demarcación» entre lo empírico y lo filosófico, problema perteneciente a la teoría del conocimiento NO tomaremos aquellos que se refieren a la significación esencial de la revolución, aunque no negamos su importancia para determinado movimiento político en la lucha e instauración de su poder. Toda esta parte, se refiere al significado de la actividad humana, concretada en el trabajo que, en la actualidad, se ha enajenado y cuya restauración se hace por el camino revolucionario.

Los aspectos que enunciaremos, serán aquellos que se refieren a los fenómenos que parten de la propia realidad social y que van modificándose, en virtud de sus contradicciones, para culminar en la lucha de clases, aspecto central para comprender la realidad social. Aquí se ve claramente lo que nos dice Dahrendorf (1962):

> El punto clave del nexo entre los elementos sociológicos y filosóficos en la teoría marxista de las clases, está en la concepción de la sociedad sin clase, en la sociedad comunista, en su papel en la Historia y en el instante de su establecimiento. (p. 47)

Efectivamente, el concepto de clase para Marx es una categoría analítica que marca un modo enajenado de existencia. Su desaparición marca la llegada del comunismo, donde el hombre puede desarrollar, ya sin trabas, todas sus potencialidades. Sin embargo, la clase también es un producto de la infraestructura económica. Es esta línea la que marcha hacia lo empírico. No pretendemos agotar todo el marco posible de análisis que se desprende de Marx, aunque aquellos aspectos que seleccionaremos estratégicamente, serán centrales en su obra. Para obtener confirmación de que ello efectivamente es así, bastaría con pensar que ocurriría si esa parte de su aporte se eliminara.

Tenemos en cuenta, por otra parte, que estamos haciendo un análisis para los países en vías de desarrollo y específicamente Cuba, pasada la mitad del Siglo XX; luego, toda la descripción que hace Marx del funcionamiento de la sociedad capitalista, no se aplica más que como extensión en su forma imperialista, a países menos poderosos o coloniales si se quiere. Este hecho en realidad, es el que va a conformar las características de las clases sociales en dichos países coloniales o semicoloniales. Cobra importancia, por otra parte una bipolarización de las clases, junto con la participación de las clases intermedias en los movimientos de liberación nacional. La contradicción entre las fuerzas productivas y las formas sociales, como factor de cambio preponderante, pierde importancia, precisamente, por su falta de desarrollo en los países donde se han producido las revoluciones.

El cuadro que se nos presenta a partir de Lenin es el énfasis en la estrategia y táctica, junto a la disciplina y la entrega total a la causa revolucionaria (surgimiento de revolucionarios profesionales) puesto ello, dentro de su propia realidad en un marco de lucha de clases, que es necesario aprovechar agotando todas sus posibilidades. Mao llega más allá; es la propia clase proletaria la que dirige la marcha de las fuerzas productivas, marcando su adelanto o atraso, según el grado de madurez de esa lucha de clase.

Stalin, al principio renuente a los pasos de Mao, al final lo acepta y lo distingue y a pesar de las divergencias de los caminos revolucionarios, hay un acuerdo; es necesario unir el movimiento proletario–socialista a los movimientos de liberación nacional, tratando de ser aceptados dentro de ellos o dirigirlos. Se sostiene, entonces, dentro de la «tradición» marxista la lucha de clases para alcanzar la revolución. En los países coloniales, esa lucha adquirirá caracteres anti-imperialistas y por último, la unión de los movimientos proletarios socialistas a los de liberación nacional marcará una revolución en sus aspectos negativos, anti-feudales, anti-burguesa y anti-imperialista, y en sus aspectos positivos, una revolución socialista. Estos son los aspectos que seleccionaremos para nuestro análisis. Creemos que todos esos factores son condiciones «sine qua non» para que se produzca una revolución en los países «coloniales» o «semi-coloniales».

Nuestra variable principal será «la lucha de clases», cuya madurez nos la va a dar, las posiciones tomadas por el proletariado, a partir de las siguientes sub-variables, analizadas anteriormente, y donde para la comprensión del sentido de «clase», nos va a servir lo especificado por Bendix y Lipset citados anteriormente. Estas variables seleccionadas por los autores son las siguientes:

1. Conflictos sobre la distribución de recompensas económicas entre las clases.
2. Fácil comunicación entre los individuos en la misma composición de clase, de manera que las ideas y los programas de acción, sean diseminados sin esfuerzo. Se extiende a medios de comunicación de masas.
3. Crecimiento de la conciencia de clase, en el sentido que los miembros de la clase tienen un sentimiento de solidaridad y entendimiento de su rol histórico.
4. Profunda insatisfacción de las clases más bajas, acerca de su inhabilidad para controlar la estructura económica, la cual siente como explotadora y a sí misma, como víctima.
5. Establecimiento de una organización política resultante de la estructura económica, la situación histórica y la maduración de la conciencia de clase.
6. Anti-imperialismo entendido en el marco de la reacción ante la fase monopolista del capital.
7. Vinculación a los movimientos de la Liberación Nacional, resultante del nexo del movimiento proletario-socialista, a la lucha anti-colonial.

Al operacionalizar estas variables en la realidad social obtendremos un retrato del alcance de la lucha de clase en general, antes de ocurrir la revolución que, en el caso que nos ocupa, será la realidad cubana de 1959. En realidad, estas direcciones significativas tienen un carácter dinámico, que se desprende desde la situación objetiva de los conflictos en la distribución de recompensas, en que no interviene para nada la conciencia humana, hasta el grado más alto: la toma del poder político.

Parafraseando a Marx, podemos hacer una descripción de la lucha de clases, hasta que culmina con el proceso revolucionario y el triunfo del proletariado. Así, tenemos que, en una determinada sociedad, los recursos están asociados a aquellos que controlan los medios de producción, intensificándose así la explotación que aumenta cada vez más con el tiempo. Llega un momento en que los explotados se dan cuenta de que un problema común los une, y establecen nexos entre sí, que van siendo más importantes a medida que ello abarque una mayor área ya sea territorial o grupal. Así, llega un tiempo en que es fácil para ellos, lanzar una orden cuya comunicación llegue a todos los explotados. Esa orden final podría equivaler a la huelga revolucionaria, que ponga fin al sistema de explotación que prevalece. No obstante para que pueda llegar ese momento, es necesario que los explotados vayan sintiéndose más solidarios entre sí y, por ende, más hostiles hacia la clase explotadora. Por ello, la organización no sólo va a ser un instrumento para luchar contra la burguesía, sino también una agrupación que va a sentir colectivamente las frustraciones que ese orden burgués le impone, de manera que su sentimiento de pertenencia a una clase determinada, va a crecer dejando de actuar individualmente. Así…los explotados van comprendiendo que su situación se debe a la estructura que los oprime, y ello contribuye a lo irreconciliable de la lucha entablada entre los que dominan y los dominados.

Se hace pues, necesario, contribuir a la erradicación de la clase burguesa ya decadente, para que el proletariado, encarnación del progreso histórico, cumpla su rol. Esta lucha va a recrudecerse, debido a la indignación del proletariado respecto al robo de su propio trabajo y a su situación de miseria, pese a sus esfuerzos. No hay más que un camino entonces: derribar el orden burgués, tomar el poder político que es aquella maquinaria burocrático-militar, que ejerce la coacción sobre los explotados, apagando toda ansia de liberación. Se impone, entonces, la organización política, que dé expresión a ese nivel, del descontento de las masas explotadas por el régimen económico-social. Todas estas manifestaciones se influencian mutuamente, para crear el clima revolucionario adecuado que faculte la toma del poder.

En los países coloniales y semi-coloniales, el imperialismo va a aumentar el nivel de las fuerzas productivas, adelantando así, el proceso revolucionario, porque va a aumentar las contradicciones entre los explotados y los explotadores, ya que éstos van a unirse a la nación dominante. De manera que la lucha de clases, ahora va a estar dirigida principalmente, contra la burguesía y el imperialismo, porque sólo así puede culminarse con el triunfo de la revolución. Lo novedoso aquí es que contra el imperialismo también se mueven fuerzas, que son perjudicadas por los designios de la nación poderosa, de mantener al país como fuente de materias primas. De ahí que se organicen los movimientos de liberación nacional, los cuales pueden ser acaudillados por el movimiento proletario gradualmente, hasta que se vence al imperialismo y a sus aliados.

El grado de enraizamiento en la realidad social de las variables referidas pues, nos indicará el grado de madurez de la lucha de clases en general. Pero aún esto es insuficiente. Para un análisis certero, estas variables tendrán que ser enfocadas a la luz de los siguientes aspectos:

a) Ubicación de las clases dentro de la estructura de producción, en un tiempo y lugar. Aquí tendríamos que entrar a describir las diferentes clases sociales con respecto a si poseen los medios de producción o no.

b) Análisis de la contradicción entre el nivel de las fuerzas productivas constituidas por el trabajo y las formas sociales que lo envuelven, viendo hasta donde se cumple el análisis marxista.

c) Ampliación de la categoría de clases a explotadores y explotados, como nos sugiere Lenin, sin tener muchas veces que ver, el hecho de la ubicación dentro de la estructura de producción. Un ejemplo de esto es la contradicción de la discriminación racial que coloca a la población de origen africano como explotada.

d) Análisis de las variables enunciadas, según sea en el campo o la ciudad, viendo los roles del campesino y del proletario. Este enfoque nos permitirá tipificar, dentro de las revoluciones marxistas, a la revolución cubana, así como nos otorgará una base para sacar conclusiones con respecto a posibles futuras revoluciones en el contexto latinoamericano.

Nuestra hipótesis central va a consistir, de acuerdo a la teoría marxista y los aportes posteriores, en que la toma del poder político a través de una revolución, solo se produce como resultado de una realidad dada que está contenida en las variables enunciadas, de manera que resulte que a mayor lucha de clases, mayor probabilidad de que ocurra una revolución. De esta forma, se puede afirmar que, a mayor intensidad de los fenómenos enunciados, mayor será la probabilidad de que se aprovechen las circunstancias para que surja una revolución, como es preconizada por Marx y sus sucesores. Entiéndase bien que no estamos automatizando la teoría marxista, hay un rango de libertad amplio; sin embargo, debe ser dentro de las variables enunciadas y, en el caso cubano, antes de 1959, fecha en que se inició la revolución, que pasamos a comprobar de acuerdo a las elaboraciones teóricas enunciadas y a la hipótesis central que se desprenden de estas afirmaciones.

Referencias

Arzumanian A. (1965). *Ideología, Revolución y mundo actual*. Bs. Aires: Arandú.

Bendix, R. & Lipset, S. (1963). *Class, status and power*. NY: Free Press.

Baran, P. & Sweezy, P. (1966). Notas sobre la teoría del imperialismo. *Monthly Review*, *(Año III)*, (abril 1966).

Chambre, H. (1959). *De Karl Marx a Mao Tsé-tung*. Paris: Spes.

Dahrendorf, R. (1962). *Las Clases sociales y su conflicto en la Sociedad Industrial*. Madrid: Rialp.

Historia del Partido Comunista Chino (1954). *Estudios sobre el Comunismo*, *(2)*, (6). Santiago de Chile, Oct- Dic.

Hook, S. (1965). *Marx y los marxistas*. Bs. Aires, Paidós.

Lenin, V. I. (1957). *El Extremismo, enfermedad Infantil del comunismo*. Santiago de Chile: Colección Teórico Popular.

_____. (1960). *El Imperialismo fase superior del Capitalismo, Obras Escogidas*. Moscú: Edcs. en lenguas extranjeras.

Marx, K. (1947). Manuscrits económico-philosophiques de 1844, tr.fr. «Le travail aliené», *Revue Socialiste, (fevrier)*.

_____. (1959). *El capital*, Tomo III, Cap. LII, México F.C.E.

_____. (1959). *El dieciocho de Brumario de Luis Bonaparte*. Bs. Aires: Ed. Anteo.

_____. (1962). *Manuscritos económico-filosóficos*. México: F.C.E.: 1962, p.104. Se cita también el prólogo por Engels, F.

Marx, K. & Engels, F. (1955). *El manifiesto comunista*. Bs. Aires: Anteo.

Ossowsky, S. (1963). *Class structure in the social consciousness*. Great Britain: Free Press,

Sciacca, M. F. (1958). *Historia de la Filosofía*. Barcelona: Luis Miracle Ed.

Stalin J. (1946). *Cuestiones del Leninismo*. Moscú: Edics. en Lenguas Extranjeras.

Tse-Tung, M. (1959). *Obras escogidas*. Vol. 2. Bs. Aires: Platina.

Wright Mills, C. (1964). *Los marxistas*. México: Editorial Era.

CAPÍTULO II

UN ESTUDIO DE CASO, LA REVOLUCIÓN CUBANA, SEGÚN MARX

En esta parte de nuestro estudio, nos proponemos comprobar o rechazar, la hipótesis enunciada en base a las conclusiones de Marx y sus sucesores, a través de una operacionalización de las variables significativas, contenidas en dicha teoría. Para llegar a esto, es necesario referirse a algunas dificultades metodológicas que comporta este tipo de investigación. En primer lugar, utilizaremos datos provenientes de fuentes ajenas en principio, al fin de nuestra investigación, como son, censos, periódicos, revistas, investigaciones de otros autores, etc. Este hecho, si bien crea cierta aprehensión, en cuanto parece que el tema es inagotable, no altera la validez o invalidez de nuestros resultados, como ya desde hace mucho tiempo, nos ha probado Durkheim (1897).

Otro problema es el que se refiere a la concordancia entre los indicadores y las variables enunciadas. No obstante, éste es un problema que atañe a todos los resultados en las Ciencias Sociales. En nuestro caso concreto, muchas veces esa globalidad va a ser alcanzada, como es el caso de «la vinculación a los movimientos de liberación nacional», cuyo contenido está dado por el análisis de la penetración del movimiento marxista en otros sectores sociales, con lo cual se asegura la validez interna de nuestra generalizaciones, con mayor grado de precisión que con el uso de las técnicas más avanzadas, a esta altura del proceso en las Ciencias Sociales. Muchos de nuestros indicadores, eso sí, tendrán distinto nivel de generalización, por lo cual hemos preferido llama índices a los datos empíricos que surjan, para dar una mayor idea de globalidad en esta primera parte de nuestro estudio.

Nuestra validez externa va a estar asegurada, no sólo por las evidencias empíricas que apoyen un aspecto central del estudio, sino también, por la capacidad de las conclusiones desprendidas de los datos, de enfrentar otras interpretaciones. Además, el hecho mismo que muchas de estas medidas provengan de diversas fuentes, da mayor validez aún a dichas conclusiones. Las categorías «baja, media y alta» reflejarán el grado de extensión de determinada variable en la realidad social. Esto va a surgir, naturalmente, de las unidades sociales que analicemos. Un enfoque marxista, prácticamente asigna por definición una categoría de «alta» al conflicto derivado de la distinta ubicación en la estructura de producción ya que «los explotados» constituyen la mayoría de la población según ese criterio.

Las dos primeras variables se refieren a las «condiciones objetivas» al igual que la extensión del imperialismo. Sin embargo las restantes variables, así como la conciencia «anti-imperialista» se refieren a las condiciones subjetivas. Si por ejemplo, nosotros obtenemos el dato que la «clase explotada» constituye el 70% de la población y encontramos que la afiliación al partido marxista es de un 2%, tenemos que concluir que la variable analizada es «baja» en la realidad social. La base de nuestro juicio está en la cantidad de miembros de la «clase explotada» y el grado de asociación de éstas a sus condiciones objetivas y subjetivas. Cuando uno examina la realidad de la isla de Cuba y, teniendo en cuenta aún, que el cambio experimentado es reciente, se constatan varias características que luego examinaremos más profundamente:

1. Hay demostraciones objetivas, dadas por el gobierno actual en que se prueba la mala distribución de la riqueza del sistema anterior, que, según la frase acuñada, se basaba «en la explotación del hombre por el hombre».

2. El régimen ha tomado en su poder, todos los medios de comunicación de masas, y, a través de ellos, realiza su propaganda política y sus programas de acción.

3. Proliferan organizaciones de todo tipo, como son la «Unión de Jóvenes Comunista», «Los Pioneros», «La Federación de Mujeres Cubanas», «La Confederación de Trabajadores de Cuba Revolucionaria», etc., que, en sus estatutos colocan, como principal tarea por la que se unen, «la construcción del socialismo».

4. Hay énfasis en la profunda insatisfacción que producía el sistema anterior, en el cual, las clases más empobrecidas del país, eran víctimas de la estructura económica e incapaces de modificarla, a no ser que tomaran el poder político. En la actualidad, según la propaganda oficial, «todo es del pueblo».
5. Existe un Partido Unido de la Revolución Socialista, que agrupa a todas las organizaciones políticas existentes en el país.
6. Hay una oposición violenta al Gobierno de Estados Unidos de Norteamérica, acusándolo de su política imperialista con respecto a Cuba.
7. Todo lo anterior, está basado sobre un sentimiento de nacionalidad, que se patenta en el pie de firma de todos los documentos oficiales: «Patria o Muerte».

Además, todas estas variables responden a las siguientes realidades:

a. Existe una socialización de los medios de producción, en el sentido que el estado se ha apropiado de todos los medios de producción y erradicado, en gran parte, la propiedad privada. (Nivel de las fuerzas productivas).
b. En la actualidad, se marcha hacia una sociedad sin clases, según la expresión de los que dirigen el país. (Estructura de producción).
c. Este hecho ha liberado a los campesinos y afroamericanos de la explotación y la discriminación racial y, con ellos, a la sociedad entera, de acuerdo a la interpretación del régimen. (Ampliación del término «Clase»).
d. A la vez, se han hecho repetidas alusiones al carácter protagónico de los obreros y los campesinos, en la construcción de la nueva sociedad. (Modelos Revolucionarios).

Todas estas características y realidades corresponden con las variables enunciadas y sus enfoques, a la luz de la teoría marxista, y nos dice además que éstas se cumplen con un alto grado de madurez. La pregunta primera que nos hacemos es la siguiente: ¿Qué condiciones existían en Cuba antes del primero de enero de 1959, fecha del triunfo de la revolución, en cuanto a las características mencionadas? Sin entrar en cantidades referentes a qué número está a favor o en contra, casi imposible de hacer totalmente, dentro del marco de un régimen de este tipo, podemos decir que todos los aspectos mencionados, los experimenta hoy el ciudadano con una gran fuerza. Nuestra segunda pregunta es entonces: ¿Si había esas condiciones?...¿Qué intensidad tenían antes del cambio político? Nuestra tercera pregunta es: ¿Se cumple la hipótesis marxista respecto al cambio revolucionario? Examinemos ahora la realidad cubana a la luz de las variables prestigiadas en el Capítulo I.

i
Conflictos sobre la distribución de recompensas económicas entre las clases

A diferencia de los países desarrollados, los países en vías de desarrollo se caracterizan por un alto porcentaje de la población que todavía vive de la agricultura. Mientras USA utiliza tan sólo el 7%, aproximadamente, de su población activa en la agricultura, Cuba empleaba, en 1953, en el sector primario (agricultura, minería y pesca), el 42%; en el secundario (industrias manufactureras), el 16.6% y en el terciario (restantes rubros), el 41.6%. (Grupo Cubano de Investigaciones Económicas, p.808; Solari, p. 25).

Estos datos nos dan un primer acercamiento a la realidad, que nos induce a examinar por sectores la sociedad cubana, ya que esta composición afecta la distribución de recompensas económicas. A la vez, nos marca un camino hacia la ubicación de los que participan en esa estructura de producción y nos señala un reflejo del nivel alcanzado por las fuerzas productivas, cuyos elementos más importantes, según la concepción marxista son junto a la innovación tecnológica, la creciente socialización del trabajo, cuya expresión típica se dan en la industria manufacturera, y los medios de producción que se empleen en las distintas etapas históricas en la tarea de satisfacer las necesidades humanas. El desarrollo de este último aspecto, se encuentra asociado a la irrupción del capital norteamericano en la isla, a principios de siglo, lo cual analizaremos posteriormente.

Esta estructura de producción repercute en la ubicación de la población, ya que, de acuerdo a la Junta Central de Planificación, la población media de Cuba en 1960, radicaba en un 59% en las ciudades y en un 41% en las áreas rurales. (Chonchol, 1963, p.73) Esto marca un modo de existencia que va a ser importante en la formación de las clases, como veremos más adelante. Nuestra tarea ahora, es localizar en el campo cubano, los obreros asalariados, los capitalistas y los terratenientes, tomando en cuenta los conflictos sobre la distribución de recompensas económicas. Un índice adecuado va a ser la distancia entre los que poseen los medios de producción y los que no los poseen o los poseen en mucho menor grado. Además, dentro de esta línea, expondremos a la medida de las posibilidades de los datos, el origen, desarrollo y situación en 1958, de cada clase social con respecto a sí misma y a los demás. De esta manera, podemos distinguir la siguiente composición social de acuerdo a la hipótesis marxista:

Las Clases Explotadoras en Cuba según Marx

Los Hacendados

Origen y desarrollo: esta clase estuvo íntimamente ligada a la Primera Guerra de Independencia Cubana (1868-1878), siendo su principal promotora, pero fracasó en su empeño, con el desastre económico consiguiente, después del Pacto del Zanjón, que dio fin a esa guerra. Este movimiento tuvo rasgos similares al de la independencia latinoamericana de España, donde la clase alta «criolla» tuvo una participación preponderante. Más tarde, nos habla Ramiro Guerra (1933), profesor cubano, de los surgimientos de una clase agricultora propietaria de extensiones medias de tierra e independientes de la empresa latifundiaria, que predomina después del Pacto del Zanjón y que constituyen el antecedente de los llamados «colonos». Como quiera que sea, los hacendados no parecen haberse recuperado, ya que posteriormente, de 1895 a 1898, estalla la Guerra de Independencia, que culmina con la guerra hispanoamericana, produciéndose la intervención norteamericana en la Isla. Su participación en esta guerra fue bien modesta.

Después, caracterizando las tres primeras décadas de nuestra república, irrumpe violentamente el capital norteamericano en la industria azucarera, desplazando el resto del capital. No es hasta 1929, coincidiendo con las crisis, que vuelven a aparecer los hacendados con mayor fuerza y ya con características distintas a su origen, apropiándose cada vez más, de los centrales o ingenios azucareros que en el pasado pertenecían a compañías norteamericanas.

Situación en 1958: En esa fecha, existían 136 centrales, de los cuales habían 121 que pertenecían a cubanos, así que el número de propietarios debía ser ínfimo, aunque la explotación muchas veces, se basaba en sociedades anónimas (Chonchol, 1963, p.76). Según el enfoque marxista, constituyen una mezcla de terratenientes y capitalistas. Es evidente que era la clase de más altos ingresos en el campo, junto a los grandes colonos. Son propietarios de centrales azucareros (fábricas donde se procesa el azúcar), producto que era el 80% aproximadamente, de las exportaciones totales de Cuba en el período de 1940-1958, hecho importante si se tiene en cuenta que, dentro de los esquemas de desarrollo económico experimentados por distintos países es posible colegir dos formas típicas: una a través del aumento principalmente, de las exportaciones y otro a través del llamado «desarrollo hacia adentro», cuyo énfasis especial es en la industrialización y la diversificación de la agricultura, estando Cuba afiliada en mayor grado al primer esquema. (Grupo de Investigaciones Económicas, 1963, p. 1269)

Junto a dichos centrales, o en las inmediaciones, poseen tierras donde cultivan la caña de azúcar para su propio central o la arriendan. Esta última situación da lugar al surgimiento de los colonos. Es aquí donde se produce la mayor concentración de tierras. En 1959, 9 compañías cubanas controlaban alrededor del 40% del área azucarera del país y cerca del 10% del área en fincas de la nación. (Chonchol, 1963, p.76).

Los grandes colonos: La situación de éstos puede ubicarse dentro de la clase explotadora según la terminología marxista, al haber una vinculación estrecha con los hacendados, con gran número de obreros agrícolas a su servicio. Su proceso de formación y consolidación se verá más claramente cuando estudiemos las clases intermedias.

Los Ganaderos

Origen y desarrollo: Surgen principalmente, en su forma moderna, como consecuencia del declive de la industria azucarera hacia la década de 1920-1930, que redundó en un mayor esfuerzo de la producción. Desde el comienzo se dedicaron a este giro, al igual que en el azúcar, extensos latifundios.

Situación en 1958: En este cultivo, podemos distinguir ya clases intermedias que, para los efectos del enfoque marxista, desaparecerán como nos dicen reconocidos marxistas (Bouvier y Mury, 1965):

> La proletarización de las masas se produce por la multiplicación de estas nuevas capas medias, parientes cercanos del proletariado por la reducción de la importancia numérica de las clases medias propiamente dichas. Thorez insiste en «el desarrollo contradictorio de las capas medias», «los pequeños productores y comerciantes» por una parte y «los empleados y funcionarios» por la otra". (p.56).

Estos últimos, quieren decir, se aliarán al proletariado, los anteriores, al capitalismo. Entre los ganaderos, encontramos entonces, al pequeño productor que tenía las reses hacia el primer año, luego el encargado de mejorar el ganado hasta los 3 años o más y, por último, el cebador, con muchas más tierras y mejores pastos, que llevaban los animales hasta su edad de sacrificio, entre los 36 y 40 meses de edad. Aquí se producía también el mismo fenómeno de concentración que es nuestro índice central en el censo ganadero efectuado en 1952, se encontró que el 3% del total de fincas con ganado, disponía del 43% de la masa bovina total del país (Chonchol, 1963, p.77). La producción de ganado se dedicaba enteramente, al consumo interno y, en 1959, Cuba había llegado a ser el cuarto país del mundo en bovinos por habitante. (Chonchol, 1963, p.77). El azúcar, el ganado, el café y el tabaco, constituían el 80% de la producción agropecuaria cubana, con lo cual, enfocando la situación que creaba la explotación de esos productos podemos abarcar la mayor parte del fenómeno (Chonchol, 1963, p.81).

Las Clases Intermedias o Medias Rurales en Cuba

Además de los pequeños y medianos ganaderos, encontramos aquí, la siguiente composición social:

Los Colonos

Origen y Desarrollo: Su tarea era cultivar la caña de azúcar, en tierras de su propiedad o arrendadas, para después vender su producción a la empresa azucarera. Ramiro Guerra (1933), ya nos dio un antecedente de cuando empezó a adquirir fortaleza esta clase, situando el hecho después de 1878, y caracterizándose las relaciones entre éstos y la empresa azucarera, por un equilibrio resultante de la demanda mutua. Durante la época en que se impuso el latifundio, que abarca las tres primeras décadas de nuestra república, estos cultivadores independientes se encontraban en situación crítica frente a la gran hacienda que, al competir con ellos, cultivando sus propias tierras, hizo mermar el precio interno de la venta del azúcar y llevó a muchas de ellas a la minería y la venta forzada.

Este es uno de los fenómenos típicos, capaces de explicarse perfectamente, desde el punto de vista marxista. Sin embargo, a partir de 1937, el gobierno actuó de intermediario en estos contratos e intervino en la fijación de precios y cuotas, de acuerdo al mercado mundial, armonizando estas relaciones. Además, otorgó el derecho de permanencia sobre la tierra, siempre que se pagase la renta. Esta llamada Ley de Coordinación Azucarera, estabilizó el agro cubano hasta 1958, en lo referente a esta producción.

Situación en 1958: El sistema de «colonato» creó privilegios también, por no regular las diferentes extensiones de propiedad y las cuotas de azúcar que compraba el ingenio azucarero, según el tamaño de las fincas. En la zafra de 1951, existían 31,816 colonos, que representaban el 80.27% de todo el colonato azucarero que molían cuotas individuales entre 30 y 50 mil arrobas, cuyo volumen global sólo llegaba al 16.36% de las cañas molidas. Mientras tanto, 546 grandes colonos existían con cuotas superiores al millón de arrobas, que controlaban el 35.33% de toda la caña molida (Sánchez Arango, 1960, p. 39). Estos grandes colonos, por sus intereses comunes, van a vincularse cada vez más estrechamente, a los hacendados, formando parte prácticamente, de la clase explotadora, según Marx.

Pequeños Propietarios

Origen y Desarrollo: Esta clase nunca llegó a predominar en el campo cubano, aunque se encuentra su presencia en todas las épocas. Los agricultores tabacaleros, en este sector, representan la clase más avanzada. En la época colonial, la historia registra hechos de protesta por las restricciones que imponía España a dicho cultivo. Por esa razón, se van a desplazar muchos de ellos a la Florida, donde constituyen núcleos que van a ser de gran importancia, en la guerra de independencia que comenzó en 1895.

Situación en 1958: Los pequeños propietarios se localizaban en la producción del café, el tabaco, azúcar, papas, hortalizas, etc. Dentro de ellos, también hay diferencias, pero pueden colocarse, en su mayoría, dentro de las clases intermedias. También se observa alguna tendencia a la concentración, pero en menor escala. (Sánchez Arango, 1960, p.35). El predominio del cultivo extensivo, la ineficiencia en la producción, junto a la presencia de intermediarios entre el campesino productor y el consumidor, aumentaban las contradicciones inherentes de esta clase. A estas producciones se le asignan unas 65 mil propiedades aunque muchos de ellos no tienen la propiedad de la tierra, sobre todo en el cultivo del café. En general, sus características son muy semejantes a los no-propietarios, a medida que se va descendiendo de los productos de exportación (café, tabaco), a los de consumo interno (papas, hortalizas, etc.).

Las Clases Explotadas Rurales en Cuba según Marx

No propietarios y peonaje agrícola

Origen y Desarrollo: Su presencia es permanente en el campo cubano. Con respecto a los no-propietarios, la Ley de Coordinación Azucarera de 1937, tan solo reguló las relaciones referentes a los colonos arrendatarios; más tarde, en 1948; el Congreso dicta la ley complementaria de «Arriendo y Aparcería», recogiendo lo ya establecido por la Constitución de 1940, que se caracterizó por aprobar artículos que eran más un programa de acción que una Ley Fundamental. Se trató de la Ley No. 7 del 25 de noviembre de 1948, que estableció los tipos de renta, reguló los contratos, estimuló la erradicación del «marabú» (planta dañina) y ordenó la inscripción de todo contrato de arriendo y aparcería, en una sección especial de los Registros de la Propiedad.

El Dr. Aureliano Sánchez Arango (1960), profesor de la Escuela de Derecho de la Universidad de la Habana, y exMinistro de

Educación en el gobierno del Presidente Constitucional Dr. Carlos Prío (1948-1952) comenta dicha ley en los siguientes términos:

> Pese a sus grandes ambiciones, la Ley fue un fracaso en la práctica, sirviendo solo para impedir los desalojos. Varios de sus preceptos fueron declarados inconstitucionales y el propio BANFAIC (Banco de Fomento Agrícola e Industrial Cubano), tendría que declarar, a la hora de organizar sus créditos cooperativos, que era totalmente imposible tener en cuenta la inscripción legal de los contratos, porque casi nadie verificaba tal trámite, bien por presión coactiva o bien por ignorancia, indolencia o ausencia de estímulos. (p.28)

Seguidamente, el profesor Sánchez Arango (1960) explica un hecho que contribuyó a un mayor distanciamiento entre la realidad urbana y rural, por el carácter estático de este último sector:

> Pero en lo general, como hecho económico determinado por una realidad psicológica, se produjo una doble actitud contraria al mejor aprovechamiento de la tierra. Por un lado, estaban los propietarios que, al impedírseles los desahucios y los desalojos, no quisieron introducir mejoras de ningún carácter en sus fundos, pues consideraban que ello sería para el ilegítimo disfrute de quienes, también ilegítimamente, «campeaban» en sus predios y por otro lado, estaban los propios arrendatarios, (colonos, aparceros, partidarios, etc.) que, al no ser dueños de la tierra, ni tener la posibilidad futura de comprarla, tampoco realizaban esfuerzos por mejorar ni la técnica ni las condiciones de vida. (p. 28 y s.)

En cuanto al peonaje, se halla ligado en un principio, a la esclavitud que constituía la mano de obra indígena del colonizador español. Después al negro proveniente de África, por ser Cuba uno de los países, en aquella época, de mayor importación de mano de obra esclava, sin querer afirmar que los indígenas y afroamericanos constituían absolutamente el peonaje en la isla. Los indígenas a la mitad del siglo XX, prácticamente habían desaparecido ya sea por los rigores a que fueron sometidos en el periodo colonial, las epidemias o por la asimilación a otros sectores étnicos de población. Con el desarrollo acelerado de una economía de plantación, que estimuló en gran medida la importación de mano de obra desde África durante el siglo XIX, a partir de principios del siglo XX, se hizo más patente el desempleo estacional que, con las sucesivas crisis del mercado azucarero, van a crear, sobre todo después de 1929, una desocupación permanente y estacional en el agro cubano según las alzas y bajas de la producción azucarera.

Situación en 1958: El censo de 1945-46 arroja que el 69.5% del total de fincas, son cultivadas por personas que no poseían la propiedad de la tierra, ya sea bajo administración, en arriendo, aparcería, a partido, o precaria (Sánchez Arango, 1960, p.25). Esto último dependía del tipo de contratos que lo ligaba al dueño de la tierra, ya sea por pago de un canon, o por pago con parte de la cosecha, o por ambos (arriendo, aparcería y a partido). El precarista, más bien era un campesino que se instalaba en un predio que no le pertenecía, sin que el dueño pudiera desalojarlo al haber transcurrido cierto tiempo fijado por la ley. La administración correspondía a grandes extensiones casi siempre, que estaban a cargo de una persona nombrada por el dueño que fungía como administrador.

Esta clase no propietaria padecía, con mayor razón, de la presencia de intermediarios entre el consumidor y el productor, y de la ineficiencia en los cultivos. Se observa, además que pese a haber organismos estatales encargados de suministrar ayuda técnica, éstos se encontraban más distantes aún del campesino más necesitado, no habiendo canales que suplieran esa deficiencia, aparte de que, en la política general de desarrollo económico del gobierno, hasta 1958, no había suficiente énfasis en la diversificación de los cultivos, donde estos no-propietarios y los pequeños propietarios hubieran tenido quizás un papel preponderante.

Por otra parte, en cuanto al peonaje, las características que presentaba el cultivo de la caña de azúcar, dejaba sin empleo a gran número de obreros agrícolas. De 793,824 obreros agrícolas en 1945-46, sólo 53.693 recibían sueldo o jornal una parte del año, (época de zafra que dura 90 días). Arrojó, además que 331,724 trabajadores no recibían sueldo ni jornal durante todo el año, viviendo seguramente, de una economía de subsistencia, vendiendo su fuerza de trabajo por vivienda, comida o calzado (Sánchez Arango, 1960, p. 58 y s.). Se puede calcular, conservadoramente, que los no-propietarios y el personaje agrícola, constituían alrededor del 79% de la fuerza laboral total en las áreas rurales. Hay que tener en cuenta que, entre estos no-propietarios, se encontraba un porcentaje de colonos. No obstante, ellos constituían sólo un 5% aproximadamente, de la población total económicamente activa en el sector rural y constituían una pequeña clase media rural.

Del censo referido, se deriva que el 3% del total de fincas, poseía el 57% del área total en fincas, lo que indica una concentración considerable, que es nuestro índice central. Las condiciones sociales, como consecuencia de esto, se dejaban ver en tres índices que escogeremos, de una encuesta hecha por la Agrupación Católica Universitaria, ACU, y recogidas por Jacques Chonchol (1963, p. 74 y sig.).

Educación: El 43% de los campesinos no sabían leer ni escribir, y el 44% de los trabajadores agrícolas no había asistido nunca a la escuela.

Vivienda: El 60.35% de las viviendas de los trabajadores agrícolas tenía paredes de madera, techo de paja y piso de tierra.

Nivel de Ingreso y Distribución del Ingreso: En 1960, de un total acumulado de 461,000 trabajadores agrícolas, 24% de los cuales no reportaron, se extrajo la siguiente tabla, según el ingreso al año (Seers, 1964, p. 23):

Cuadro 1: 1960, Distribución del ingreso de la población trabajadora agrícola de Cuba (números acumulados)

INGRESO	NÚMERO	% DEL TOTAL
Menos de $972	247.000	53%
Menos de $1.212	307.000	66%
Menos de $1.452	323.000	70%
Más de $1.452	347.000	76%
No reportados	461.000	100%

Fuente: Citada arriba y recopilada del Ministerio de Trabajo de Cuba, *Censo Laboral*, 1960. Habana, Cuba: Ministerio de Trabajo de Cuba.

A pesar de que este censo está realizando un año después de la toma de poder, refleja bastante fielmente la realidad que se vivía en la agricultura cubana antes de 1959, no obstante en ese año, el gobierno haber elevado el nivel de vida campesino, en alguna medida. Por otra parte, el hecho de que el 90% de la población campesina que recibe salarios, percibía menos de $ 1.212, contando los no reportados como de bajos ingresos, coincide con la encuesta de la Agrupación Católica Universitaria citada por Chonchol, que sitúa al 93% con un ingreso anual inferior a $1.000 en 1957, de los cuales el 50.64% eran inferiores a $500 anuales.

Prestigio ocupacional: El abismo más nítido, quizás, que podemos observar en la distribución de las recompensas sociales en toda América Latina, es aquel que distingue entre aquellos que se dedican a labores que tienen que ejecutar con las manos y los que no. Marx nos habla de ello como una prueba de la enajenación humana, que separa el trabajo concreto del abstracto, la tarea intelectual de la manual. En la sociedad comunista, no habría esas diferencias y los seres humanos harían diversas tareas en su misma vida. Si se aplica tan sólo este criterio, difícilmente podemos decir que existen «sectores medios» en nuestros países. Es por esa razón, que Lowry Nelson (1950), hacia 1950, tras numerosas investigaciones, concluye que en Cuba existían sólo dos clases: una alta y una baja, con grados intermedios entre las mismas.

Este hecho parte de una herencia del pasado. El conquistador llega a América y tiene a su disposición, una mano de obra esclava que trabaja para él. En Cuba, la cultura indígena, junto con los propios indios taínos y siboneyes que poblaban la isla, como se menciona anteriormente prácticamente despareció, ya sea por trabajo forzado, las epidemias, o la asimilación. A diferencia de los agricultores que se radicaban en el este de Estados Unidos, los conquistadores que deseaban establecerse reciben las encomiendas, cuyo fin principal, teóricamente, era la cristianización de la masa indígena, pero que se convierte en la práctica, en una utilización de la misma como fuerza laboral manual. Los indígenas realizan así, las actividades agrícolas en el campo y hacen de sirvientes en las casas situadas en las haciendas.

La población indígena es substituida por los negros que realizan las mismas faenas, pero asociadas cada vez más, a una economía de plantación. No, es hasta 1880 que se logra la abolición de la esclavitud en Cuba, estremecida ya por la «Guerra de los Diez Años» que va desde 1868 al año 1878 y que no logra todavía la independencia de la isla. De esta manera, se establece una diferencia nítida entre los «señores de la tierra» y la mano de obra a su servicio. Valores alrededor del papel de la mujer como adorno social y de la sola posesión de la tierra, como signo de prestigio, refuerzan el sistema. Hay, entonces, un desprecio de las clases altas por esa labor y se mira a menos, a las personas que realizan dichas actividades. El fenómeno va a persistir hasta el advenimiento de la revolución cubana en 1959 y va a caracterizar las áreas rurales en esa fecha. Con respecto a la tenencia de la tierra, podemos añadir una observación que ocurre, generalmente, en toda América Latina: «A mayor propiedad de la tierra, mayor distanciamiento del trabajo manual».

Este continuum va desde el pequeño propietario que trabaja la tierra, hasta el latifundista ausentista, que no quiere ni verla. Los grandes hacendados azucareros tienen administradores que se preocupan de la marcha de la hacienda. Los propietarios medianos, representados por los colonos que venden la caña de azúcar al ingenio y los vegueros de tabaco, principalmente, tienen obreros agrícolas empleados. A la vez, para las labores manuales de las casas, son contratadas «criadas», empleadas que, por módicos salarios y sin límite de tiempo de trabajo, hacían desde las labores de cocina y limpieza, hasta el cuidado de los niños.

Sin embargo, los valores que dieron origen a esos hechos sufren grandes impactos a lo largo de toda la historia cubana, debido a la extrema inestabilidad del sector alto, el cual se arruina casi en su totalidad, por motivo de la guerra de independencia y sufre después con las alzas y bajas del precio del azúcar, junto a la propia crisis de 1929, que colocó la isla entre los países más afectados, junto con Chile (Noyola, 1965). Por otra parte, hay una corriente igualitaria que se plasma después, en la legislación social posterior a la revolución que derrocó al dictador Gerardo Machado en 1933, que atenúa los excesos del capitalismo puro, que en sí mismo, como bien nos dice Marx, contribuye a erradicar los valores «paternalistas» asociados a la posesión de la tierra. Por otra parte la facilidad del consumo a «lo norteamericano», para los sectores medios y altos, es también una poderosa tendencia a la igualdad, que aminora la distancia cultural entre las clases y que se patenta en el extendido trato de «tú» a todos los niveles y en la expresión «En Cuba se puede ser todo menos "pesao"» refiriéndose a los que mantenían una distancia social del resto.

No obstante, todos estos hechos transcurren dentro de una distinción entre el trabajo manual e intelectual. En los obreros calificados, sobre todo azucareros, hay una «incongruencia de status», ya que poseen un ingreso correspondiente al sector medio y pesa sobre ellos dicha distinción. Según nos dice Lensky (1954, pags. 405-413) hay proclividad en este caso, a nutrir movimientos inconformistas. De manera que, según esos datos, queda establecido que había un conflicto real en la distribución de las recompensas económicas entre las clases. A la estructura de producción junto a la propiedad de la tierra y de los medios de producción, se hallan asociados, en mayor grado, los índices de ingreso, educación, vivienda y prestigio ocupacional, como producto además, de la concentración en pocas manos de la tierra, que mantenía en una proletarización permanente al peonaje agrícola y no-propietario.

No obstante, se atenúa en parte la contradicción entre las fuerzas productivas y las formas de propiedad, con la intervención del gobierno en la armonización de los conflictos, que ataca directamente la presunción de Marx, de la vinculación del poder económico al político, ya que dicha legislación perjudicó a las clases propietarias. Sin embargo, dicha intervención no modifica internamente dicha contradicción, más bien tiende a hacerla estática. Podemos concluir entonces, de acuerdo con el postulado marxista que en el campo cubano se cumple la primera condición establecida, en alto grado, utilizando el énfasis producto de la distancia general entre la clase explotadora y explotada, y la distinta ubicación en la estructura de producción. Vemos ahora estas mismas condiciones en las ciudades. Lo primero que salta a la vista, es que, en contraste con el campo, no se pueden apreciar nítidamente, las diferencias de clases. Analizando, no obstante, la estructura de producción, podemos distinguir la siguiente composición social, de acuerdo a la concepción marxista:

Las Clases Explotadoras Urbanas según Marx

Los capitalistas industriales

Origen y Desarrollo: se puede decir que, aparte de los grupos relacionados con la industria azucarera, grupos económicos verdaderamente representativos, en cuanto a la expansión y diversificación de la industria manufacturera, no comenzaron a surgir hasta después de 1940. Desde esa fecha, Cuba casi triplicó su ingreso nacional, hecho en que intervino la subida del precio del azúcar en el mercado mundial, por motivo de la Segunda Guerra Mundial y la Guerra de Corea, además de la fijación de cuotas aseguradas en el mercado norteamericano y compradas por éste, a alrededor de dos centavos promedio de dólar por encima del mercado mundial, debido a la protección del gobierno de los remolacheros norteamericanos, que obligaba a su gobierno a mantener en alza el precio del azúcar, para proteger la cosecha interna. Este hecho va a ser de una importancia extraordinaria en el desarrollo económico de la isla. El país sabía que contaba con una extraordinaria entrada de divisas todos los años, a pesar de que dichas cuotas variaban en volumen de un año a otro, siguiendo los ciclos del mercado mundial.

Además, es necesario hacer constar que los capitales en Cuba, eran de reciente creación y también de tristes descalabros, por motivo mismo del precio fluctuante del azúcar. Este fenómeno, junto a la no participación en forma amplia de la aristocracia criolla, en la guerra separatista a fines del Siglo XIX, hacen que en Cuba no exista una aristocracia tradicional ligada al poder económico y político, como sucedió en la mayoría de los países latinoamericanos. Prueba de ello es la distinta participación que tocó a los hacendados en la «Guerra de los Diez Años» (1868-1878), que fueron factor determinante en esa guerra, mientras en la Guerra de la Independencia (1895-1898) no dejaron sentir esa influencia.

También se desprende ello de la importancia que adquirieron los tabacaleros en el desarrollo de nuestra guerra de independencia última. Asimismo, los principales líderes del movimiento procedían de clases humildes. Martí era hijo de un celador, Maceo un mestizo y Gómez era de origen dominicano y procedía de la oficialidad baja del propio ejército español. La mayoría de nuestros presidentes en el período republicano, fueron generales de la Guerra de Independencia y profesionales. Es nuestro criterio, confirmado por datos empíricos, que lejos de ser este hecho, atenuante del surgimiento e implantación de la revolución marxista, contribuyó al triunfo de ésta, como veremos más tarde.

Antes de 1959, estos grupos tenían algunas ventajas para reproducir su capital. Principalmente, Cuba tenía una moneda estable y a la par del dólar. Por otro lado, su ubicación geográfica, que la colocaba como el país más cercano al puerto mayor del mundo, Nueva York, hacía más favorable el panorama. Sin embargo, el Tratado de Reciprocidad de 1934, suscrito entre Cuba y USA, por el cual se le daba a este último país una preferencia en 400 artículos, casi todos manufacturados, desalienta el esfuerzo interno y estimula el consumo de productos superfluos de procedencia norteamericana, que llegaban al país a precios razonables. Este hecho desvía la capacidad de consumo interna por una parte y por otra, la acumulación de capital se centra, principalmente, en inversiones de carácter no reproductivo, especialmente en construcción. A cambio Cuba consigue la cuota referida y 35 artículos preferenciales más.

Situación en 1958: Según el Grupo Cubano de Investigaciones Económicas (1963) se reporta lo siguiente:

> En 1957, existían 38,384 centros de trabajo con 960,770 obreros empleados. La tercera parte de la inversión y el 50% de la fuerza laboral, pertenecía a la industria azucarera, cuyos centros estaban ubicados a lo largo de la isla, cayendo la mayoría de ellos fuera del límite urbano. A la producción de azúcar correspondían 276 centros. (p. 1,100)

En el sector anterior se agrupaban muchos capitalistas que podrían caer dentro de la categoría intermedia. Las tendencias monopolistas en las ciudades, eran limitadas a ciertas esferas como a la industria de los fósforos o a la pretensión de establecer el monopolio del transporte de carga por carretera, resultando esto último, un verdadero fracaso no logrando eliminar la competencia que se estableció después del intento, pese a que el gobierno intervino decisivamente en estos proyectos, financiando la compra de las empresas. La esfera industrial se encontraba más bien en una etapa de expansión que de concentración, a excepción de las relacionadas al azúcar.

Los administradores públicos y cuerpos armados.

Origen y Desarrollo: Con el advenimiento de la República, el 20 de mayo de 1902, se constituye la administración pública y el gobierno de la isla, éste último basado en el sufragio universal, que apuntaba hacia un sistema presidencialista muy semejante al de USA. Dos fenómenos constantes caracterizaron toda esta primera etapa republicana: la Enmienda Platt, que facultaba intervenir a los Estados Unidos en los asuntos cubanos, y la deshonestidad administrativa. En 1934, en la conferencia de Montevideo, realizada por la Unión Panamericana, se deroga dicha Enmienda, pero los desfalcos y los negociados van a subsistir hasta 1958.

El ejército tiene su origen en la guerra de independencia, pero a raíz de la intervención norteamericana, es licenciado, otorgándosele un subsidio vitalicio, lo cual creó grandes críticas en ese tiempo. Posteriormente, se organiza de nuevo, hasta que hace crisis el 4 de septiembre de 1933 en que aparece un Sargento llamado Fulgencio Batista, organizando una revuelta contra los oficiales de alta graduación y aspirando, posteriormente, al poder político. Su influencia fue decisiva desde esa fecha hasta 1944, en que se realizan elecciones y se entrega el poder al partido oposicionista al gobierno, representado principalmente, por el Partido Revolucionario Cubano (Auténtico). Luego Batista reaparece de nuevo, con un golpe de estado en 1952, utilizando las anteriores bases de poder y se inicia un proceso sangriento que culmina con su derrocamiento.

Situación en 1958: Se puede calcular que el 5% de la población activa total, estaba empleada en el gobierno. Esto incluye en este período, a las fuerzas armadas también. Según la concepción marxista, éstos son los encargados de implementar las decisiones políticas de las clases dominantes y el imperialismo. Con respecto a la vinculación de las clases explotadoras al gobierno, en este período se observa una marcha institucionalizada de la amplia legislación social que favorecía a los obreros organizados, y que los colocaba en una situación privilegiada respecto a las demás fuerzas laborales. Dichas medidas, que datan de los acontecimientos que siguieron a la revolución de 1933, paralizaron en seco los excesos del capital frente al trabajo, lo cual también ataca directamente, la proposición de Marx relativa a la vinculación del poder político y económico, aunque se salva de nuevo su interpretación, al no tocar los aspectos concernientes a la contradicción entre las fuerzas productivas y las formas sociales que descansan en la propiedad privada de los medios de producción.

En cuanto a la deshonestidad, en este período, lejos de limitarse, amplía su radio de acción. El juego vincula a personeros altos del gobierno con «gángsters» norteamericanos de notoria fama, que pusieron sus ojos en Cuba, al incrementarse el turismo desde USA. A la vez, había pruebas de contrabandos realizados y de participación de altos jefes militares, en las ganancias del juego que se realizaba dentro del país.

Clases Intermedias o Medias Urbanas en Cuba

Origen y Desarrollo: Esta clase se tratará en conjunto, por estar compuesta por grupos que responden a intereses diversos y distantes entre sí. Antes de la Primera Guerra Mundial, se agrupaban alrededor de actividades azucareras, bancarias y comerciales. Después se pueden ubicar entre los profesionales, los pequeños empresarios, pequeños negociantes en el sector de servicios. También puede ubicarse en la burocracia de las pequeñas y grandes empresas (trabajadores de «white collar»). Diversos autores han constatado la complejidad de estas clases en cuanto a la dirección que siguen de acuerdo a sus intereses, y han observado algunas constantes, entre las cuales se puede mencionar que son urbanos principalmente, favorecen la industrialización y la educación universal y admiten cierta participación del gobierno en la dirección de los asuntos económicos.

De ellos, no obstante, nos dice el profesor Fernández Carvajal (1950, p.37), de grata recordación, quien fue mi profesor en el Bachillerato ofrecido por el Colegio Baldor en La Habana durante el periodo (1952-1957): «Si alguna vez se manifiesta con fuerza en la vida nacional decidiendo en parte su ruta y destino, lo hace en defensa de lo que es más conveniente a uno de sus grupos integrantes».

Situación en 1958: La población empleada económicamente activa en el sector terciario, asciende al 41.6%. Esta cifra, como en casi todas partes de América Latina, refleja cierto desempleo disfrazado, producto de éxodo del campo a las ciudades y del lento crecimiento industrial para integrar esa mano de obra, pero nos da un índice aproximado de aquellos sectores que no están ubicados en la estructura de producción misma. Se hace necesario hacer un análisis más detallado de los profesionales. Debido a la importancia que adquirieron en esta etapa.

La Universidad de la Habana era el centro de donde surgían la mayoría de ellos. Ella constaba de 13 escuelas, cerca de 500 profesores y alrededor de 20,000 estudiantes (Fernández Carvajal, 1950, p.34). Según los datos y la realidad global que vivían los centros de altos estudios, se puede afirmar que la educación en Cuba no era tan sólo para el disfrute de privilegiados. Se tenía acceso a ella sin restricciones, ni siquiera por exámenes de admisión, ya que el criterio que existía, era que los propios estudios irían eliminando a los menos aptos. El 20% del total de estudiantes de la Universidad, eran admitidos a unos 5 dólares de la época al mes (Fernández Carvajal, 1950, p.53). Iguales líneas regían para las escuelas secundarias y primarias. No obstante numerosas investigaciones en América Latina, han comprobado que el problema mayor no radica en el libre acceso a la educación, sino en el ingreso que una persona deja de percibir, al dedicarlo al estudio, lo cual compromete la estabilidad económica familiar, como nos hace ver con claridad Jorge Ahumada (1960, p. 28). La solución a esto, se encuentra en la apertura de escuelas nocturnas, sistema que no imperaba antes de 1959 en la universidad, en términos generales, aunque sí existía una amplia libertad en cuanto a la asistencia a clases y exámenes.

De la situación general dentro de Cuba, de los profesionales sólo podemos dar un índice negativo para ver el destino último de esta clase, en el sentido de aquellos que han preferido salir de Cuba a apoyar la revolución. La Universidad de Stanford (1964) hizo una investigación recientemente, que arroja dentro de la emigración cubana, 5 veces más profesionales y semi-profesionales que en Cuba, en la misma fecha. En el análisis político, con carácter de informe, elaborado por la Comisión Internacional de Juristas, se apunta la diferencia de intereses entre los empresarios en general y sus hijos que, al seguir una carrera universitaria, se desvinculan de la tarea paterna para seguir una carrera política que muchas veces se enfrentan, como veremos más tarde. Fernández Carvajal (1950) dice:

Si una guerra de clase aunque tenga otra apariencia, sorprende a la clase media sin la preparación y sin las alteraciones necesarias, ha de colocarla en la mayor encrucijada de su historia, fraccionándola de acuerdo con sus pequeños intereses parciales y vinculando cada uno de sus intereses, al sector que más garantías le ofrezca. (p. 44)

Por otra parte, a simple vista, podía observarse antes de 1959, cierta concentración de volumen de negocios en pocos grandes bufetes, y no era raro ver a profesionales fungiendo como profesores en colegios particulares, sin ser pedagogos, por un módico salario en las ciudades, lo cual refleja cierto desempleo disfrazado.

Las Clases Explotadas Urbanas en Cuba según Marx

Los trabajadores manuales

Origen y Desarrollo: Su evolución es paralela a la de la clase capitalista. Como es la clase en que pone mayor énfasis Marx, dejaremos un tratamiento más extensivo de sus características, a medida que vayamos desarrollando las sub-variables enunciadas.

Situación en 1958: Illán (1963, pags. 34 y sig.) nos hace un diagnóstico de la situación. Descontando la industria azucarera, tenemos que hay en este rubro, 2,500 establecimientos industriales de los cuales más del 25% empleaba más de 26 obreros. De ellos, alrededor del 50% radicaban en La Habana (p.54). Pasemos ahora a ver las condiciones en las ciudades y el posible conflicto en la distribución de las recompensas económicas.

Nivel de ingreso: El profesor Harry T. Oshima, de la Universidad de Stanford, hizo en 1953, un nuevo estimado del Producto e Ingreso Nacional cubano, llegando a la conclusión que estaba sub-valuado (Seers, 1964, p.22). Su apreciación fue de un Ingreso Nacional, para toda la república, de más de $430, calculando el promedio de Ingreso No Agrícola que correspondería a las ciudades, en $1,600. En este aspecto, Seers (1964, P. 22) nos dice: «Por otra parte, el obrero urbano, cuando lograba estar empleado, era relativamente bien pagado. Las compañías principales pagaban cerca de $1 la hora por trabajo especializado, y cerca de $200 al mes, por un mecanógrafo».

He aquí las cifras del Censo Laboral realizado en 1960. Se contó al sector manufacturero y el de servicio, que arroja un total de Población Económicamente Activa de 1,386.000.

Cuadro 2: 1960 Cuba: Distribución del Ingreso de la Población Económicamente Activa en el área urbana (números acumulados)

INGRESO	NÚMERO	% DEL TOTAL
menos de $ 972	490.000	35%
menos de $ 1.212	680.000	48%
menos de $ 1.452	764.000	54%
menos de $ 1.812	816.000	65%
menos de $ 6.000	1.046.000	81%
más de $ 6.000	1.056.000	82%
no reportados	1.386.000	100%

Fuente: Datos obtenidos del Censo Laboral del Ministerio de Trabajo de Cuba en 1960. Obtenido de Seers, D. (1964). *Cuba the economic and social revolution,* North Caroline Press.

En comparación con el campo, las cifras de las ciudades presentan una mejor situación. Así, mientras en el campo el 53% recibía menos de $972, tenemos que en las ciudades, esa cifra alcanza a un 35%. Los no reportados, que se consideran desempleados, o en busca de trabajo, representaron el 18%. Como se constata en dicha tabla de ingresos, el 50% aproximadamente, de los trabajadores, perciben un ingreso mayor de $972. El ingreso relativamente elevado, está en relación directa con la sindicalización de los obreros. No obstante, se observa un gran desempleo que, unido al de los campos era un problema económico endémico en la realidad cubana. Ello se acentúa cuando se observan las cifras recopiladas por el Grupo Cubano de Investigaciones Económicas (1965, p. 825) sobre la base de los datos del Censo Nacional de Cuba efectuado en 1953:

Vivienda: El 87% de las viviendas tenían alumbrado; más del 60%, poseían inodoro y baño o ducha.

Educación: El analfabetismo sólo alcanzaba el 11.6%

Prestigio es la variable que analizamos respecto a la distinción entre el trabajo manual e intelectual y vale también en las ciudades. Se hace importante la «incongruencia de status», debido a altos salarios y bajo prestigio, en los obreros calificados.

Contradicciones Sociales: Como materia de fomento político capaz de ser capitalizado, si existiendo el concepto de clase como nos dice Lenin, está, además de la desocupación, la discriminación racial. Lo dicho antes, sobre el trabajo manual, se asocia en este caso a la raza afroamericana y, junto con ello, van prejuicios raciales que refuerzan el sistema. Según el Censo de 1953, habían en Cuba un 72.81% de blancos, un 12.44% de negros y un 14.46% de mestizos. Como hemos dicho, la abolición de la esclavitud, encargada además de hacer las tareas manuales, no llega a Cuba hasta 1880. A partir de entonces, el afroamericano se va asimilando cada vez más, a la nación con extraordinaria rapidez. Mientras en 1888 existían 12.897 africanos (que en 1907 habían bajado a 7.867 y en 1919 a 2.500), en 1953 no aparece ningún habitante oriundo de África. (p. 56).

Hay una alta participación afroamericana y mestiza en la Guerra de Independencia (1895-1898), que luego se expresa también en diversas personalidades en la vida republicana. A la vez, el proceso de modernización trae consigo una tendencia a la igualdad, que hizo sentir sus efectos en el prejuicio racial. Durante el período de 12 años de los Censos de 1931 a 1943, los afroamericanos aumentaron en 25 mil, mientras que los mestizos, en 100 mil. (Nelson, 1950). Por otra parte, el conflicto racial no deja de hacerse manifiesto en nuestra historia. En 1911, hubo un levantamiento que costó la vida de 3 mil afroamericanos, que protestaron porque se les había relegado en la distribución de posiciones políticas.

Uno de los índices de discriminación racial, es la no admisión de afroamericanos y mestizos a clubes privados, a lo largo del país. Este hecho es signo de propaganda actual del régimen, que ha abierto las playas pertenecientes a esos clubes, a todo el público. En el interior de la isla, como en la ciudad de Santa Clara, había parques donde se separaba el lugar donde debían transitar los blancos y los negros. Analicemos la estructura de ocupación, a ver si este fenómeno se traduce en un relegar al afroamericano a ocupaciones «inferiores», tal como sucede, por ejemplo, en Estados Unidos. (Cuadro No. 3).

Cuadro 3: Proporción de afroamericanos y blancos en la fuerza laboral por grandes grupos ocupacionales, 1943

Grupo ocupacional	Total	Desviación del promedio		Desviación del promedio	
		Blanco	Blanco	Afros	Afros
Profesionales semi-profesionales	100	10.6	84.7	-	15.0
Administradores de fincas	100	17.2	91.3	-	8.0
Propietarios directores y altos cargos	100	10.9	85.0	-	15.0
Trabajadores de oficina, vendedores, etc.	100	10.0	84.1	-	15.0
Trabajadores calificados	100	-	95.5	15.6	41.2
Trabajadores no calificados	100	-	63.8	10.3	36.2
Servicios de protección	100	6.0	80.1	-	19.1
Servicios de personal (doméstico)	100	-	66.1	8.0	33.9
Otros trabajos agrícolas	100	-	73.2	0.9	26.8
TOTAL			74.1		25.9

Fuente: Datos del Censo de la República de Cuba de 1943, obtenidos de Lowry, N. (1950). The Social Class Structure in Cuba. *T. Crevenna (Ed.). Materiales para el Estudio de la Clase media en América Latina,* Editorial Departamento de Asuntos Culturales, Unión Panamericana.

Nota: La línea marca la división entre tarea intelectual y manual, excepto los servicios de protección.

Las cifras en este cuadro nos indican que la presencia de personas de color es más baja en los trabajos intelectuales, y más alta en los manuales en general, en cada ramo de ocupación. Entre los afroamericanos, el trabajo calificado representa el mayor acceso. En las áreas rurales, el porcentaje de administradores de fincas decae, pero no debe sorprender si se tiene en cuenta que esos trabajan para la clase más alta. No debe sorprender tampoco, la desviación en los servicios de protección, ya que son tareas donde se pone énfasis en la autoridad, lo cual va vinculado al prestigio racial en este caso.

De acuerdo a la concepción marxista, hay más afroamericanos dentro de la clase explotada que en la explotadora, en la estructura de producción. En general, como hace notar también Lowry Nelson, estos datos prueban que en Cuba, a pesar del grado de discriminación racial, no existían estrictas líneas de casta en cuanto a ocupaciones. Seers (1964 nos dice:

> De hecho, el apoyo al régimen (revolucionario), está evidentemente correlacionado fuertemente, con el anterior ingreso, así como también con el color de la piel. (Aunque esto puede ser ampliamente un reflejo del ingreso, ya que la raza misma estaba relacionada con el ingreso y la edad. (p.31)

En 1962, Maurice Zeitlin, profesor de la Universidad de Winsconsin, comprobó parte de esta afirmación, al sostener sus resultados en Cuba, la relación entre la inseguridad en el ingreso antes de 1958 y el apoyo a la revolución, además de arrojar la investigación un mayor apoyo de afroamericanos a la revolución. De todas maneras, estas investigaciones hay que tomarlas con cuidado, habidas cuentas de las limitaciones de la técnica de encuesta en un país totalitario. No obstante, ello reafirma las hipótesis comprobadas en otros países referentes al ingreso inseguro y votación izquierdista, que nos demuestra Lipset (p. 216).

Conclusiones comparadas: De acuerdo con la proporción marxista, tenemos que en el campo, hay mayor conflicto en la distribución de las recompensas, entre los que detentan el poder económico y el resto de la población. Sin embargo, en las ciudades, a pesar de las contradicciones inherentes, en cuanto al desempleo y el hecho racial, hay una atenuación del conflicto, hay una mayor distribución de las riquezas, hay un disfrute mayor de nivel de vida, hay más altos salarios por parte de los explotados, y, en general, un mayor porcentaje de la población disfruta de estos beneficios.

Esto sugiere, en principio, el esquema de una revolución campesina o agraria más semejante a la china que a la rusa.... Explica además, parcialmente, el hecho del fracaso del «clandestinaje» (lucha en las ciudades), contra Batista. Sobre todo, en cuanto a crear movimientos colectivos, tales como no asistir a lugares nocturnos, prescindir de productos que tuvieran alguna asociación con el régimen, huelgas generales, etc. No fue hasta el final, exactamente 8 días después de la caída de Fulgencio Batista, que Fidel llegó a la Ciudad de La Habana. No fue hasta 5 ó 6 días antes de dicha caída, que los rebeldes llegaron a las ciudades. No obstante, esperemos a ver si las siguientes variables se dan en el campo o en la ciudad, para favorecer en mayor grado, una u otra tendencia, aprovechando las contradicciones socio-económicas de ambas, dejando sentado que las áreas rurales cumplen en mayor grado las condiciones establecidas.

ii
Fácil comunicación entre los individuos en la misma composición de clase, de manera que las ideas y los programas de acción sean diseminados sin esfuerzo.

La historia de Cuba tiene etapas curiosas: fue la última nación del continente en liberarse el colonialismo español, y por otra parte, es el primer país de América Latina y del hemisferio occidental, donde se realiza la experiencia marxista totalmente. Además, vemos cumplirse en su contexto socio-cultural, una experiencia democrática (1944-1952), un régimen de fuerza tradicional (1952-1959), y un sistema socialista, que se dieron sucesivamente en el tiempo. Los medios de comunicación de masas han moldeado gran parte de la historia: Eduardo Chibás, el líder de oposición más destacado del período democrático, se suicida en un programa de radio; la lucha contra Batista se destaca por las emisiones de Radio Rebelde desde la Sierra Maestra, y la televisión juega un papel decisivo en el afianzamiento del actual sistema.

Distingamos dos tipos de comunicaciones entre los individuos: aquellas que están dadas por los modernos medios de comunicación de masas y aquellas que garantizan el ejercicio de esa comunicación. Por la importancia de esta variable, vale la pena detenernos en ambos tipos. En el primer aspecto, se refleja la capacidad de consumo de artículos manufacturados del pueblo cubano. Veamos algunas cifras alcanzadas en 1958, de los principales medios de comunicación de masas en Cuba, en comparación con otros países.

Cuadro 4: Periódicos, tiraje estimado y número de ejemplares por mil habitantes, 1952-1958

Pais	No. de diarios	Tiraje total	Tiraje por mil habitantes
Argentina	245	n.d.	180
Venezuela	32	n.d.	102
Uruguay	10	n.d	180
Cuba	58	n.d.	129

Nota: n.d.= no datos.
Fuente: Unión Panamericana. (1960). *América en Cifras*. Wash. D.C.: Unión Panamericana.

Se escogieron los países que muestran un mayor desarrollo en general, en América Latina, De acuerdo a las cifras, podemos decir que Cuba, en este aspecto, se encontraba entre los cinco primeros lugares.

Cuadro 5: Número de receptores de radio instalados y por mil habitantes y número de estaciones transmisoras, 1958

País	Estaciones transmisoras (unidades)	Radio Receptores instalados (miles)	Radio Rreceptores por mil habitantes
Argentina	78	3.272	159
Venezuela	71	750	122
Chile	119	700	96
Uruguay	85	700	261
Cuba	160	900	184

Fuente: Unión Panamericana. (1960) *América en Cifras*. Wash. D.C.: Unión Panamericana.
Nota: Estas cifras colocan a Cuba en segundo lugar, solamente por debajo de Uruguay, que alcanza 261 Radio Receptores por cada mil habitantes.

Cuadro 6: Número de receptores de televisión por mil habitantes, 1958

País	Televisores (miles)	Televisores por mil habitantes
Argentina	400	19
Venezuela	200	29
Uruguay	15	5
Cuba	365	56

Fuente: Naciones Unidas. (1960). *Anuario Estadístico*. N.Y.: NN.UU.

En las cifras del Cuadro 6, el avance de Cuba es extraordinario, ocupando el primer lugar en América Latina y duplicando en receptores por mil habitantes, al país que le sigue, Venezuela. A fines de 1958, había varios canales de televisión que llevaban los programas en vivo, de un extremo a otro de la isla. La Habana contaba con 7 de ellos, incluyendo en uno, transmisiones en colores. Eventos como las series mundiales de beisbol y peleas de boxeo, que se celebraban en Estados Unidos, llegaban a los hogares cubanos a través de la televisión.

Por otra parte, en la tipología elaborada por Vekemans y Segundo (1963), se sitúa en Cuba en primer lugar, en cuanto a número de asientos de cine por habitante en América Latina. Los medios de comunicación de masas estaban situados principalmente, en los centros urbanos. En este aspecto, las condiciones son más que óptimas y tienden a declinar hacia las áreas rurales. Con respecto a las garantías para el ejercicio de esa comunicación, es necesario apuntar que, en los últimos años, a partir del 10 de marzo de 1952, se había establecido una dictadura a la usanza latinoamericana, basada en el predominio de las instituciones militares, pero con características civiles, tales como: libertad de prensa, siempre que la calma del país lo permitiera y el poder político no estuviera en peligro, elecciones con apariencia democrática y aparente separación de los poderes públicos.

Este estado de cosas permitía una libertad restringida, que se ampliaba o acortaba, según las circunstancias políticas del momento. Al restringirse la libertad de expresión, entendida ésta como una estructura creada para dar información al público sin restricciones y no haber estructuras alternativas a esta situación, se generaliza un tipo de oposición al régimen en forma clandestina, a través de periódicos, rumores, panfletos y, sobre todo, las llamadas «bolas», según el dicho popular, que eran noticias que llegaban a través de la comunicación verbal entre los individuos, manteniendo en constante alarma al país. Aquí se cumple lo enumerado por Merton (1964, p. 20): «Todo intento de eliminar una estructura social existente, sin proveer estructura alternativa adecuada para llenar las funciones previamente cumplidas por la abolida organización, están condenadas al fracaso».

De esta manera, en los últimos años, la conspiración, el clandestinaje y la lucha de guerrillas, se unían en ocasiones a la libertad de reunión y expresión, para poner en duda la legitimidad y eficiencia del régimen. Esto creaba condiciones propicias para socavar los cimientos del gobierno. Se daba el caso repetido de que en la revista de mayor circulación, «Bohemia», aparecieran declaraciones y fotografías de Fidel Castro en la Sierra Maestra, en pie de guerra, en pleno régimen de Batista. Todos estos hechos hacen que la segunda variable mencionada, se dé en alto grado en la realidad cubana. Si bien los medios de comunicación de masas estaban en mejor situación en las ciudades también en ellas existía la mayor restricción para su ejercicio, ya que los cuerpos armados residían en las ciudades y era además donde existía una mayor represión.

Mientras, en las áreas rurales, donde el poder público apenas llegaba o estaba ausente, era mucho más fácil la acción directa. La resistencia, por otra parte, poseía sus propios medios de comunicación de masas, que tenían su expresión máxima en la «Radio Rebelde», situada en la misma Sierra Maestra, que transmitía, por onda corta, las noticias censuradas por el régimen y daba cuenta de la marcha de la oposición contra Fulgencio Batista. Dicha radio era escuchada en toda la república y fue uno de los factores principales, en el triunfo de la revolución. Además de esta labor en las montañas, se hacían circular periódicos en las ciudades, y todo esto se unía a cierto misterio y romanticismo que rodeaba dicha lucha. Esto se creó como resultado de las apelaciones del pueblo. El contenido de éstas se analizará posteriormente.

Nuevamente, las condiciones para la acción directa, se dan en grado más alto en las áreas rurales que en las ciudades. A esto hay que añadir otro hecho accidental, favorecedor a la extensión de las comunicaciones entre los individuos. Se trata de la configuración geográfica de Cuba que, al ser alargada y estrecha, permite que las comunicaciones corran por el centro de la isla, no habiendo esas regiones aisladas de toda civilización que uno observa en América del Sur y Central, en las áreas rurales.

Por otra parte, los obreros azucareros, que residían en su mayoría en las áreas rurales, no vivían aisladamente sin posibilidades de comunicación con el resto de su clase. Muy por el contrario, se realizaba una intensa vida social alrededor de los ingenios azucareros, sobre todo en época de zafra, una condición indispensable, según Marx, para que pueda formarse una clase. Agréguese a esto, la presencia de un foco insurreccional permanente en las montañas, que, con las armas en la mano, declaraba inválido el orden político constituido. Podemos decir, entonces que la segunda variable se cumple en un alto grado.

iii
Crecimiento de la conciencia de clase en el sentido de que los miembros de una clase tienen un sentimiento de solidaridad y entendimiento de su rol histórico

Un índice de solidaridad nos lo va a dar el grado de organización a nivel de los intereses económicos comunes. En el campo, se observa que, de manera predominante, no existía una unión por intereses económicos. Las distintas fuerzas, netamente rurales, se articulaban según el cultivo a que se dedicaban. Así, en la década de 1930 a 1940, se constituyen las dos asociaciones más importantes: la de Hacendados y la de Colonos. Más tarde, surge la Asociación de Ganaderos, Cosecheros de Henequén, de papas, etc. Esta es una de las consecuencias de la mentalidad de monocultivo, típico del sistema de hacienda, que se extiende a todos los sectores agrícolas.

Es por esa razón que, en diciembre de 1960, Fidel Castro, en el discurso de clausura de la Plenaria Nacional Azucarera, dijo que era necesario que los agricultores abandonaran el sistema de asociaciones especializadas por productores, y que debían unirse todos los pequeños productores, en una sola gran asociación nacional, fueran ellos cañeros, cafetaleros, paperos o tabaqueros. Señaló el Primer Ministro que el pequeño agricultor era pequeño agricultor, cualquiera que fuera la producción en que estuviera especializado y que todos ellos debían estar unidos en una organización nacional que representara sus intereses comunes (Chonchol, 1963, p. 79). Pero esto sucedía dos años después de la toma del poder.

La situación de los obreros agrícolas azucareros sindicalizados, era singular, ya que, a pesar de militar en una organización, su unión no es permanente en el tiempo, debido a que el 40% de ellos tenían un solo empleo estacional en la época de zafra, dedicando el resto del año, a vivir del crédito o en tareas fuera de su trabajo original, o tratando de subsistir. Este hecho dificulta la solidaridad, además de crear en el campesino más una mentalidad de obrero industrial que agrícola, en el sentido que trabaja con los medios de producción de otra persona y recibe un salario por esa tarea.

Las contradicciones sociales en las ciudades, se disuelven en parte al llegar a esta altura, ya que no se observa una organización de desempleados o algo parecido, haciendo resaltar la limitación de la teoría marxista para interpretar estos sectores. En cuanto a los negros y mestizos, se observan organizaciones, que por su tamaño y número no son apreciables, además que sus fines son principalmente, culturales y recreacionales. En la década del 30 al 40, se constituyó una organización nacional, pero ésta no tuvo decisiva influencia posteriormente. Lo que sí se observaba, eran movimientos estudiantiles, políticos y de la Confederación de Trabajadores de Cuba, contra la discriminación racial, ocasionalmente antes de 1952. Pero estos hechos no tenían una base permanente en el negro y mestizo como clase, de manera tal que, a través de dicha organización, su conciencia de clase pudiera crecer.

Zeitlin (1966, p. 35), en su investigación sobre negros desempleados encontró que éstos no se percibían a sí mismo como formando una clase, así como que eran menos proclives a ser simpatizantes del comunismo que los blancos antes de la revolución. Con ello se refería a que éstos carecían de interpretación de su situación de desempleo, como resultado de la estructura social; por lo tanto, adolecían del entendimiento de su rol histórico dado por la agudización de las contradicciones sociales para adelantar la llegada de la revolución. El término clase, utilizado en este aspecto, está ampliado a explotadores y explotados, tal como sugiere Lenin. Ahondando más aún en la realidad de las ciudades, apreciamos los sindicatos obreros.

El 23 de enero de 1939, fue organizada la Confederación Nacional de Trabajadores de Cuba, (CTC). Su Secretario General era Lázaro Peña, destacado miembro del Partido Socialista Popular (PSP, comunista). Esta confederación nacional fue controlada por los marxistas durante algunos periodos temporales. De aquí surgió un sindicato único que se ha mantenido hasta hoy, hecho que posibilita la fácil dominación política de las organizaciones por los dirigentes. Estos últimos siempre estuvieron vinculados al gobierno de turno. El PSP dominó en su origen, por motivo de la alianza con Batista, que era Presidente de la República, a la sazón. Facilitó ello también las alianzas de los aliados ante la amenaza de la Segunda Guerra Mundial y el llamado de la Unión Soviética a frentes de alianzas con fuerzas distantes de su pensamiento. Luego dominó el Partido Auténtico de 1944 a 1952, intervalo en que Fulgencio Batista dejó de tener el poder. Nuevamente, de 1952 a 1958, ocurrió lo mismo y, en la actualidad, se repite la historia.

Los obreros sindicalizados se agrupaban, como hemos visto principalmente en el sector azucarero, que constituía alrededor del 50% de los obreros organizados en las industrias manufactureras, mineras, transporte, química, etc. En total, constituían alrededor de un millón de trabajadores, y si se tiene en cuenta que en 1960 había en Cuba un millón 900 mil trabajadores manuales, se verá que la proporción alcanza a más del 50%, índice sumamente alto para los países de América Latina. Sin embargo, la situación presentaba debilidades, desde el punto de vista que nos ocupa, debido a la presencia del obrero azucarero, al cual ya nos hemos referido.

Mientras esta organización poderosa se extendía en las ciudades y centros azucareros rurales, la restante fuerza del país no estaba sindicalizada. Los obreros sindicalizados, sin embargo, no parecen entender su rol histórico, de acuerdo a la teoría marxista. Sus dirigencias, como hemos visto, estaban controladas por el gobierno de turno y la lucha obrera, de esa forma, se desplazaba de la arena política al terreno reivindicativo principalmente, donde su éxito, a través de los años, fue mayúsculo. Ninguna huelga general, convocada por la resistencia contra Batista, tuvo éxito. Además de los motivos citados, la represión en las ciudades, donde se volcaba principalmente el poder militar, era muy grande. Fue precisamente el intento de huelga general del 9 de abril de 1958, el que desplazó definitivamente la combatividad de las ciudades a las montañas, descartándose a aquellos que sostenían que era posible derrocar el régimen de Batista por la labor clandestina. Todas las demás huelgas en que tomaron parte los obreros, fueron aisladas y sofocadas sin gran esfuerzo por el gobierno.

Otro índice aclaratorio, sería analizar el poderío marxista dentro de las organizaciones obreras. Los últimos datos, cuando existía la legalidad para ellos, en 1950, sitúan a 20 gremios solamente, de un total de 3,000, en poder de miembros del PSP. Además, en el último Congreso de la Confederación de Trabajadores de Cuba (CTC), en que participaron, tenían 11 delegados de un total de 4,500 (1962). Dichos datos concuerdan con la encuesta llevada a cabo por Zeitlin en 1962, donde se introdujo la siguiente pregunta: «¿Cómo describiría su actitud hacia los comunistas antes de la revolución?». La respuesta entre aquellos que trabajaban antes de la revolución fue la siguiente:

Cuadro 7: Status de empleo pre-revolucionario y actitud hacia los comunistas entre trabajadores antes de la revolución (en porcentajes)

Meses trabajados por año antes de la revolución	Simpatizante o partidario	Indiferente	Hostil	(N)
9 ó menos	40	32	29	(63)
10 ó más	27	46	27	(89)

Fuente: Zeitlin, M. (1966). Economic insecurity and political attitudes of Cuban workers, *A.S.R., (31),* (1). p. 44.

Como el Cuadro 7 indica la mayoría de los trabajadores eran indiferentes u hostiles hacia los comunistas antes del primero de enero de 1959, aumentando dicho porcentaje a medida que el obrero tenía más meses de trabajo. Analizando la variable enunciada en un principio, se llega a la conclusión de que en el campo no existe una solidaridad en alto grado y prácticamente está ausente, de ahí que no existan organizaciones con carácter clasista, que den expresión a los explotados. Por otra parte, en las ciudades existe una solidaridad basada en intereses comunes, pero los obreros no tienen un alto grado de entendimiento de su rol histórico. Más bien este fenómeno, utilizando el énfasis, puede colocarse en la categoría de bajo, de donde podemos obtener una categoría de mediano, ponderando estas dos características de la variable con respecto a las ciudades.

Para corroborar estas afirmaciones, un reconocido marxista norteamericano, J. P. Murray citado por Goldenberg (1965, p. 251) nos dice:

> La revolución fue confrontada con una dificultad y un problema potencialmente peligroso, en la actitud de los trabajadores urbanos que acertaron, solo lentamente, a entender su propio rol en la revolución. La iniciativa para transformar el estado en un estado de trabajadores, vino de los líderes burgueses de la revolución y no de la conciencia de clase de los trabajadores.

iv
Profunda insatisfacción de la clase baja por la inhabilidad para controlar la estructura económica de la cual se siente la víctima explotada

Esto equivaldría a tomar conciencia los explotados, de la situación de los conflictos derivados de la distribución de las recompensas económicas, o lo que es lo mismo, el sentimiento en los explotados, de enajenación. Nuestro índice lo va a dar el éxito o fracaso o apatía por cambiar las estructuras económicas. Observamos que, a lo largo de la historia de Cuba, antes de 1959, no existía un fuerte movimiento campesino, salvo aisladas excepciones, en demanda de tierras, cómo ha ocurrido en México y más recientemente, en Brasil. Esto corrobora el hecho de la carencia de solidaridad y de entendimiento de su rol histórico y deja atrás la posibilidad de una revolución campesina. Frank Tannenbaum (1962), científico político norteamericano, nos dice:

> Afirmando de esta manera, es evidente que Cuba enfrentaba serias necesidades en educación, salud y vivienda. Ella sufría de una amplia pobreza rural y urbana y desempleo. Pero Cuba no tenía un problema agrario...Por esta razón la masa de gente no tenía la tradición de propiedad de fincas. No había miles de pueblerinos, como había en México, que recordaban que las tierras alrededor, ahora ocupadas por el hacendado, habían pertenecido a sus ancestros y que habían sido tomados a la fuerza; no había tradiciones de movimientos campesinos, no había, de hecho, demanda por distribución de la tierra. Castro no era Emiliano Zapata luchando la batalla de los aldeanos en Morelos...Nunca había ocurrido esto, porque desde siempre, la agricultura cubana se dedicó a la producción de azúcar, tabaco y café para exportación. Estos cultivos crecían en amplios suelos, principalmente con labor transitoria. Los pequeños campesinos autosuficientes que podrán beneficiarse de la distribución de la tierra eran pocos. (pp. 194-195)

Estas afirmaciones coinciden con las investigaciones realizadas por Lowry Nelson (1950, p. 125) en Cuba cuando dice: «La demanda de propiedad de la tierra venía sólo en sexto lugar, después de caminos, irrigación, escuelas, mejores casas y mejores medios de producción. La demanda de mejores condiciones higiénicas era séptima». (p. 125)

Los datos anteriores, además, son una evidencia más de la hipótesis de Davies (1962, pp. 6-7), comprobada por numerosos estudios, que las revoluciones no ocurren cuando una sociedad está generalmente empobrecida, ya que todas las energías de los individuos están puestas en permanecer vivos. En contra de la tesis de Marx, afirma: «Los objetivamente privados ante una sólida oposición de gente de riqueza, status y poder, fracasarán en su rebelión». De esta manera, de acuerdo con estas proposiciones, no son precisamente los sectores más desposeídos, el fomento revolucionario para la toma del poder. De igual manera, nos reafirma Dahrendorf (1962, p. 175): «Las revoluciones y los levantamientos no se producen cuando la miseria o la opresión alcanzan un punto extremo, sino más bien cuando tal situación ha pasado y con ella el letargo que ésta lleva consigo».

Los obreros sindicalizados, en las ciudades, muestran un grado de influencia alto en la modificación de la estructura económica. Prueba de ello son las conquistas alcanzadas a través de una lucha sindical reivindicatoria:

a. 44 horas de trabajo con pago de 48,
b. descanso retribuido (uno cada año),
c. salarios mínimos,
d. la determinación de los salarios por comisiones tripartitas que eran integradas por obreros, patronos y representantes del gobierno,
e. prohibición de hacer descuentos salariales que no estuviesen dispuestos por la ley,
f. protección contra el despido arbitrario y otras muchas más.

Este desarrollo en las relaciones entre capital y trabajo, toca directamente uno de los supuestos fundamentales de la teoría de Marx, en cuanto al necesario antagonismo de clase que lleva a consecuentemente, a la revolución social. La posibilidad de regular tales conflictos, en una realidad como la cubana, implica una tendencia democrática capaz de ser distinguida en las sociedades industriales altamente desarrolladas. Dahrendorf (1962) dice:

> Del mismo modo que la democracia política aspira a crear normas para regular el conflicto controlado, de intereses divergentes, así ha surgido en el ámbito limitado de la industria, en esta «sociedad dentro de la sociedad», un sistema de normas de relación entre las partes contratantes o litigantes. (p.101)

Por otra parte, para ver como se muestra el ámbito político, cabría hacer un análisis del contenido de las apelaciones al pueblo cubano, de los principales movimientos de resistencia contra Batista. De uno de los principales manifiestos políticos, dado a la publicidad en agosto de 1957 y que se firmó en la Sierra Maestra, la Comisión Internacional de Juristas de Ginebra (1962) nos dice que de los 13 puntos que se trataron, 7 podrían clasificarse como «libertades civiles», 5 como «consideraciones tácticas» y 1 sobre «aspecto económico» aunque más detallado, en el cual no se presentan los problemas a resolver en términos de «lucha de clases». En la Revista Bohemia (17 de marzo de 1957, p. 62) aparece una entrevista del periodista norteamericano Herbert Mathews a Fidel Castro: «¿Cuál es tu programa?» preguntó. Castro replicó: «restaurar la constitución de 1940 y tener elecciones libres».

Es evidente que el énfasis principal de esos movimientos, estaba centrado en las libertades políticas. Si por otra parte, hemos analizado que los campesinos carecen de conciencia de clase y no intervienen decisivamente antes de 1959 y los obreros como tales están neutralizados, ya sea por el poder público o por sus propios dirigentes, llegamos a la conclusión que el principal apoyo a la oposición violenta contra Batista, estaba basada en su mayor núcleo en las «clases intermedias» prestando su contribución los obreros, campesinos miembros de la clase alta, no como tales sino en forma individual.

Para reafirmar este hecho, basta analizar la composición social del gabinete revolucionario, en diciembre de 1969. Este se hallaba integrado por ocho abogados, un profesor, un arquitecto, tres estudiantes universitarios, un capitán naval, un médico, un ingeniero, un graduado en filosofía y un mayor del ejército. Analizando el movimiento campesino, Teodoro Draper (1966) nos dice:

> Es evidente que hay una enorme diferencia entre el número de campesinos en la guerrilla de Castro y la relación entre los guerrilleros y el campesinado cubano. Aún en el caso de que la proporción de campesinos en las guerrillas fuera relativamente alta, la proporción de guerrilleros en el campesinado cubano fue sumamente reducida. Había cincuenta mil campesinos en la Sierra Maestra solamente, y por lo menos quinientos mil trabajadores agrícolas en todo el territorio de Cuba...Fuera de los quinientos campesinos, más o menos que pueden haber luchado en las guerrillas durante la última etapa, varios miles más contribuyeron a su causa, en una u otra forma. Con todo, el apoyo activo que recibió Castro de los campesinos fue tan limitado, en relación al conjunto del campesinado o de toda la población agrícola, que difícilmente puede servir para demostrar la teoría de una «revolución agraria». Sería mucho más conveniente hablar del número de revolucionarios que había

entre los campesinos, que del número de éstos con relación a aquellos...Además, casi todos los campesinos reclutados, procedían de la región de la Sierra Maestra y, por lo tanto no eran típicamente representativos de la población agrícola. El «montuno», como se le llama, era bien conocido como el más pobre atrasado e ignorante de los campesinos cubanos. (pp. 96-97)

Y si ampliamos más nuestra afirmación, en el sentido de que cada clase da según los recursos que tenga asociados a la estructura que tenga en la producción y dejando constante la participación activa para analizar después, por tener datos que nos aseguran que no fue decisiva en el desenlace, se da la extraordinaria paradoja de que fueron las clases intermedias y explotadoras las que más apoyaron el movimiento, cuyo destino era hacerlos desaparecer de la escena cubana. Esto es una evidencia más a lo enunciado por Lipset (1960):

Los estratos más pobres son, en todas partes, más liberales o izquierdistas en las cuestiones económicas; favorecen las medidas estatales por un mayor bienestar, por mayores salarios, impuestos proporcionales a los ingresos, apoyo a los sindicatos, etc. Pero cuando el liberalismo es definido en términos no económicos como apoyo a las libertades civiles, internacionalismo, etc., la correlación se invierte, los más pobres son los más intolerantes. (p.82)

La fuente de insatisfacción principal en Cuba, en esos momentos, no provenía de las clases bajas de la nación, confirmando lo dicho por Davies (1962, p. 6): «Es el estado mental insatisfecho, más bien que la tangible provisión de «lo adecuado» o «inadecuado» de los abastecimientos de comida, igualdad o libertad, lo que produce la revolución». Ahondando en estos aspectos, nos dice Aníbal Escalante, marxista cubano citado por Goldenberg (1965):

En realidad Cuba es... uno de los países (de América Latina) donde el «standard» de las masas era particularmente alto...si la teoría mencionada arriba fuera correcta, hubiera habido primero revoluciones en Haití, Colombia, o incluso en Chile, donde las masas eran más pobres que en Cuba en 1952 o 1958. (p. 123)

Por otra parte, el mismo primer Ministro Fidel Castro, el 1ro. de diciembre de 1961, en ocasión de declararse marxista-leninista, confirma este hecho al decir:

Pensaban que el grupo de dirigentes revolucionarios era un grupo de dirigentes de ideas conservadoras, de ideas no radicales. Es indiscutible que si nosotros cuando empezamos a tener fuerza, hubiésemos sido conocidos por gentes de ideas muy radicales, es indiscutible que todas las clases sociales que hoy nos hacen la guerra, nos la hubieran hecho desde entonces y no desde que tomamos el poder. (Ver Referencias)

Más tarde, el 20 de diciembre del mismo año, afirma:

Nosotros estábamos actuando en el sentido marxista-leninista, es decir, tomando en cuenta las condiciones objetivas. Naturalmente, si nos hubiéramos parado en la cima del Pico Turquino cuando solo teníamos un puñado de hombres y dicho que nosotros éramos marxistas leninistas, nosotros nunca hubiéramos bajado al llano. (Ver Referencias)

Por otra parte anteriormente, el gobierno intervenía directamente en diversos conflictos para regularlos. Un ejemplo de ello es la llamada Ley de Bateyes, en 1948, en que se declaraba ilegal imponer a los obreros y empleados de las compañías, hacer sus compras en las tiendas de las propias compañías. Asimismo, se obligaba a las compañías azucareras, a proveer casas decentes, asegurar buenas condiciones sanitarias de trabajo, tomar a su cargo la asistencia médica de su personal y acordar facilidades culturales dentro de los bateyes. Esta ley fue aprobada en el período entre 1949-1952 y se iba cumpliendo paulatinamente en algunos centros azucareros más que en otros, en lo referente a las condiciones sociales.

Con respecto a los años anteriores a 1959, Blas Roca (1965) principalmente dirigente del Partido Socialista Popular, analiza el nivel alcanzado por la lucha de clases, antes de 1950:

Antes de la Revolución durante largo período las formas principales de la lucha de clases fueron choques directos entre éstas, por motivos primordiales económicos: movilizaciones de los campesinos para impedir desalojos o recuperar tierras que les habían sido arrebatadas, en las que chocaban directamente con los patronos; movilizaciones de las masas populares obreros estudiantes, profesionales, etc. contra medidas a pretensiones de los imperialistas yanquis, contra el desempleo, contra el encarecimiento de los servicios, contra la discriminación racial, por los derechos de los estudiantes, por los derechos de la mujer, etc. En las que chocaban en cierta forma contra el conjunto de las clases dominantes...El Estado intervenía en estas luchas contra los campesinos, los obreros, los estudiantes, las masas populares, aunque disfrazaba su defensa activa de los explotadores con alguna concesión menor a los explotados, lo que obscurecia, para amplios sectores de las masas, la necesidad de que todas esas luchas se orientaran al objetivo fundamental de derribar el poder político de los explotadores y de establecer el poder revolucionario obrero y campesino...Otras formas de la lucha de clases, las demandas políticas de libertades sindicalistas, derechos democráticos, la participación en las elecciones etc. enfrentaban directamente al gobierno de los explotadores. Pero en ellas también, amplias masas no entraban con la decisión consciente de derribar el poder reaccionario, sino más bien de conquistar los objetivos limitados propuestos. (p. 4-5)

Este aspecto es enfatizado aún más por Fidel Castro en una especie de encuesta realizada en plena plaza pública en 1966:

Y eso de creer que la conciencia tiene que venir primero y la lucha después es un error. La lucha tiene que venir primero e inevitablemente detrás de la lucha vendrá con ímpetu creciente la conciencia revolucionaria. Si yo hiciera una pregunta aquí, podríamos nosotros, ante nuestros visitantes demostrar ésta con el testimonio de las masas. Si yo les preguntara a ustedes, a esta inmensa multitud, les preguntara cuántos tenían conciencia revolucionaria y cuántos no tenían, y si sobre todo les preguntara cuántos no tenían conciencia revolucionaria antes de la revolución, y les dijera que levanten la mano los que no tenían conciencia revolucionaria, que lo digan... ¡Esa es la masa!...Es que conciencia revolucionaria, cabalmente, no la poseíamos ni los mismos hombres que hemos estado dirigiendo esta revolución. Ideas revolucionarias, intenciones revolucionarias, buenos deseos revolucionarios, pero conciencia revolucionaria, muy pocos. Y esa masa, esa masa, fue adquiriendo conciencia en el proceso revolucionario, esa masa fue adquiriendo cultura revolucionaria y la conciencia revolucionaria a través del proceso. Porque las masas lo que sentían era la opresión, lo que sufrían eran las necesidades y tenian, todo lo más, una conciencia vaga de que algo andaba mal, una conciencia vaga de que era explotada, de que era preterida de que era humillada. (p. 60)

De manera que el análisis de esta variable, da que no se produce una profunda insatisfacción en los campesinos y con respecto a los obreros, no se constata una posibilidad cierta de modificación de las estructuras económicas. Por otra parte, la lucha política contra Batista, no estaba planteada en términos de clase, siendo su principal apoyo, las clases intermedias y altas. Desde el punto de vista marxista, podemos decir que hay un grado bajo de cumplimiento de esta condición en la realidad cubana.

v
Establecimiento de una organización política resultando de la estructura económica, la situación histórica y la maduración de la conciencia de clase

Con Lenin, el partido político adquiere una máxima importancia. Él es la vanguardia de la lucha del proletariado; Lenin tenía poca fe en que la ideología obrera surgiera por sí sola, teniendo en cuenta el poder tremendo de la burguesía, cuya forma de pensar y actuar era dominante, como producto del régimen de propiedad. La función principal del partido era capturar a los obreros, marcándoles la línea debida. Un índice de la fuerza del partido en la realidad política cubana, va a ser la cantidad de inscripciones o afiliaciones del partido que, aunque en Cuba eran irregulares, reflejaban bastante bien las distintas fuerzas. En el año 1951, tenemos que el Partido Socialista Popular (comunista), disfrutaba de alrededor del 2% de la votación total. Las fuerzas políticas, en aquel momento, último año de libertad política, estaban distribuidas de la siguiente manera (Goldenserg, 1965):

Partido	Afiliaciones
Partido Revolucionario Cubano (PRC, Gobierno)	621 mil
Partido del Pueblo Cubano (ortodoxo)	330 mil
Partido Acción Unitaria (F. Batista)	204 mil
Partido Demócrata	195 mil
Partido Nacional Cubano	189 mil
Partido Liberal	85 mil
Partido de la Cubanidad	94 mil
Partido Socialista Popular (comunista)	53 mil
Partido Republicano	40 mil

De estos partidos, el P.R.C., el ortodoxo y el de la Cubanidad, eran expresión de la revolución de 1933. Fidel Castro inició su vida política en el partido ortodoxo, cuyo líder era Eduardo Chibas, habiendo presentado su candidatura para representante a la Cámara, para las elecciones de 1952, lo cual equivale a una diputación, en otros sistemas políticos.

Una encuesta interesante que aparece en la Revista Bohemia de Diciembre 16 de 1951, es aquella que indagaba: «¿De qué clase el candidato deriva apoyo?». Los resultados fueron los siguientes:

Cuadro 8: Preferencias de los votantes según pertenencia de clase con vista a las elecciones de 1952

Candidato	Clases Altas	Clases Bajas
Por Agramonte (Ortodoxo)	34,8%	21.8%
Por Hevia (Gobierno P.R.C.)	19.7%	14.6%
Por Batista (P.A.U.)	11.5%	18.9%

Fuente: Datos recabados de la Revista Bohemia de Diciembre 16 de 1951 por Goldenberg, (1965).

El organizador de la encuesta, Raúl Gutiérrez, investigador muy reconocido en aquellos momentos comentó:

> Como en todos los surveys precedentes, es de destacar que el porcentaje de votos por los candidatos ortodoxos se vuelve más pequeño cuando uno desciende en la escala social, mientras que hay más simpatía por el General Batista entre las clases bajas que en las altas. (Citado por Goldenberg, 1965, p.111)

Los tres candidatos referidos, eran las principales personalidades que se presentaban a las elecciones de 1952. Dos meses antes, uno de ellos, que también era él de menores posibilidades, dio un golpe de estado, el 10 de marzo de 1952, basado en el ejército. Otro índice en este aspecto, no lo va a dar el grado en que los diversos partidos políticos aprecian la realidad cubana en término de «lucha de clases». El principal énfasis, en el período de 1944 al 1952, era la honestidad administrativa. El Partido Ortodoxo enarbolaba el lema «Vergüenza contra dinero». En noviembre de 1951, en un discurso dirigido al 1er. Congreso Nacional del Partido Revolucionario Cubano, P.R.C., refiriéndose a los males políticos que habían obstaculizado al país, el Presidente Carlos Prío dijo que el «gangsterismo» y la malversación de fondos públicos, habían plagado los gobiernos de Cuba durante los últimos seis años.

El «gangsterismo» era un fenómeno «sui generis» en Cuba; se trata de movimientos revolucionarios, que al fracasar la toma del poder político, después de la revolución de 1933, por el golpe de Bautista, se mantuvieron activos, en forma clandestina. Cuando triunfó el «autenticísmo» (PRC), se vincularon a los puestos públicos y se formó una guerra campal entre los diversos grupos, por controlar los cargos burocráticos. Había también, venganzas personales y rivalidades políticas, y cierto «machismo» que en Cuba alcanzó carta de ciudadanía como expresión política a todos los niveles. En cuanto a la malversación de fondos, la Comisión Internacional de Juristas (1962) nos dice:

> Era frecuente en Cuba la denuncia pública contra los ex-funcionarios como, por ejemplo, la denuncia contra Grau San Martin y sus colaboradores, por malversación de 174 millones de pesos y más tarde, contra el propio Prío Socarrás, después del golpe de estado de Fulgencio Batista, el 10 de marzo de 1952. Las denuncias no siempre eran fundadas, pero de todas maneras, provocaban un gran escándalo público, conmoviendo las bases de la confianza popular. (pp. 32-33)

Uno de los factores principales en el suicidio de Chibás, el principal líder de oposición en 1951, fue una denuncia infundada, que no pudo probar, a un funcionario del Gobierno de Prío. Como se desprende de estos datos, eran esos los temas principales en la política cubana antes de 1952. Había la idea general de que con honestidad se resolvía todo. Más tarde, el Movimiento 26 de Julio, comandado por Fidel Castro, en el manifiesto citado, exponía sus criterios económicos, sintetizados en los siguientes puntos:

a. Una mayor diversificación de la producción y consumo cubanos.
b. Desarrollo de la Marina Mercante.
c. Establecimiento de un servicio civil profesional, para evitar la corrupción y el soborno.

d. Nacionalización de las minas, con la debida compensación.
e. Utilización del capital nacional y extranjero, para el desarrollo del país.
f. Dejar intactas las inversiones extranjeras de la industria azucarera.

Este programa económico pertenece al Manifiesto de Agosto de 1957, al cual nos hemos referido. Por ese mismo tipo de enfoque general de las diversas fuerzas políticas, los ciudadanos no se agrupaban en política a tenor de su ubicación en la estructura económica, a excepción del PSP (comunista) que era una minoría. Los grupos marxistas dan signo de vida principalmente en la historia republicana, a raíz de la constitución de la Liga Anti-imperialista, hacia 1920. Veremos entonces ahora, de qué manera enfocaba el marxismo la realidad cubana, para después ver en la variable que se refiere a la vinculación con los movimientos de liberación nacional, de qué manera eran enfocadas dichas manifestaciones por las diversas fuerzas políticas.

De la Liga Anti-Imperialista, surge una publicación, «El comunista», con una circulación de 1.000 a 1.500 ejemplares. Más tarde, los grupos marxistas, toman parte importante en la Confederación Nacional Obrera Cubana, que hacía 1924, se construyó con preponderancia de grupos anarco-sindicalistas. Durante la Revolución contra Machado, forman parte, en 1932, de la primera unión de carácter nacional obrera cubana, en el sector azucarero, que fue decisiva en esta etapa. Se oponen al gobierno de Grau San Martin, en cuyo período se dicta gran parte de la legislación social a que hemos hecho referencia y que cae, entre otras razones, por negarle el reconocimiento los Estados Unidos. «El Partido Comunista —escribe Comunist International en aquel momento—, debe tomar todos los pasos para prevenir una intervención de USA, haciendo ciertas concesiones al imperialismo de USA... el Partido Comunista dirige su principal fuerza, contra las clases locales gobernantes en Cuba». (Citado por Godenberg, 1965, p.115).

A la caída de Machado, siguió un período de desorden y dentro de él, se vieron surgir soviets de obreros y campesinos. El programa de acción del partido, en 1933, contenía los siguientes puntos: nacionalización de grandes empresas industriales, transporte y bancos que, si eran poseídos por imperialistas, se expropiaban sin compensación. También se procedía a la apropiación de grandes fincas a ser distribuidas entre campesinos y trabajadores agrícolas; repudio a la deuda nacional; formación de un ejército de trabajadores y campesinos, el establecimiento de soviets. Más tarde, se modificaba lo referente a la distribución de las tierras y se especificaba que se abogaba por una colectivización. (Goldenberg, p. 116).

En 1935, se adopta la táctica de los Frentes Populares, en búsqueda de organizaciones más amplias que pudieran vincularlos más a las masas populares. Esta fue la línea adoptada por el Comintern, para multitud de países, donde ejercía su influencia. Es en esa época en que entran en conversaciones con el gobierno constituido, a cuya sombra gobernaba el Coronel Batista y nuevamente, se da una paradoja en la realidad cubana, al legalizarse por primera vez, el Partido Unión Revolucionaria (Comunista). Esta línea culmina en el apoyo a Fulgencio Batista, como se desprende de las publicaciones del periódico Hoy, de aquel tiempo:

> Quieren también, Chibás y los suyos, enturbiar nuestras relaciones firmes con el Presidente Batista. Para ello, nos presenta, en su provocación hecha en la CMQ (a propósito de una acusación lanzada por Eduardo Chibás en 1944), como conspirando contra el Presidente a quien nosotros elegimos y con el cual hemos colaborado durante cuatro años fructíferos para Cuba. (Ver el Diario Hoy, órgano oficial del Partido Comunista, 13 de junio de 1944, p. 7).

> Mientras desde 1933 hasta ahora, Chibás estuvo atacando y calumniando a la obra del Presidente de la República, nosotros, los comunistas, desde 1938, hemos estado colaborando, primero con el Coronel Batista y luego, con el Presidente de la República, en estrecha comunión de ideas, para afirmar la Democracia Cubana. (Citado por Wladimir Alvarez, 1963, p. 18).

No faltaron tampoco los elogios del mismo Diario Hoy (16 de julio de 1940, p. 2) cuando dice que: «El triunfo del coronel Batista es el triunfo de una política de progreso, es el triunfo del pueblo de Cuba» (Citado por Wladimir Alvarez, 1963, p.15). Aquí esta organización política se refiere a las elecciones de 1940, donde fue elegido Batista y cuyos resultados ya mencionados fueron tachados de dudosa legalidad por la oposición. Esta política era justificada por el partido, de acuerdo a la táctica internacional seguida por los partidos comunistas de todo el mundo, de cesar la lucha interna por el poder, hasta destruir la amenaza fascista y nazi. Las ventajas materiales de este apoyo, fueron las siguientes:

1. Una empresa editora de libros: la Editorial Páginas.
2. Un periódico con imprenta propia: Hoy.
3. Una potente radio-emisora consagrada únicamente, a la difusión del marxismo en Cuba: la 1010.
4. El control absoluto de la CTC y consecuentemente, del movimiento obrero cubano.

Batista también les dio apoyo electoral, ocuparon cargos en el parlamento y participaron en el gabinete del mismo. En 1944, esta coalición fue barrida, al ser elegido Grau San Martín y el partido fue perdiendo influencia, poco a poco. En 1947, durante el 5to. Congreso de la CTC (Confederación de Trabajadores de Cuba) se produjo una división tal, que trataron de formar una CTC independiente, pero no tuvieron éxito. Hubo momentos en que la lucha adquirió caracteres violentos, inmiscuyéndose los grupos «gangsteriles» contrarios a Batista, en el desalojo de algunos cargos sindicales ocupados por marxistas y ripostando éstos, a su vez, en igual forma. En 1952, ya, como se desprende de los datos anteriormente dados, era poca la influencia del PSP, que había modificado su nombre de Unión Revolucionaria Comunista. Batista, cuando el golpe de estado, como una manera de buscar el reconocimiento norteamericano, rompe relaciones con Rusia declara ilegal el Partido Comunista.

Esta medida, en la práctica, fue extendida a todos los partidos políticos, ya que a través de la llamada «suspensión de garantías», siempre que la estabilidad del país lo exigiera, se prohibía toda actividad oposicionista por el período de tiempo que estimara el gobierno. Con respecto al movimiento del 26 de Julio, la actitud se refleja en la siguiente carta oficial representativa del PSP, dirigida a Herbert Mathews, periodista norteamericano del propio New York Times:

> Nuestra actitud hacia el movimiento 26 de julio, está condicionada por estas ideas básicas de nosotros. Para nosotros, ese grupo parece tener nobles propósitos, pero usa tácticas erróneas. Por lo tanto, nosotros no aprobamos sus actividades pero llamamos a todos a proteger el movimiento de la represión de la tiranía, sin dejar de olvidar que los miembros de ese movimiento están luchando contra un gobierno odiado por todo el pueblo cubano. (Citado por Goldenberg, 1965, pp. 51-52)

A lo largo de todo el desarrollo de la lucha contra Batista, el PSP mira los esfuerzos insurreccionales como «putschistas», movimientos sin base en las masas, aventuras de concepción pequeñoburguesa que, por otra parte, Marx (1958) retrata como si se tratara de un análisis a dicho movimiento 26 de Julio:

> Pero el demócrata, como representa a la pequeña burguesía, es decir, a una clase de transición, en la que los intereses de dos clases se embotan el uno contra el otro, cree estar por encima del antagonismo de clases en general. Los demócratas reconocen que tienen enfrente a una clase privilegiada, pero ellos con todo el resto de la nación que los circundan, forman el pueblo; lo que les interesa es el interés del pueblo. Por esto, cuando se prepara una lucha, no necesitan examinar los intereses y las posiciones de distintas clases. No necesitan ponderar con demasiadas escrupulosidades de sus propios medios. No tienen más que dar la señal para que el pueblo, con todos sus recursos inagotables, caiga sobre los opresores. Y, si al poner en práctica la cosa, sus intereses resultan no interesar y su poder, ser impotencia, la culpa la tienen los sofistas perniciosos, que escinden al pueblo indivisible, en varios campos enemigos, o el ejército, demasiado embrutecido y cegado, para ver en los fines puros de la democracia, lo mejor para él, o bien, ha fracasado todo por un detalle de ejecución, o ha surgido una casualidad imprevista que ha logrado la partida por esta vez. En todo caso, el demócrata sale de la derrota más ignominiosa, tan inmaculado como inocente entró en ella, con la convicción, de nuevo adquirida, de que tiene necesariamente que vencer, no de que él mismo y su partido tienen que abandonar la vieja posición sino de que, por el contrario, son las condiciones las que tienen que madurar para ponerse a tono con él. (pp. 37- 38).

Véase aquí toda una alusión, a la confianza en los factores de «conciencia», hecho que va a aportar la revolución cubana a la tradición marxista, aún a riesgo de ir contra el propio Marx, como veremos después. No obstante, ya a finales de 1958, el partido toma la decisión de unirse a las fuerzas rebeldes, e incluso, organiza un pequeño contingente en las Villas, provincia central de Cuba. De todos estos datos, se desprende que, antes de 1958, la influencia del Partido Socialista Popular, PSP, no era de decisiva importancia. Que los partidos políticos no se agrupaban según las estructuras de clase, lo cual ataca nuevamente la concepción marxista, al menos en Cuba, de la unión del poder económico y político. Ni los hacendados, ni los colonos, ni los industriales, tenían «su» partido, ni se veían una vinculación estrecha a ellos, tal como se observa, por ejemplo, en Chile donde el actual Partido Nacional tomado globalmente, se halla vinculado a las clases altas, y el comunista a los obreros industriales.

Esto, por otra parte, da una evidencia empírica más a nuestra afirmación anterior, de que las «clases explotadoras» en Cuba, no habían alcanzado una alta conciencia de clase y por último que a lo largo de la historia del partido comunista, éste ejerce solo influencia decisiva cuando hubo una vinculación al gobierno de turno. Por tanto, podemos afirmar que la variable enunciada, se cumple con un bajo grado de intensidad en la realidad cubana, antes de 1958.

vi
Anti-imperialismo, entendido en el marco de la reacción ante la fase monopolista del capital

En esta variable hay dos aspectos, como ya vimos en el marco teórico:

a. La situación real de las relaciones cubanas con el capital norteamericano.
b. La conciencia de esa situación, que tenían los distintos sectores del país.

La dependencia cubana del mercado norteamericano era notable. A través del sistema de cuotas referido y con un precio mayor que el mercado mundial, Estados Unidos de Norteamérica, USA, era el principal comprador de azúcar, además de otros productos, representando en el comercio exterior de Cuba, alrededor del 63% de las exportaciones. Por otra parte, capitales norteamericanos poseían 36 centrales de un total de 161, controlando el 40% de la producción azucarera. He aquí un cuadro de las inversiones norteamericanas en Cuba, en distintos años-

Cuadro 9: Valor de la inversión de USA en millones de dólares por sector económico

Actividad	1929	1950	1958
Agricultura	575	263	265
Petróleo y Minería	9	35	270
Manufactura	45	54	80
Servicios	290	305	386
TOTALES	919	657	1,001

Fuente: Inversiones de Estados Unidos en la Economía cubana, Departamento de Comercio de USA. Obtenido de Seers, 1964, p.23.

Nótese la declinación en el sector de la agricultura, por motivo del desplazamiento de ese capital, como un índice de la apropiación cada vez mayor de cubanos, de la industria azucarera. Por otra parte, se aprecia una afluencia en el sector de los servicios, sobre todo como resultado del incremento del turismo en Cuba, cuya principal procedencia era USA. Hasta aquí, se cumple la primera fase de expansión, del capital de un país poderoso a uno débil, pero esto, por sí solo, no basta para caracterizar el imperialismo como tal en la etapa pre-revolucionaria, si recordamos sobre todo, que hasta los propios países capitalistas están recibiendo inversiones de capital de los países occidentales de alto desarrollo. Esas inversiones representaban alrededor del 14% de las inversiones totales de capital en la isla, sin contar las inversiones en las propiedades urbanas (Illán, 1963, p. 82).

Respecto a la importación de capital, que nos habla Baran y Sweezy (Citado por Goldenberg, 1965, p. 251), tenemos que entre 1952 y 1958, el drenaje de ganancias e intereses, ascendía aproximadamente, a 50 millones de dólares, lo cual representaba el 2% del producto Bruto Nacional, y el 2.4% del Ingreso Nacional. Esto incluye intereses sobre préstamos y ganancias de compañías no americanas. De estas ganancias, hay una parte sustancial que no dejaba el país, ya que eran reinvertidas, dependiendo esto del sector donde estuviera ubicada la inversión.

En nota del gobierno cubano al de USA, en Noviembre de 1959, se hablaba que las utilidades de las inversiones americanas en Cuba, en los últimos 15 años, ascendían a US$700 millones de dólares, de los cuales US$548, se transfirieron al país de los inversionistas y 163 fueron reinvertidos en Cuba. (Castro, 1960, p.168). Este hecho sí ya cae dentro de la definición objetiva de «imperialismo», si se toma en cuenta, por lo demás, la pasividad de los sectores domésticos en el pasado, frente a la situación. El término «imperialismo» conlleva ambos hechos, aunque necesariamente no estén vinculados empíricamente, como hemos visto a lo largo de este estudio.

No obstante, las firmas norteamericanas eran las que daban más altos salarios en la isla. Además, pagaban en impuestos alrededor de la suma de 70 millones de dólares, que equivalía el 20% del presupuesto cubano. (Goldenberg, 1965, pp. 79 y 139). Añádase a esto, la ya referida cuota azucarera, comprada por USA que pagaba dos centavos por encima del mercado mundial. Sin embargo, estos hechos quedan truncados, si no miramos la evolución histórica, del capitalismo norteamericano desde su llegada a la isla y también de la industria azucarera, ligada al destino de Cuba indisolublemente.

Antes de 1900, Cuba presentaba un agro sin las diferencias que se observan en 1959. En contra de lo que muchos piensan la evolución industrial azucarera se produjo entre 1877 y 1899, durante la colonia española, por oportunidades de comercio en el mercado exterior y por razones de eficiencia y competencia con la industria remolachera en Europa. Este hecho se traduce en la reducción de las plantas industriales pequeñas que marca el paso para la organización racional en gran escala, y el aumento del nivel de las fuerzas productivas.

Ramiro Guerra (1933) muestra esta evolución de la concentración y elevación del nivel tecnológico en el tiempo en las fechas indicadas abajo, partiendo de las prácticas coloniales anteriores:

1877	1.190 ingenios
1829	207 ingenios
1927	185 ingenios
1959	161 ingenios

A esta reducción, hay que añadir la destrucción de muchos ingenios entre 1895 y 1898, por motivo de la guerra de independencia cubana. Antes de 1900, a pesar de que el azúcar era el principal producto cubano, se había logrado mantener un equilibrio entre los colonos (cultivadores independientes) y los «centrales» o «ingenios», debido a la demanda mutua que tenía como base la imposibilidad de la empresa azucarera, de extender su dominio y la necesidad que tenía por ende, el colono, de un marco de libre competencia. El dilema estaba compuesto de tres aspectos, para que el monocultivo se desatara y aplastara al cultivador independiente. Si las grandes fábricas podrían conseguir capital para comprar tierras, extender y mejorar el transporte a través del ferrocarril que necesita una gran inversión y aumentar la productividad, no sólo en los medios de producción, sino también en mano de obra abundante y barata y si se podían obtener además, mejores posibilidades en el mercado externo, se iba a romper ese equilibrio.

Los tres hechos referidos se conjugaron en los primeros años de 1900, concretados en el abundante capital norteamericano que se introdujo en la isla, comprando los ingenios cubanos y aprovechando los efectos de la intervención norteamericana de 1898 a 1902 y de 1906 a 1909 más tarde, y la benevolencia de los gobiernos cubanos. Se importaron jamaicanos y haitianos para que trabajaran en los campos de Cuba, por jornales infímos y por último, el Presidente de Estados Unidos, McKinley, dio preferencia arancelaria al azúcar cubana, rebajando un 25% de impuestos para ese producto. Añadase a ello, la elevación del precio del mercado mundial del azúcar a raíz de la Primera Guerra Mundial, que provoca la llamada «Danza de los Millones», como se referían los cubanos a ese periodo. Fue entonces que la producción se elevó de 1903 a 1925, en un 400% y el paisaje de Cuba comenzó a semejar un extenso cañaveral. Leland H. Jenks (1960) un investigador norteamericano que hizo estudios en Cuba, de los efectos de la política norteamericana de aquella época, nos dice:

> Lo más notable de los recursos de Cuba de 1900, es el hecho de que los cuatro quintas partes de la tierra estaban libres, siendo fértiles, absurdamente baratas y capaces de mantener a los colonos que las explotaran. De vez en cuando, se elevaba alguna voz, llamando la atención sobre la ola inmigratoria que empezaba a inundar la isla, norteamericanizando Cuba. Apenas ocupamos el país empezó la venta de tierra… Pero a medida que las empresas norteamericanas en Cuba se multiplicaban en número e importancia, se alteró el carácter de la política fiscal. Fuimos interesándonos cada vez menos por la República de Cuba, preocupándonos más por los «intereses» de los Estados Unidos en la isla…La Guerra Mundial, al traer a Cuba la prosperidad y una demanda universal de azúcar, marcó el principio de una nueva etapa. Los esfuerzos de las empresas esporádicas fueron convirtiéndose en un movimiento sistemático para la dominación de la vida económica cubana, por esa sección organizada del negocio yanqui, que solemos llamar abreviadamente «Wall Street». (p. 149)

Más adelante, el autor mencionado expresa:

> Y, con la guerra y el régimen de Wilson, vino una política con Cuba, que, a pesar de su amabilidad y cordialidad personales (o tal vez precisamente por esto), hizo de la isla una dependencia yanqui más definida que hasta entonces. Hubo un movimiento político-económico que llegó a su máximo en el invierno de 1922-1923. En diez años, las inversiones del capital yanqui en Cuba, pasaron de $200 millones a $1,200 millones con tres cuartas partes de la industria azucarera de la isla, en manos de corporaciones norteamericanas. (pp. 174-175)

Las grandes inversiones correspondieron después de algunos años, con alza de precios en el mercado que originó la llamada «Danza de los Millones». Sin embargo, en ese mismo año, sus finales, el precio del azúcar era un quinto menos que el precio alcanzado en mayo y el mercado comenzó a tener una espectacular caída. Después de dos años más en esas condiciones, el mercado se recuperó, parcialmente, hacia 1925, pero después el precio del azúcar continuó declinando. Su época más crítica fue motivada por la gran depresión de 1929, que hizo surgir la tarifa Hawley-Smooth, que restringió en Estados Unidos, la importación azucarera. Como consecuencia de la crisis mundial y de esta medida, el per-capita disminuyó ostensiblemente y el desempleo se extendió en Cuba.

Junto a algunos de los aspectos descritos en la primera variable, referente a conflictos en la distribución de recompensas, podemos establecer un ciclo de secuencias y a la vez estructural, de los efectos que produjo la entrada de capital norteamericano en la isla. Atenderemos el aspecto institucional, o sea aquellos que se han enraizado en la conducta colectiva de una manera constante, prescribiendo, permitiendo o prohibiendo los modos de la interacción.

Entendemos «estructura» como aquellos elementos específicos, cuya razón de ser se define por su funcionalidad con respecto a un fin que, a su vez, es funcional, según nos dice Medina Echeverría (1963, p. 497). Entendemos función como aquella consecuencia objetiva que contribuye al ajuste o adaptación de un sistema dado de acción social. Entonces, a la pregunta: ¿Cómo funcionó nuestro sistema económico-social frente a la entrada del capital norteamericano?, la respuesta se desprende del siguiente cuadro, que marca a la vez, la fecha aproximada en que determinado fenómeno llegó a su grado más alto, consolidándose así, en el modo de actuar del sistema social cubano.

Cuadro 10: Proceso de formación de la estructura económica cubana

Rasgos estructurales constituyendo sistema	Fecha
Fin: Dirección hacia el mercado externo por condiciones propicias para la producción de azúcar	1903
Funciones del sistema con respecto al fin, que a su vez es funcional:	
a) Latifundio: (compra de tierras y centrales)	1903
b) Desaparición de cultivadores independientes.	1903
c) Monocultivo	1913
d) Capacidad de producción dependiente del mercado externo	1921
e) Repercusión en las condiciones sociales del campo: analfabetismo, desempleo, etc.	1929

Fuente: Elaboración propia.

El Cuadro 10 nos muestra una «causación circular» en el sentido dado por Myrdal (1959). Es decir, que al dirigirse hacia un fin el sistema y haber, por ejemplo, en nuestro caso, una gran demanda de azúcar en el mercado externo, el capital buscando una mayor ganancia (fenómeno descrito por Lenin), va a invertirse en la producción azucarera. Para conseguir una ganancia grande es necesario, a la vez, eliminar la libre competencia y como resultado de ello, se impone como rasgo estructural, el latifundio. Pero éste, a su vez, al acaparar las tierras, va desplazando a los pequeños capitalistas, (colonos en este caso), llegando a utilizar métodos que llevan a la quiebra a éstos, como la competencia de precios, produciéndose como rasgo estructural, la desaparición de los cultivadores independientes, que es la otra cara de la medalla del fenómeno de concentración (descrita por Marx)

A la vez, llega un momento en que Cuba, prácticamente, se dedica a un sólo cultivo, el azúcar, que constituye su primer producto de exportación y su primera entrada de divisas. «Sin azúcar no hay país» llegaron a decir los cubanos hasta el mismo año 1959. El monocultivo, constituido a su vez, es rasgo estructural, lleva consigo una capacidad de producción dependiente del mercado externo, otro rasgo que va a desarrollarse parejamente, y del cual se cobra conciencia en 1922, cuando baja abruptamente el precio del azúcar. Esto, a su vez, repercute en las condiciones sociales del campo en general, provocando el desempleo y con ello, profundizando el analfabetismo, la falta de viviendas, etc. Esto se hace ya permanente y se profundiza más aún, con la crisis de 1929, que va a dejar sentir sus efectos hasta el propio año 1958. Ello se siente más cuando alrededor de los años 20, Cuba llegó a tener un ingreso que representaba la tercera parte del que disfrutaba USA aproximadamente.

Todos estos rasgos, a la vez, se influenciaban recíprocamente, profundizándose así en la realidad cubana, todo el sistema referido y contribuyendo a su permanencia. Todas las medidas tomadas después de 1933 y el desarrollo en general de la isla, se basó sobre esa estructura, cuyo fin no fue modificado. Las medidas de cambio estructural fueron:

a. Respecto al latifundio vs. cultivadores independientes, se llegó a protección de colonos y a evitar el desalojo.

b. Respecto al monocultivo, se intensificó la ganadería y el arroz para el consumo interno, a partir de 1927, pero antes de 1958, esto no era suficiente para compensar la diferencia entre las posibilidades y las realidades que llevaban a Cuba, a un país eminentemente agrícola, a gastar un tercio de sus importaciones, en items de comida. El sociólogo cubano Francisco Dorta Duque (1960), observa:

> El monocultivo y la confianza en las entradas que nos proporciona, ha producido una rigidez enorme en nuestra tabla de cultivos. Desde 1945 a 1952, siete años, no se registraron cambios de importancia en nuestra estructura de cultivos. Sólo el plátano aumentó de porcentaje. Y ni siquiera la tierra dedicada a caña que se deja cortar cada año, es empleada en nuevas plantaciones diversificadas del agro. (p. 6)

c. *Con respecto* al mercado externo, se aseguraron las cuotas azucareras, que incide en lo dicho anteriormente. Además se comenzó una industrialización diversificada, que no lograba aún absorber el desempleo.

d. Respecto a las condiciones sociales, ya hemos visto como éstas fueron mejoradas en las ciudades, no así en el campo en general.

Por esa razón, Lowry Nelson (1950) veía la sociedad cubana como con una «estructura de emergencia» hacia 1950. De manera que en la variable última, podemos decir que, al menos en sus aspectos económicos, el «imperialismo» norteamericano se hizo sentir con todo su peso en los primeros años y que luego fue atenuándose paulatinamente, y desviándose hacia sectores que no afectaban la estructura de producción. No obstante, en 1958, existían rasgos económicos que objetivamente, podrían ser distinguidos como producto del «imperialismo» norteamericano, según la concepción marxista y en alto grado, ya que constituían la base estructural de nuestra economía.

¿Cómo se manifestaba dicho fenómeno en la realidad política? ¿Cómo enfocaban los diversos sectores esa realidad? Estos capitales entraron en Cuba, principalmente, por la decisiva influencia política que, desde la guerra hispanoamericana en 1898, ejercía USA en Cuba a través de la llamada Enmienda Platt, que facultaba a Estados Unidos, como efectivamente hizo, para intervenir en los asuntos internos cubanos. Esta facultad fue abolida en 1934, en la Conferencia de Montevideo, aprovechando la política del «New Deal» de Roosevelt y por la decisión resuelta de los cubanos de derogarla. Toda esta etapa se caracteriza por un gran anti-imperialismo, que tiene su máxima expresión durante el gobierno de Grau San Martín, a que hemos hecho referencia. Baeza Flores (1960) dice:

> ...El 10 de septiembre de 1933 la multitud que, como un mar desbordaba las calles y el espacio entonces en la historia de Cuba republicana. El Dr. Grau San Martín se negó a jurar el cargo del modo usual...«—No deseo jurar la Enmienda Platt...Juro ante el pueblo, defender la revolución y hacerla cumplir». En la ceremonia popular, Eduardo Chibás se le acercó para comunicarle una llamada desde larga distancia. —Doctor Grau, le llaman por teléfono desde Washington con mucha urgencia—. «Dile a Washington que espere su turno, que ahora estoy con mi pueblo. ¡Ya es hora de que se le atienda!». «—Formidable Doctor. Así se hace—», respondió Chibás. (p.98)

El gobierno de Grau no fue reconocido por el norteamericano, pero la Enmienda Platt se derogó. Más tarde, Cuba empieza a recuperarse económicamente en comunión estrecha con los Estados Unidos, que enfrenta a la vez, el desafío nazi a nivel mundial. El anti-imperialismo como meta de la sociedad cubana, se va atenuando. Grau San Martín sube al poder en 1944 con aureola de «Mesías», después de su ejecutoria durante la revolución del 33. Pero, al revés de las esperanzas populares, comienza un período de corrupción y de desconfianza en las instituciones políticas estando ausente, prácticamente, la variable estudiada. Se hace importante el hecho que existía la creencia, en grandes sectores, en 1944, que «los americanos» no iban a dejar que asumiera Grau el poder si ganaba. El haberlo hecho y después haber frustrado las aspiraciones de grandes núcleos de población, seguramente desvió aún más la atención del fenómeno externo, para centrarlo en los asuntos internos. Durante la época del Prío no hubo cambios cualitativamente importantes con respecto a Grau, en este tema.

Con el golpe de estado de Batista, dicho panorama político se modifica en algunos aspectos. Este, con pocos centros de poder dentro de la isla, busca el mayor apoyo exterior posible. Los actores de ruptura de relaciones y legalización del partido comunista van a ese sentido. Earl T. Smith (1961), ex-Embajador en Cuba hasta la caída de Batista, en una declaración ante el Sub-comité del Senado para investigar la administración de las leyes de Seguridad Interna el 30 de agosto de 1960 declara:

> Mr. Smith: Senador, déjeme explicarle que los EE.UU., hasta el advenimiento de Castro eran tan abrumadoramente influyentes en Cuba que, según he manifestado hace un momento, el Embajador norteamericano era el segundo hombre de Cuba en importancia; algunas veces aún más importante que el propio Presidente. Esto es debido a la posición que los EE.UU, tenían en Cuba. Hoy, su importancia no es muy grande. (Citado por Huberman & Sweezy, p. 252)

En marzo de 1958, USA suspende los envíos de armas a Cuba y Earl T Smith, al demandar el gobierno cubano qué significaba ese acto, responde que expresaba neutralidad, dentro de la división política de la isla. En la práctica, y así lo interpreta el propio Batista (1960, p. 101), fue uno de los golpes más rudos para su gobierno. Estados unidos llega a más... le comunica a Batista que no vaya a su territorio en caso de abandonar el poder, en el mismo momento que lo estaba ejerciendo. El propio Fulgencio Batista (1960) dice:

> Por sus expresiones interpretaba que hablaba en nombre del Departamento de Estado y por las sugerencias que hizo, no me cabían dudas: «Si usted no pudiera terminar las semanas que le restan de su período presidencial —decía más o menos (Earl T. Smith)— y se decidiera a dejar el poder a cargo de un gobierno provisional, su familia podría ir a vivir a su casa de Daytona Beach y usted hacerlo más tarde, transcurridos unos 3 o 4 meses...Naturalmente que usted puede ir a Daytona si lo desea, pero parece más conveniente que pasara esos primeros meses en España, por ejemplo, con el objeto de evitar los ataques que sin duda, originaría ir inmediatamente a Estados Unidos». (p. 153)

De aquí se puede colegir que, políticamente, USA, no ejercía tanto control como económicamente, aunque en base a esto último, podía hacer alcances de importancia. La última época fue, por otra parte, excepcional, ya que todos los factores en pugna buscaban las mayores fuentes de apoyo posible. La tendencia a partir de 1933, es sin duda, de independencia política que fue quebrada por Batista, pero que no por eso deja de estar presente. ¿Cuál era la reacción pública frente a estos hechos? En la época anterior a 1959, no recordamos ningún documento responsable que estampara la palabra «antiimperialismo», a excepción del PSP. Aquí valdría hacer un análisis de contenido de una palabra tan frecuente en la Cuba de hoy. Este hecho puede deberse a distintas fuentes:

1. La cercanía geográfica y la intercomunicación entre los dos países, que se había intensificado abrumadoramente, quiebra gran parte del conflicto, que necesita cierto aislamiento, de una manera u otra, de los contendientes. En 1957, 381 mil turistas visitaron la isla. (Illán, J. M., 1963, p.68)

2. El hecho de que el disfrute de los beneficios de esa cercanía eran disfrutados principalmente por la «clase media» cubana, que era a su vez, la promotora de los movimientos de renovación en la isla.

3. A la creencia de muchos políticos que dicha manifestación podía frustrarles sus carreras políticas o sus metas reales. Un ejemplo de esto es el propio Fidel Castro. Aquí podemos afirmar que los políticos cubanos miraban USA más como un poder de veto, que como un interventor en los asuntos cubanos. Era frecuente, durante la época de Batista, que las conspiraciones que se fraguaban, participaban a Washington de sus propósitos antes de acometer el hecho, a través de diversos mensajeros. Igualmente, hacían los candidatos oposicionistas. La actitud era más bien un «no me vayan a confundir». En igual sentido se expresaba Castro, en sus alusiones a las futuras realizaciones que planeaba. A la vez, este hecho respondía a un repudio de los movimientos marxistas, a quienes se veía vinculado a Batista en el pasado, y a la búsqueda de contactos que

hicieron desfavorecer a Batista ante los ojos de USA, para posibilitar una victoria.

4. Al patrón cultural enraizado, de que esa unión era natural y que el destino de Cuba estaba ligado al de USA. En Cuba existió en la colonia, un movimiento anexionista hacia España bastante fuerte. Salvando las distancias en cuanto a ubicación política, el Dr. Cosme de la Corriente, veterano cubano de la independencia y uno de los que participó más activamente por la derogación de la Enmienda Platt, en un acto público organizado por la oposición al régimen de Batista, ante los gritos contrarios a USA, en el sentido de romper lazos, por grupos comunistas, gritó: «Insensatos...si eso pasa, nos morimos de hambre». En aquel momento, Don Cosme era la posible solución al problema cubano, como intermediario entre la oposición y Batista, y su posición a favor de las relaciones con USA, no era óbice para que toda la oposición se uniera en torno a él, excepto los marxistas.

5. Al criterio de que el enfoque de esos aspectos desviaría la atención principal de lo que se estaba viviendo dentro de Cuba, es decir, el régimen de Batista. He aquí un ejemplo en las declaraciones de Marcos Rodríguez (Noyola, J. 1965, p. 5), militante marxista, juzgado por el actual régimen y fusilado, por la delación de cuatro estudiantes que resultaron muertos por los cuerpos represivos de Batista:

> Durante la huelga del 55 y los meses que les siguieron, se abrió un amplio frente de lucha. En ella me destaqué como para empuñar los micrófonos de la F.E.U. (Federación Estudiantil Universitaria) que casi a diario eran instalados para combatir la tiranía. Pero en ellos no se atacaba al imperialismo y yo me encargué, por orientación de la juventud, de hacerlo. Un día, estando dirigiéndole al pueblo una proclama en la cual atacaba al imperialismo yanqui, apareció Fructuoso (Rodríguez). Apagó los controles y me insultó, alegando que el problema nuestro no era contra los yanquis, sino contra Batista y que todos los «ñangaras» (expresión popular cubana que se refería a los que profesaban

ideología comunista. Nota del Autor) éramos comparsa de aquel desde la constituyente de 1940. (p. 5)

Fructuoso Rodríguez fue uno de los estudiantes asesinados y era Vice-Presidente de la FEU. Fidel Castro (1965) en su discurso celebrado el 26 de julio en Santa Clara, Provincia de las Villas, nos explica también ese proceso en el pasado:

> ¿Podríamos llamarnos marxistas-leninistas? ¡No!, nos faltaba mucho por comprender todavía y si éramos capaces de comprender algunos de los principios esenciales del marxismo, la realidad de una sociedad dividida entre explotados y explotadores, si habíamos sido capaces de comprender el papel de la masa en la historia...todavía no habíamos elevado nuestra conciencia y nuestra cultura revolucionaria lo suficiente, para comprender en toda su profundidad y su magnitud, el fenómeno del imperialismo. Puede decirse que lo comprendíamos teóricamente y lo veíamos a distancia. Nuestra tarea inmediata, nuestra lucha minúscula en recursos, contra aquel poder militar que aplastaba a nuestro país, concentraba la mayor parte de nuestra atención...Naturalmente que nuestros enemigos habrían querido que fuésemos unos «liberaloides», unos reformistas «pequeño-burgueses» y fuimos pequeños burgueses, pero afortunadamente, fuimos dejando atrás ese caparazón ideológico y clasista.

Creemos que con la enumeración de esos factores, se agota bastante el fenómeno. Con respecto a la explicación marxista del surgimiento de la revolución, el Dr. Ernesto «Ché» Guevara (1966), a la razón Ministro de Industrias del Régimen, hace las siguientes afirmaciones:

> Queda la tercera explicación, a nuestro juicio exacta, de que en el gran marco del sistema mundial del capitalismo en lucha contra el socialismo, uno de sus eslabones débiles, en este caso concreto. Cuba, puede romperse. Aprovechando circunstancias históricas excepcionales y bajo la acertada dirección de vanguardia, en un momento dado, toman el poder las fuerzas revolucionarias y, basadas en que ya existen las suficientes condiciones objetivas, en cuanto a la socialización del trabajo, queman etapas, decretan el carácter socialista de la revolución y emprenden la construcción del socialismo...Esta es la forma dinámica dialéctica, en que nosotros vemos y analizamos el problema de la necesaria correla-

ción entre las relaciones de producción y el desarrollo de las fuerzas productivas. Después de producido el hecho de la Revolución Cubana, que no puede escapar al análisis, ni obviarse cuando se haga la investigación sobre nuestra historia, llegamos a la conclusión de que en Cuba se hizo una revolución socialista y que por tanto, había condiciones para ello. Porque realizar una revolución sin condiciones, llegar al poder y decretar el socialismo por arte de magia, es algo que no está previsto por ninguna teoría y no creo que el compañero Bettelheim vaya a apoyar…Si se produce el hecho concreto del nacimiento del socialismo en estas nuevas condiciones, es que el desarrollo de las fuerzas productivas, ha chocado con las relaciones de producción antes de lo racionalmente esperado para un país capitalista aislado. ¿Qué sucede? Que la vanguardia de los movimientos revolucionarios, influidos cada vez más por la ideología marxista-leninista, es capaz de prever en su conciencia toda una serie de pasos a realizar y forzar la marcha de los acontecimientos, pero forzarlos dentro de lo que objetivamente, es posible. (pp. 16-17)

Como se ve por las propias palabras de Guevara, el énfasis en la conciencia de una vanguardia «que quema etapas» y «fuerza la marcha de los acontecimientos», se contrapone al choque del desarrollo de las fuerzas productivas con las relaciones de producción que ha ocurrido, según él, «antes de lo racionalmente esperado». El énfasis se produce en la capacidad del hombre de modificar sus situaciones y «en circunstancias históricas excepcionales». De esta manera, se constata cuán difícil es explicar el fenómeno revolucionario en términos marxistas.

Por otra parte, el mismo Guevara (1966) tampoco se preocupa mucho de ello…cuando en una publicación escrita dice:

> En el esquema Marx se concebía el periodo de transición, como resultado de la transformación explosiva del sistema capitalista destrozado por sus contradicciones; en la realidad posterior, se ha visto cómo se desgajan del árbol imperialista algunos países que constituyen las ramas débiles, fenómeno previsto por Lenin. En éstos, el capitalismo se ha desarrollado lo suficiente como para hacer sentir sus efectos, de un modo u otro, sobre el pueblo, pero no son propias contradicciones las que, agotadas todas las posibilidades hacen saltar el sistema. La lucha de liberación contra un opresor externo, la miseria provocada por accidentes extraños, como la guerra, cuyas

consecuencias hacen recaer las clases privilegiadas sobre los explotados, los movimientos de liberación destinados a derrocar regímenes neocoloniales, son los factores habituales de desencadenamiento. La acción conciente hace el resto (p.5).

De todas estas apreciaciones, concluimos que si bien en Cuba, había una situación real conflictiva, producto de la apropiación norteamericana de riquezas cubanas, que da contenido al enunciado marxista, ésta no se extendía con fuerza hacia la esfera política y, por distintos factores, no había una conciencia de ello como meta principal, en los movimientos políticos más representativos del país y, por lo tanto, dicho sentimiento tampoco llegaba a las capas populares, en alto grado, antes de 1959. Aquí se incluye el propio movimiento que tomó el poder en esa fecha.

vii
Vinculación a los movimientos de liberación nacional, resultante del nexo del movimiento proletario socialista, a la lucha anti-colonial

Un índice de este aspecto, nos lo dará el grado en que el Partido Socialista Popular, PSP Comunista, formaba parte de movimientos más amplios donde estuvieran incluidos sectores no marxistas. Ya hemos visto que los distintos movimientos políticos en 1958, no enfrentaban la realidad cubana, con un criterio de lucha de clases. A esto se añade, que la expresión más genuina de la revolución de 1933, de tendencia social-demócrata, que representó en mayor grado, la oposición a Machado y a Batista hasta 1944, recriminaba al marxismo criollo su dudosa participación en la huelga que derrocó a Machado y después, como hemos comprobado repetidas veces, su vinculación a Batista.

El Partido Revolucionario Cubano, PRC (Auténtico), que ocupó el poder desde 1944 hasta 1952, desalojó de todas las posiciones ganadas en esa época, al PSP. El 15 de mayo de 1947, se produce una división entre los auténticos, al hacer un pronunciamiento un sector importante de él, en relación a la «crisis de la revolución»... 15 días más tarde se funda el Partido del Pueblo Cubano (Ortodoxo) con Chibás a la cabeza. ¿Cómo miraba este al PSP? Eduardo Chibás, su líder principal, dice a raíz de unos incidentes en la Universidad de la Habana en el primer periodo de Batista (1940-1944):

> A estos «lidercillos» tropicales atacados del sarampión izquierdista, sólo se les ocurre como tácticas para radicalizar al proletariado, turbar el mecanismo de la producción, empeorar la condición de vida de obreros y campesinos, y llevar a los hogares trabajadores, el hambre y la desesperación...Solo se les ocurre, para radicalizar al estudiantado, hacer todo lo posible por clausurar la universidad. Es una táctica pobre y torpe que representa un insulto a la inteligencia de las masas. Ellos mismos arrastraron al Partido Comunista a las elecciones de Noviembre de 1932, cuando los más corrompidos políticos iban al retraimiento; yo los he visto aquí en estas asambleas pidiendo la expulsión de catedráticos, por haber concurrido a esas mismas elecciones. Se necesita «tupé». Esos catedráticos merecen la expulsión, pero no son los «lidercillos» comunistas, que también concurrieron a las elecciones, quienes pueden pedirla, «líderes» que después de la masacre del 7 de agosto de 1933, cuando Machado, ordenaron al proletariado la vuelta al trabajo pretendiendo romper así la huelga general que derribó a Machado, hoy pretenden hablar en nombre de la revolución...Es táctica vieja en ellos, atacar con más vigor a los revolucionarios que a la reacción. Cuando más revolucionario es uno, más violento es el ataque de los comunistas. Atacaron el ABC con más fuerza que a Menocal (conservador); a los «auténticos» con más coraje que al ABC y a Guiteras (Ministro de Trabajo en época de Grau, con renombre de nacionalista y anti-imperialista) se lo comerían crudo si pudieran. Por eso me siento tan orgulloso, tan seguro de ser un buen revolucionario cada vez que me atacan esos «lidercillos» tropicales del comunismo. (Citado por Baeza Flores, 1960, p.111)

Esta posición es mantenida por Chibás hasta su muerte. Poco después del golpe de estado de 1952, la oposición se reúne para tomar resoluciones. De ahí surge el llamado «Pacto de Montreal», que organiza el intento de derrocamiento del gobierno surgido del 10 de marzo. El PSP solicita participar en esa unidad. La petición es rechazada. En los más importantes movimientos de unidad de los sectores que llevaron el peso de la lucha entre 1952 y 1958 y que culminan en el Pacto de Caracas, en el mes de julio de 1958, donde resulta nominado Manuel Urrutia, para Presidente Provisional de la Republica, una vez caído Batista, se niega sistemáticamente la existencia del PSP y de sus principales personeros.

Por otra parte, Ernesto «Ché» Guevara (Hoy, agosto 24 de 1963) dijo en una entrevista concedida a visitantes latinoamericanos:

> En Cuba el partido no dirigía la revolución, pero su influencia se hizo sentir y su influencia y participación fue importante en la etapa socialista presente... el Partido Comunista no veía claramente, no entendía propiamente los métodos de lucha, erró en su estimación de las oportunidades de éxito del movimiento. Aquí, este error extremadamente serio no fue costoso, porque teníamos a Fidel y un grupo de revolucionarios reales. (Citado por Goldenberg, 1965, p.166)

No es hasta los últimos días de 1958 que se suscribe un pacto directo entre Fidel Castro y el PSP que no es dado a la publicidad hasta después del primero de enero de 1959, fecha del triunfo de la revolución. Extendiendo esta variable a las restantes clases, observamos que aquellas denominadas intermedias, se agrupaban principalmente, alrededor del «Comité de Instituciones Cívicas», organización que incluía en su seno a colegiados profesionales de arquitectos, abogados, médicos, etc... instituciones religiosas, masónicas y otras. Sus gestiones se dirigieron principalmente, a detener los excesos de la represión y por la búsqueda de una solución pacífica; cuando se vio que ésta era imposible, hacia marzo de 1958, dieron a luz una declaración en que participaban de las infructuosas gestiones en pro de la paz y que la única vía posible era la resistencia. Esto ocurrió antes de la huelga del 9 de abril de 1958, y fue una importante contribución al derrocamiento de Batista, pese a que desde ese momento, no pudieron reunirse más dichas instituciones.

De las clases altas, el propio Fulgencio Batista (1960) nos relata su conducta:

> Los hacendados empezaron a desesperarse por el temor de que las comunicaciones destruidas no pudieran restablecerse a tiempo para comenzar la zafra. Los colonos por las mismas razones y porque sus colonias eran destruidas por el fuego. Algunos ingenios azucareros no molerán porque las cañas habían sido quemadas y otros, porque por muchas fuerzas que se concentraran teniendo en cuenta su ubicación, se estimaba que no podría darse bastante protección a

los trabajadores para reconstruir las vías férreas...Esas causas motivaron reuniones, solicitudes indirectas para que se buscaran rápidas soluciones o insinuaciones que equivalían a desear que el gobierno les dejara la vía del poder expedita a los insurreccionales...La Cámara de Comercio y las Asociaciones industriales, ganaderos y colonos, también deliberarán en relación con las posibilidades de un gobierno transicional que sirviera de instrumento para la pacificación del país. ¡La Asociación de Hacendados llegó a más! Acordó designar una comisión para que me expusiera la opinión de la clase, en el sentido que siendo mi nombre la dificultad que aducían los insurreccionales y los sectores abstencionistas para cesar en su actitud, me pedía que considerara la conveniencia de que me substituyera un gobierno provisional. La comisión no llegó a comunicarse conmigo...». (pp. 78-79 y 98)

Esto confirma nuestra afirmación del mayor apoyo que brindaron las clases intermedias y altas al gobierno revolucionario. Se podría alegar que en el ejército rebelde comandado por Fidel Castro, había una mayor participación activa de las clases bajas. Esto es cierto...Sin embargo, para superar nuestra anterior afirmación, tendría que probarse que el número de participantes activos en el campo fue decisivo para el desenlace, lo cual no se sostiene frente a datos empíricos que mencionamos antes y que profundizaremos después. De estos datos, se desprende que la vinculación del PSP al movimiento de Liberación Nacional Cubano, antes de 1959, era baja, pese a que en los últimos instantes hubo una unión, pero esto se mantuvo en secreto, precisamente porque la conciencia del país frente a ello no era positiva.

Conclusiones

De todas las variables que analizamos, las cinco primeras correspondían al concepto de clase de Carlos Marx, y las dos últimas, a la generalización de esa lucha, a los países semi-coloniales o pre-capitalistas. De acuerdo con los datos, encontramos que según la interpretación marxista, entre los sectores explotados de la nación, vale decir, el campesinado, los obreros, los desempleados y los negros y mestizos, había condiciones objetivas para que se produjera una revolución según la teoría, pero no existía una conciencia de clase definida ni un fuerte sentimiento de enajenación, ni tampoco un partido político donde expresarse, viéndose distante el fenómeno imperialista y aislado el PSP, considerado como el partido de vanguardia.

Por otra parte, faltaban condiciones subjetivas, en cuanto al crecimiento de la solidaridad y entendimiento del rol histórico de los explotados. Por ello, nos explica Guevara (1963), sacando sus conclusiones, de la experiencia cubana:

> En nuestra situación americana, consideramos que tres aportaciones fundamentales hizo la revolución cubana a la mecánica de los movimientos revolucionarios en América: Primero: Las fuerzas populares pueden ganar una guerra contra el ejército. Segundo: No siempre hay que esperar a que se den todas las condiciones para la revolución: el foco insurreccional puede crearlas. Tercero: En la América subdesarrollada, el terreno de la lucha amada debe ser fundamentalmente el campo. (p. 2).

Anteriormente, ya habíamos visto las explicaciones de Guevara respecto a la revolución…ahora surgen las conclusiones que se desprenden de esa experiencia para otros países. ¿Se sostienen sus conclusiones frente a los datos aportados? La primera afirmación puede sostenerse, aunque añadiendo que ese enfrentamiento no es el decisivo. La segunda afirmación puede sostenerse siempre que se pregunte: ¿Antes de tomar el poder o después de tomarlo? Si es lo segundo, se sostiene de acuerdo con la experiencia cubana, si es lo primero, habría que añadir «siempre que el movimiento proletario adquiera una naturaleza pequeño-burguesa en esta fase». Esto es lo verdaderamente novedoso de la revolución cubana dentro de la tradición marxista. Lenin escribía un libro para decirle a sus partidarios y al pueblo en general, cómo debía tomarse el poder según Marx, o cómo debía hacerse un partido. Mao Tse-Tung se presentaba en igual forma. El arribo al poder de estos hombres, era una simple extensión de la ideología y métodos de un pequeño grupo de la nación, el partido, a todo el país.

No había un cambio de naturaleza, no había un cambio esencial ni en las proyecciones ni en la conducta. La toma del poder político era un accidente en la marcha hacia el socialismo. Sin embargo, en el desarrollo de la revolución cubana, esto no se cumple. Hay un cambio esencial en la naturaleza de su movimiento y sobre todo, de sus principales líderes. De ello hemos dado prueba empírica y mayor evidencia será dada cuando analicemos el curso de la revolución.

En cuanto a la tercera conclusión de Guevara, además de valer lo anterior, habría que añadir «sin que esto signifique que el movimiento sea netamente campesino y recayendo la dirección de la lucha en las clases intermedias como tales con alto apoyo de las clases explotadoras para el arribo al poder». Todas estas consideraciones nos hacen rechazar en forma global, la hipótesis marxista de las condiciones necesarias para que se produzca una revolución basada en la lucha de clase en Cuba y refutar en parte, la explicación dada por Guevara. En cuanto al nivel de las fuerzas productivas, se ha comprobado que éste había alcanzado un grado de concentración en la industria azucarera y que ésta se había detenido por la intervención del gobierno, regularizándose el conflicto derivado de esta contradicción que refuta también la hipótesis marxista.

El panorama de la distribución de las clases, no se ajustaba tampoco al esquema marxista y antes de 1959, no se miraba la política en términos de «lucha de clases», ni el problema de la discriminación racial había surgido con intensidad, ni estaba como punto central en ningún programa político inmediato, aunque sí se aceptaba como principio incluso en nuestra constitución de 1940. Ni los obreros ni los campesinos tuvieron el rol protagónico en esta fase, más bien fueron las clases intermedias, como ya hemos repetido. Teniendo en cuenta la realidad actual y confrontándola con el pasado, los resultados de esa investigación nos llevan a afirmar lo siguiente:

1. La revolución cubana se debió a otros factores distintos a la interpretación marxista de la historia.

2. Que dicha revolución arriba al poder, basada en elementos de clase y estratificación social, distintos a los que hoy la sostienen.

3. La diferencia entre las condiciones en 1959 y las actuales, da la medida de la intervención del hombre en la historia y aventura un nuevo enfoque del marxismo, basado en la posibilidad de crear las condiciones objetivas y subjetivas para una revolución de esa naturaleza, aún sin existir dichas

condiciones en su totalidad. Esta apreciación está influenciando, de manera efectiva, en numerosos países de América Latina, como Perú, Colombia, Venezuela y América Central, lo cual nos hace pensar en «la profecía autocumplida» de que hablara Thomas. (Merton, Cap. XI).

Dicha apreciación, como hemos visto, no corresponde a la realidad vivida en la isla, antes de 1959. El Cuadro 11 resume el análisis anterior. Como puede observarse, la categoría baja, engloba principalmente aquellas dimensiones que hacen que pueda emerger la revolución de acuerdo a la teoría marxista. Esas condiciones estaban ausentes en el caso cubano. Incluso las clases más poderosas junto a las intermedias, incluyendo la avanzada de los grupos revolucionarios, proclamaron antes y durante la primera etapa del triunfo revolucionario del primero de enero de 1959, que sus objetivos no eran una sociedad socialista o marxista-leninista. Se enfatizaba la construcción de una sociedad democrática basada en la Constitución de 1940, violada por Batista. Es necesario concordar que entonces los factores de conciencia en una elite que tomo el poder inesperadamente fragua una articulación de ideas, que lleva a Cuba y gran parte del pueblo cubano por derroteros que estaban lejos de las promesas originales. El Cuadro 11 resume la situación previa a este hecho y en los siguientes capítulos buscaremos los factores principales que intervienen para que ello fuera una realidad.

Cuadro 11: Extensión de la lucha de clase, según las variables estudiadas, antes de 1959

Clase	Conflictos recompensas económicas	Comunicaciones	Solidaridad y rol histórico	Alienación	Partido	Antiimperialismo	Vinculación a movimientos de liberación nacional
Alta	■	■					
Media			■				
Baja				■	■	■	■

Fuente: Elaboración propia.

Referencias

Ahumada, J. (1960). *En vez de la miseria.* Santiago de Chile: Ed. del Pacífico.

Aldo S. (1963) *Sociología Rural.* Buenos Aires, Eudeba.

Alvarez, W. (1963) *Marxismo-Leninismo, Breve historia en Cuba.* Santiago de Chile: Editorial del Pacífico.

Baeza Flores, A. (1960). *Las cadenas vienen de lejos.* México: Letras, S.A.

Batista, F. (1960). *Respuesta..* México: Imp. Manuel León Sánchez,.

Bouvier, A, & Maurice y Mury, G, (1965). *Las clases Sociales y el marxismo.* Buenos Aires, Platina.

Castro, Fidel. (1960). *La Revolución Cubana.* Buenos Aires: Editorial Palestra.

_____. (1961). Declaración en la televisión cubana el 1ero. de diciembre de 1961.

_____. (1961). Discurso pronunciado por el comandante Fidel Castro Ruz, Primer Ministro del Gobierno Revolucionario, en la reunion celebrada por los Directores de las Escuelas de Instrucción Revolucionaria, efectuada en el local de las ORI (Organizaciones Revolucionarias Integradas, el 20 de diciembre de 1961. Recuperado de http://www.cuba.cu/gobierno/ discursos/1961/esp/f201261e.html

_____, (1965). Discurso pronunciado por el Comandante Fidel Castro Ruz, Primer Secretario del PURSC y Primer Ministro del Gobierno Revolucionario, en el XII aniversario del ataque al Cuartel Moncada, en la Ciudad de Santa Clara, el 26 de julio de 1965. Recuperado de http://www.cuba.cu/gobierno/ discursos/1965/esp/f260765e.html

Chonchol, J. (1963). Análisis crítico de la reforma agraria cubana. *Revista Trimestre Económico, (117),* (Enero-Marzo), 69-143.

Comisión Internacional de Juristas de Ginebra (1962). *El imperio de la ley en Cuba.* Ginebra: CIJ.

Dahrendorf, R. (1962). *El conflicto de clases en la Sociedad Industrial.* Madrid: Rialp.

Diario Hoy, órgano oficial del Partido Comunista (13 de junio de 1944).

Draper, T. (1966). *Castrismo, teoría y práctica. N.Y.* Praeger, 96-97.

Davies, J. (1962). Hacia una teoría de la revolución. *American Sociological Review, A.S.R.* *(7)* (1).

Dorta-Duque, F. (SJ). (1960). Justificando una reforma agraria. Estudio analítico-descriptivo de las estructuras agrarias en Cuba», *Revista de Fomento Social, (57 y 58)*, Madrid, 1960.pp. 3 y 50 y en ambas siguientes.

Durkheim, E. (1897). *El suicidio.* Trad. de Sandra Chaparro Martínez. *Editor digital: Titivillus Aporte. original: Spleen ePub base r1.2* Recuperado de https://mail.google.com/mail/u/0/#inbox/165544757f3ac029

Fernández Carvajal, J. (1950). Clases Medias en Cuba. En T. Crevenna (Ed.). *Materiales para el Estudio de la Clase media en América Latina,* Editorial Departamento de Asuntos Culturales, Unión Panamericana.

Guevara, E. (1963). Guerra de Guerrillas, un método. *Cuba Socialista, (3)*, (25).

_____. (1964). La planificación socialista: su significado. *Cuba Socialista, (Año IV)*, (34), pp. 13-34.

_____ (Septiembre, 1966) «*El hombre en el socialismo*» Estrategia, *Revista Teórica del MIR,* p.5 y s.

Guerra, R. (1933) «Azúcar y población». Habana, Cuba: Cultural, S.A.

Goldenberg, B. (1965). *The Cuban Revolution and Latin America.* New York: Frederick Praeger.

Grupo Cubano de Investigaciones Económicas: Miami (1963). *Un estudio sobre Cuba.* Bajo la dirección de Jose R. Alvarez Díaz. Coral Gables, Fla.: University of Miami Press.

Huberman, L. & Sweezy P. M. (1961). *Cuba: Anatomía de una revolución.* Buenos Aires: Editorial Palestra.

Illan, J. (1963). *Facts and figures of an economy in ruins.* Coral Gables, Fla.: Miami University Press.

Jenks. L. (1960). *Nuestra colonia de Cuba.* Buenos Aires, Editorial Palestra.

Lipset, M. (1960). *El hombre político.* Buenos Aires: Eudeba.

Lensky, G. (1954) *Status crystallization; a non-vertical dimension of social status, American Sociological Review, A.S.R.*, (19), (40), pp. 5-13.

Lowry, N. (1950). *The social class structure in Cuba*» en *Materiales para el Estudio de la Clase media en América Latina,* Unión Panamericana.

Marx, Carlos (1958). *El Dieciocho Brumario de Luis Bonaparte.* Buenos Aires: Anteo.

Medina, J. (Octubre 1963). Teoría del cambio de estructuras. *Revista Mensaje,* No. Especial (123).

Merton, R. (1964). *Teoría y estructuras Sociales.* México: F.C.E.

Noyola, J. (1965). Conferencia de Juan Noyola sobre desarrollo económico de Cuba. *Revista Liborio (20),* 2-3.

Revista Bohemia, 16 de Diciembre 1951.

_____. 17 de marzo de 1957. (49), (9).

_____. (1966). (58), (30).

Revista Mensaje, (1963), Número Especial (123).

Revista Social Problems, (1964). Standford University, (II), (4).

Roca, B. (Febrero, 1965) Sobre Algunos Aspectos del Desarrollo de la Lucha de Clases en Cuba. *Revista Nuestra Epoca,* Santiago de Cuba, (V).

Sánchez Arango, A. (1960). *Reforma Agraria.* Habana: Frente Democrático Triple A.

Seers (1964). *Cuba the economic and social revolution.* Chapel Hill, N.C.: University of North Caroline Press.

Solari, A. (1963). *Sociología Rural Latinoamericana.* Buenos Aires: Eudeba.

Tannebaum, F. (1962). Castro and Social Change. *Political Science Quarterly, (LXXVII),* (2), 178-204

Zeitlin, M. (Febrero, 1966) «*Economic Insecurity and The Political Attitudes of Cuban Workers*», American Sociological Review, A. S. R., *(1), (31),* 35-51.

CAPÍTULO III

HACIA UNA SUPERACIÓN DE LA TEORÍA DE MARX Y SUS SUCESORES

De acuerdo con lo que se ha presentado, al enfrentar otros enfoques en aquellos fenómenos que la teoría marxista es incapaz de explicar, no basta un rechazo de la teoría marxista en lo que es incapaz de explicar. Tampoco no basta un rechazo de la teoría sobre la revolución de Marx en forma global. Es necesaria una superación de ella para poder explicar, no sólo los elementos que se han sostenido a través de la confrontación empírica, sino también aquellos que caen fuera de la misma. Entendemos teoría en el sentido de Popper: «Las teorías son redes que lanzamos para apresar aquello que llamamos "el mundo": para racionalizarlo, explicarlo y dominarlo. Y tratamos de que la malla sea cada vez más fina». (Popper, 1962, p.57)

Sin embargo, la elección de una teoría para aprehender una realidad social, conlleva una serie de problemas que atañen al objeto de las Ciencias Sociales. Stanislaw Ossowsky (1963) dice:

> Dependiendo del tipo de problema en que uno está interesado, uno puede interpretar la misma sociedad en términos de un esquema dicotómico, de un esquema de gradación, o de un esquema funcional; o alternadamente, uno puede aplicar el mismo esquema a ello de una manera diferente, por ejemplo, introduciendo diferentes criterios de gradación o de divisiones funcionales. (p.176)

En última instancia, este problema se refiere a los dos principales modelos teóricos que informan la actualidad del avance de la Sociología: el modelo de consenso y el modelo de conflicto. Ello se relaciona al carácter mismo de la sociedad como objeto. En ella hay aspectos que cristalizan y de ahí las instituciones y la formación de los grupos sociales, pero también dichas unidades por su carácter temporal, llevan en sí el germen de su propia destrucción. De estas afirmaciones se desprende, que en un momento dado, puede observarse que las instituciones y los grupos sociales desaparecen para dar origen a una nueva sociedad. Si hacemos énfasis en el primer aspecto, se nos escapa la fuente del cambio, aquellos factores que constantemente modifican esa sociedad y marcan su destino. Si por el contrario hacemos énfasis en el segundo aspecto omitimos lo cristalizado, lo permanente en la sociedad.

Si bien esta oposición desaparece en la propia investigación, cuyos resultados enriquecen las teorías que descansan sobre ambos modelos, este hecho no deja de ser importante, sobre todo para la dirección de las investigaciones sobre áreas estratégicas y la aplicación en base al acuerdo de los investigadores, de teorías cuya aplicación se ha probado ser más fructífera en determinados campos. Este último aspecto se ve más claro en la Física, donde se manejan distintas teorías, según su capacidad para clarificar determinados fenómenos.

¿Cuál va a ser entonces nuestro punto de partida, (aquellas bases teóricas sobre las cuales vamos a hacer descansar la sociedad para proceder a su análisis)? ¿El orden constituido, la integración de las diversas partes de esta sociedad y los valores compartidos por los miembros que actúan en ella o el constante cambio de la sociedad? ¿O acaso la dominación de una parte de ésta sobre la otra en base a los intereses divergentes y la coacción de unos sobre otros para mantener esa dominación?

Al exponer esta dificultad, queremos justificar la elección de nuestro marco teórico. Por ello, lejos de entrar a un análisis de las excelencias de cada enfoque, trataremos de expresar ambos en sus términos más simples, para luego dar algunos criterios objetivos que justifican la elección de determinado modelo. Stanislaw Osowsky (1963) otra vez nos ayuda en esta reflexión cuando dice:

> Pero esquemas particulares, que son aplicados, en algún grado arbitrariamente, a una realidad específica corresponde a ciertos tipos ideales. Así, cuando nosotros comparamos diferentes sociedades, nosotros podemos indicar criterios objetivos con respecto a los cuales percibimos una mayor o menor distancia entre estructuras sociales particulares y tipo ideal particular, y por tanto afirmar que un cierto esquema es más adecuado a una sociedad que a otra. (p.176)

Así, reducimos en forma simple, ambos modelos a las siguientes diferencias referidas en último término, al modo de pensamiento occidental analítico:

Modelo de Consenso

Variable Independiente: Estructura   _____

Variable Dependiente: Actor   0

Modelo de Conflicto

Variable Independiente: Actor   0

Variable Dependiente: Estructura   _____

Lo que hemos hecho al simplificar los términos del dilema, es buscar el elemento común en ambas teorías, que en este caso es la estructura, para luego comparar su enfoque en los diversos modelos. Yendo un poco más lejos, cuando se aplica una teoría estructural-funcional que tiene por base un modelo de consenso, cuando se habla de determinada estructura, por ejemplo la familia, inmediatamente se va a la búsqueda de las funciones que cumple, es decir, la satisfacción de las necesidades sexuales, la educación de la prole, etc. Sin embargo cuando se aplica una teoría como la de Dahrendorf que luego enunciaremos, y se analiza una estructura, por ejemplo la empresa, el foco cae sobre aquellos conflictos que modifican la estructura de la empresa, como por ejemplo, la oposición de intereses entre patronos y obreros, repercusiones de las crisis económicas, etc.

En el primer enfoque, el de Consenso, el actor es reflejo de la estructura y por ello, para los que ponen el énfasis en este modelo, prácticamente el concepto de estratificación social es igual al de clase social, es decir, el ingreso, el prestigio, etc., (la estructura social) clasifica al individuo (actor) según su gradación en la participación de esas recompensas. En el Modelo de Conflicto, sin embargo, las estructuras van sufriendo continuamente la acción de los individuos que tienen ciertos atributos que los ubica de manera diferente frente a esa estructura. Aquí, la estratificación o las recompensas sociales no clasifican al individuo, son más bien resultado de las acciones que realiza el actor. Nosotros, para estudiar la realidad de los países en vías de desarrollo, optamos por el modelo de conflicto, fundamentando nuestra selección en los siguientes puntos:

1. En los países en vías de desarrollo, por estar en un período de transición, no puede decirse que existe un consenso de valores como ocurre en algunos países desarrollados. Incluso, en los más estables políticamente, como Chile, en las elecciones de 1964, se presentaron dos candidatos que representaban —más que un programa concreto en el cual diferían—, dos modelos de desarrollo, dos sistemas políticos y dos filosofías opuestas, con todas sus implicaciones.

2. Se aplica más un esquema de conflicto, por cuanto hay factores interesados en que el «status adquirido» permanezca, mientras otros desean modificarlo. Este hecho, está avalado por la propia Alianza para el Progreso, al exigir cambios de estructuras en los países que pidan ayuda.

3. Un ejemplo particularmente ilustrativo de ese conflicto, que se encuentra en forma latente o manifiesta, en nuestros países, es la revolución cubana. Al dividirse la sociedad totalmente, los que se declararon contrarios al sistema implantado, pusieron el énfasis en los aspectos de consenso del pasado, en cuanto al nivel de vida alcanzado, la legislación social lograda, la extensión de las comunicaciones, las ventajas del comercio con USA., etc. Por otra parte, los que implantaron el sistema lo justificaban en base a la miseria, a la explotación, al bajo nivel de vida, a la educación privilegiada...etc, que había en el pasado. Son dos modos de ver la misma realidad, matizada por dos modos de existencia seleccionados hasta llegar a estar a favor o en contra de una determinada realidad. El análisis científico conlleva el esclarecimiento de ambas posiciones y para ello, no hay otro modelo posible que el de conflicto.

i
El aporte de Ralf Dahrendorf

Habíamos dicho en un principio, que nuestra tarea era superar la teoría marxista. Este proceso llevó precisamente a Dahrendorf (1962), a enunciar su teoría de conflicto de intereses, a partir de la elaboración de Carlos Marx. Es, en ese intento, que nos dice dicho autor:

> En lo que se refiere a la teoría marxista sobre la constitución de las clases y el conflicto de clases, la inmensa mayoría de los investigadores sociológicos y de las investigaciones, han quedado detenidos en el plano de la mera descripción…Ignorar a Marx es cómodo, pero ingenuo y frívolo. Ningún físico puede ignorar a Einstein por el hecho de que no participe de su ideología política o no comparta algún punto de sus teorías. Aceptar a Marx «toto coelo» puede testimoniar una adhesión reverencial, pero científicamente, es poco edificante y es peligroso. Ningún físico dejará de impugnar las teorías de Einstein sólo por el hecho de que se sienta atraído por su persona y su obra. Nosotros hemos partido de Marx para esta investigación porque la formulación de su teoría de las clases, es la primera —y como se ha demostrado entretanto—, la única hasta hoy. (pp. 110-111 y 161)

En el intento de verificación y refutación del anterior capítulo, habíamos eliminado en la teoría marxista, dentro de su propia lógica de investigación, muchos aspectos valorativos que caían fuera de la realidad social, o que simplemente, no se cumplían. Dahrendorf extiende este método a toda la teoría sociológica de Marx y su aporte teórico puede resumirse en sus aspectos negativos, en las siguientes afirmaciones:

1. Eliminación de todo concepto valorativo en los términos que nos ofrece Marx; principalmente, se desvincula el concepto de clase de elementos empíricos tales como poder económico y político u opresión y explotación. Esto no depende de la clase en sí misma, sino de la realidad investigada.

2. El conflicto de clases no lleva necesariamente a una revolución. Existen cambios de estructuras sin revolución. Es-

ta es sólo una forma de cambio definida como: la renovación total del personal que ocupa posiciones positivas de autoridad. Esta forma de cambio estructural debe considerarse como forma límite, cuyos supuestos especiales han sido hasta ahora, por desgracia, escasamente determinados por la Sociología de la Revolución. (Dahrendorf, 1962, p. 251 y s.) Hacia este aspecto, enfocaremos nuestro análisis.

3. El análisis de las clases es ampliado a las clases que dominan, aspecto no enfatizado por Marx, que se preocupa fundamentalmente, de las clases dominadas.

En sus aspectos positivos, la contribución para nuestro análisis, puede resumirse así:

1. La clase es un instrumento de análisis, no es un concepto en sí mismo. Su ubicación se encuentra ligada a las posiciones de dominio (la posibilidad de que una orden de determinado contenido, sea obedecida por determinadas personas según Max Weber, 1964). Lo importante no son los medios de producción que se poseen, es la autoridad que puede estar vinculada a ellos o no estarlo.

2. Esas posiciones de autoridad se encuentran en determinadas asociaciones de dominación, como el Estado y la Industria, aunque necesariamente no se hallen unidas entre sí. Sus relaciones, ya sea de dominación o subordinación, se establecen en base al orden vigente.

3. Al igual que Marx, Dahrendorf distingue entre «Clase en sí» y «Clase para sí», dependiendo ésta última, del grado de conciencia que adquiera cada clase con respecto al orden vigente, mediante las relaciones de dominio, que por otra parte, se encuentran en constante modificación. Hay que tener en cuenta que los que dominan quieren mantener el status que poseen, mientras los dominados luchan por transformar esta situación. Dahrendorf llama a la «clase en sí»: «cuasi-grupos» y a la «clase para sí», «grupos de intereses», por cuanto el primero tiene «directrices de conducta condicionadas por las posiciones que se ocupa y que

dan lugar a una relación de oposición entre dos conjuntos de posiciones, sin que los titulares de éstas tengan que tener necesariamente, conciencia de aquella». (Dahrendorf, 1962, p. 260). Por otra parte, el segundo tiene conciencia de esa situación. De ahí que, en el primero, se encuentren intereses latentes y en el segundo manifiestos.

4. Como producto de las relación misma, surge el conflicto social que es «toda relación de oposición entre grupos sociales producida, según comprobación posible de manera sistemática (esto es, que no se produzca de manera caprichosa, como las motivadas por ejemplo, por razones psicológico-individuales)». (Dahrendorf, 1962, p. 260) El grado de intensidad del conflicto va a estar marcado por las condiciones técnicas políticas sociales y psicológicas. De aquí va a surgir la posibilidad o no, de revolución.

5. Estos conflictos sociales producen cambios estructurales, los cuales «son toda alteración de valores (estructura normativa) o de las instituciones (estructura fáctica) de una unidad social estructural producida en un momento dado (m+n) posterior a otro tomado como punto de partida (m)». (Dahrendorf, 1962, p. 260), Cuando esta alteración llega a su forma límite, estamos en presencia de una revolución.

En esta reseña, hemos definido nuestros principales conceptos, a la vez que hemos propuesto nuestros postulados de los cuales se desprenderá el análisis empírico posterior. Dichos postulados no necesitan validez necesariamente, mientras que las proposiciones en forma de hipótesis que se desprendan de ello, sí las tendrán o ante la evidencia, rechazarán dichos postulados.

ii
Las limitaciones del Modelo de Conflicto

Este análisis lo hacemos a partir, principalmente, de la realidad social de los llamados países sub-desarrollados o en «vías de desarrollo». Por lo tanto, es necesario establecer desde sus inicios las fortalezas y debilidades de su aplicación que pueden resumirse en las siguientes:

1. Es una teoría limitada. El propio Dahrendorf confirma esto, cuando afirma: «debe estar claro que las mencionadas posibilidades de cambio estructural no agotan, en modo alguno, todas las formas conocidas del cambio, ni aún del cambio endógeno de las sociedades. El importante proceso de la diferenciación institucional, de la nueva creación de puestos de autoridad y de asociaciones de dominación, queda especialmente sin exponer». (Dahrendorf, 1962, p. 259)

2. Está avalada por datos extraídos de sociedades que han logrado el desarrollo industrial y su pretensión es explicar los fenómenos pasados y actuales que dieron origen a la teoría de Marx y que luego contribuye a refutar. Esto lo comprende Dahrendorf (1962) también, cuando afirma estos matices:

> La siguiente formulación de la teoría de las clases sometidas siempre, repetimos, al test de la investigación empírica no tiene, sin embargo, la pretensión de alcanzar una validez universal, sino que se refiere tan sólo, a las clases existentes en las sociedades que hemos calificado de sociedades industriales. No obstante, formula las relaciones fundamentales del conflicto de clases de forma válida, en principio, para todas las sociedades». (p. 203)

Aquí faltaría, por supuesto, el análisis empírico para otras sociedades no industriales, que es la tarea que nos proponemos.

3. Este último aspecto invalida la siguiente afirmación de Dahrendorf (1962), al analizar las constantes de los elementos estructurales invariables de la sociedad industrial al que no se aplican las sociedades insuficientemente desarrolladas:

> Las sociedades industriales descansan en aquello que Max Weber denominaba «la autoridad racional» y Parsons, de manera más general, «la orientación universalista de los valores», o, lo que es lo mismo, en la «fe en la legalidad»

(obligatoria para todos) de los órdenes establecidos, y en el derecho a ser designados aquellos que están llamados a detentar la autoridad. En segundo lugar, y ello tiene para nosotros importancia, las sociedades industriales reconocen, dentro de su estructura política, una segunda y «gran asociación de autoridad», con su propia jerarquización, su propia estructura de poder, a saber: el ámbito de la producción industrial de la que toma su denominación. (p. 108)

Con esto nos quiere decir Dahrendorf (1962, p. 108), que en las sociedades industriales encontramos un «doble sistema de distribución de poder en la sociedad política, por un lado, y en el ámbito de la producción industrial, por otro». Sin embargo, cuando observamos los países de América Latina, hallamos que tales características no se cumplen o se cumplen parcialmente y, en otros casos, no son suficientemente significativas. No existen esas constantes que pueden ser puntos focales en el análisis. De aquí que podamos afirmar que los cometidos funcionales ejecutados por los titulares de las posiciones de autoridad en América Latina, carecen de esa racionalidad que caracteriza las acciones de los mismos titulares en países desarrollados. ¿Es acaso racional la conducta del empresario que busca una ganancia excesiva en el mínimo de inversión, o el golpe de estado que mantiene intactas las demás esferas de la sociedad y que al final, es tan sólo un cambio parcial de personas que ocupan las posiciones de autoridad, con el saldo de una interrupción en la acumulación de experiencia política, requisito indispensable para crear una verdadera institución y los valores que la refuerzan?

4. El concepto de revolución dado por Dahrendorf pone el énfasis, principalmente, en el movimiento ascendente que va tomando conciencia de su situación, manifestándose de cuasi-grupos a grupos de intereses hasta desplazar a los que dominan… Faltaría lo inverso, es decir, el movimiento descendente promovido por una «elite» que incorpora a los dominados a una tarea definida de antemano. Marx incurre en la misma apreciación parcial, no así el nuevo marxismo que surge como producto de la experiencia cubana, que pone especial atención en una «elite» guerrillera que habrá de ser el presente y futuro de la revolución.

iii
Hacia una superación de algunas limitaciones

Ahora nos preocuparemos principalmente de la tercera y cuarta limitación a que hemos hecho referencia. ¿Sobre qué bases podemos hacer descansar las sociedades en vías de desarrollo a fin de hacer útil la aplicación de la teoría enunciada a nuestra realidad? Lo que primero debemos discutir aquí son los valores sobre los cuales hay un consenso que permita a la sociedad subsistir y llevar en su seno aquellos gérmenes de conflictos que la transformarán. Es imposible, por ejemplo, enfocar la lucha obrera, sin un previo consenso que permitió la implantación de la empresa industrial.

El primer punto de referencia que encontramos es la nación como unidad de análisis. Los actuales movimientos revolucionarios, lejos de predicar un internacionalismo con desprecio de lo nacional, optan por lo segundo. «Patria o muerte», es el lema de la revolución cubana. En igual sentido se expresan aquellos que la combaten. La patria que es el símbolo de la nación, reúne las opiniones más contradictorias en un momento de peligro y su valor no se pierde aun cuando ocurra un cambio drástico. Ello es válido para el ámbito económico y político. Dentro de esa nación debemos buscar ahora aquellos valores que legitiman las asociaciones de dominación. En el ámbito económico hay dos esferas: la agrícola y la industrial. Tanto en la primera como la segunda podemos encontrar la gama más variada de valores afiliados a las diversas empresas, desde lo tradicional a lo moderno y más aún en pugna entre sí. Las características de estas empresas van a desprenderse de la investigación empírica.

En cuanto al ámbito político, podemos afirmar lo mismo. No existe esa fe en la «legalidad del orden», en términos generales, aunque hay períodos exitosos y hay grupos de intereses que lo buscan. De manera que podemos afirmar que las sociedades en «vías de desarrollo» también tienen una doble distribución de poder en el ámbito político y económico, pero éste no está sustentando en «valores universalistas», aunque haya grupos determinados y sectores sociales que se guíen por ellos. Luego es válido el enfoque de contemplar la sociedad en «vías de desarrollo», como en un «continuum» donde se encuentran estructuras integradas, en proceso de integración y en desintegración. Podemos entonces hacer descansar las bases de las sociedades en «vías de desarrollo», en un fenómeno de marginalidad, o de «crisis de la autoridad», que constituye el anverso de la integración, dentro de un consenso acerca del significado de nación.

La marginalidad está definida por la carencia de participación y además cuando se asocia a la clase que se pertenece por la desvinculación de las posiciones de la autoridad que se intentan en un orden precario. Vekemans y Venegas (Revista Mensaje, Junio de 1966):

> La consideración de la miseria como el problema central de América Latina, puede conducir a apreciaciones parciales, si no se la somete a una caracterización más específica...De allí que el término más gráfico para definir la situación actual de la mayoría de la población latinoamericana, es el de MARGINALIDAD. Desde luego, la palabra misma nos hace concebir una separación, una oposición entre la Sociedad Global y un grupo determinado. Literalmente, marginal significa «separado de», «cortado de», lo cual aunque es cierto, está indicando un límite que en el hecho no se alcanza. Sin duda, por parte del grupo marginal, hay una «pertenencia» respecto de la sociedad global, pero a la relación le falta su sentido propio de participación, de manera que si bien el grupo marginal es parte, se trata de una parte sin vida, sin vinculación dinámica. En este sentido, se llama marginales a los grupos sociales que se encuentran fuera de la escala social, y que se ven afectados por la miseria en su aceptación más amplia... La magnitud numérica del problema se puede representar en cifras cercanas al 60% del mundo latinoamericano. (pp. 219-220).

Esta marginalidad no va a estar referida comparativamente sólo a los países avanzados en el proceso de modernización, sino extendida también a tres planos principales que nos dan el foco empírico para nuestro análisis y que van a provenir de una exigencia con características de autoridad que se impone a determinadas relaciones sociales y actores y cuyo imperativo es salir de esa situación de marginalidad. Estas 3 dimensiones son las siguientes:

1. Marginalidad Horizontal: son aquellas participaciones diferenciadas a partir de títulos de autoridad en virtud de los cuales se establece una situación de superioridad e inferioridad en un sentido espacial de hombre a hombre, de hombre a medio que lo rodea y de medio desarrollado a medio menos desarrollado. Se incluye aquí la dominación de un grupo étnico sobre otro, el desarrollo desproporcional del medio urbano con respecto al rural que marca dos modos de existencia distintos en las clases; y la dominación de una nación más desarrollada sobre otra menos desarrollada.

2. Marginalidad Vertical: son aquellos participaciones diferenciadas a partir de títulos de autoridad en virtud de los cuales se establece una situación de superioridad e inferioridad, en un sentido de arriba hacia abajo, de jefe a subordinado, del que ordena a sujeto de esa orden. Abarca no sólo las relaciones de dominación en el campo o en la ciudad dentro de asociaciones, sino que se extiende también a todas las clases capaces de ser distinguidas en la estructura económica y política, aun cuando no pertenezcan a asociaciones de dominación.

3. Marginalidad Institucional: Son aquellas participaciones diferenciadas cuyo carácter es precisamente estar fuera de los ámbitos de autoridad de las asociaciones de dominación, pero sufriendo el peso de ellas, ya que no participan del consenso indispensable dentro de los canales que ofrece la sociedad para dar y recibir y por lo tanto quedan fuera de la mayoría de las posiciones de autoridad y subordinación y casi siempre de los bienes y servicios asociados a ella. Abarca todos aquellos segmentos de la sociedad que no participan de ella, ya sea en forma pasiva, respecto a dichos bienes y servicios, o en forma activa, respecto al proceso de decisiones. En este tipo de marginalidad aparece en su forma «pura», la «crisis de la autoridad», porque sencillamente por su carácter, los actores que sufren este tipo de marginalidad no tienen experiencia de autoridad por estar fuera de las asociaciones de dominación.

Por otra parte, el concepto de marginalidad puede ser extendido, para propósitos de análisis concretos incluso a las clases dominantes en los países en vías de desarrollo. Esta se observa sobre todo, en la incapacidad de asumir el papel que correspondió a su personal en otros países que posibilitó la creación de bases económicas de crecimiento, así como la tolerancia y apoyo a la irracionalidad de las asonadas militares y golpes de estado. La diferencia consiste en que la clase dominante descarga los efectos de la ineficiencia en el desempeño de los «cometidos funcionales», producto de la crisis de autoridad a que hemos hecho referencia sobre la clase dominada, liberándose así de sus efectos. En esto reside el problema del «poder» que da origen a un mayor conflicto de intereses en los países en vías de desarrollo. Entiéndase que con este enfoque no estamos tomando como modelo ciegamente a los países desarrollados, aunque son tomados en cuenta en el sentido de culminación de un proceso de modernización, debido a que el centro del enfoque está en nuestros propios conflictos, sirviéndonos dichos modelos como comparación con nuestra propia realidad.

En realidad, las anteriores marginalidades llevan en sí esa «crisis» en mayor o menor grado, pero ésta se descubre más nítidamente, cuando nos referimos a las instituciones que se encuentran fuera de las asociaciones de dominación y pugnan por entrar a ellas. Ejemplos típicos de estos cuasi-grupos, son los pobladores o habitantes de «villas miserias» y los trabajadores transitorios rurales o urbanos. ¿Es correcto llamar «clases» a estos cuasi-grupos?... Es cierto que cuando estas personas se incluyen en asociaciones de dominación, dejan de ser marginales institucionales. Sin embargo, su situación tiene una persistencia en el tiempo que los configura de manera distinta y en lo que atañe a la esfera política, pueden constituir grupos de interés, que pueden presionar a las autoridades políticas, a la vez que organizarse con vista a supervisar económicamente la marcha del país y sus propios beneficios. Ambas cosas permiten la formación y consolidación de una clase, luego entonces hay que tomarla como tal, hasta tanto no sea incorporada a la sociedad global, dejando de ser un problema mayoritario.

En la esfera política, esa «crisis de autoridad» va a estar inmersa en las relaciones entre dominadores y dominados, apuntando hacia la imposibilidad de lograr instituciones que canalicen los afanes democráticos de las grandes mayorías (que se les mira en este caso, como titulares de especiales cometidos o funciones, o sea, ciudadanos del Estado). Estos puntos focales de análisis abarcan el orden constituido, el desorden y el rechazo a ambos aspectos, tanto en la esfera política como en la económica. Supuestos en el análisis, está la búsqueda de las constantes de que nos hablara Dahrendorf anteriormente: El industrialismo y la democracia. En último término, toda incapacidad, desviación o negación, será tomada como una «crisis de autoridad», juicio que se hace en base a la orden que constituye para nuestros pueblos atender el reclamo de su desarrollo. Lo fructífero de este enfoque, se verá en su aplicación empírica.

Con respecto a la revolución tal y como lo plantea Dahrendorf, creemos que una manera lógica de darle énfasis a la vinculación de movimientos con proyectos hacia el futuro de su penetración en la sociedad de clases, es el enfoque que nos ofrece Alan Touraine (1970). El hombre, para Touraine, es principalmente un trabajador, entendiéndolo como transformador de una realidad dada, sin referencia específica a un ámbito dado. Él crea y a la vez controla dicha creación, puesto que es capaz de contemplarla, ello le da una capacidad de superar las situaciones que le toca vivir en un momento determinado y proyectarse en el futuro, a la vez que puede modificar el presente en base a ese proyecto. De aquí que en este pensamiento se privilegie los movimientos sociales en su enfoque. El sujeto histórico que no se debe confundir con el actor individual, es aquel que se dibuja en un momento dado del devenir histórico que le impone exigencias concretas a los actores individuales, debido a que en el curso del tiempo han surgido «mediaciones obstáculos» que fueron necesarios institucionalizar en un momento dado, pero que han devenido obsoletos y más aún, enajenables para ese «sujeto histórico».

El sistema de acción histórica resulta de diferentes mediaciones y obstáculos, de diferentes realizaciones: de clase, grupos de interés, etc. «Es justamente —nos dice el sociólogo chileno Eugenio Ortega—, una complejidad de realizaciones que tiene como principio de significación de unidad, las exigencias de creación y de control». (Ortega, 1966, p. 26) Hay tres principios que van a ayudarnos a descubrir un sistema de acción histórica: el de totalidad es el que va a legitimar la acción; hay referencia a los valores por los cuales se lucha, el de identidad, que se refiere a la defensa de los intereses de grupos legitimados que nos ofrece la vinculación lógica a la teoría de Dahrendorf de las clases, y por último, el principio de oposición, que es la referencia a una fuente de alienación contra la cual se combate. El principio de totalidad va a informar el sentido de los otros dos.

Los distintos énfasis en cada principio, van a tipificar distintos tipos de movimientos sociales. Eugenio Ortega (1966) dice que la revolución....

> ...surge cuando el principio de totalidad domina a los otros. Es decir, cuando a través de ideologías o utopías se pretende una identificación absoluta por parte de un actor a los valores del sujeto histórico. Se trata, entonces de una acción en la cual la identidad y la oposición son definidas más que nada, por influencia de una racionalización que legitima de manera absoluta, la defensa de los intereses de un actor, negándosela al opositor. Es el caso de una revolución, en la cual se niega al opositor toda participación a los valores del sujeto histórico. Se pretende monopolizar por parte de un actor, el ser portador de las exigencias del sujeto, definiendo de esta manera, la inexistencia de un campo de acción común. (pp. 31-32)

De acuerdo con estos planteamientos, hemos visto en el capítulo anterior por ejemplo, al Partido Socialista Popular, PSP, como movimiento social que aspira a la instauración de una revolución de esas características. A la vez, se comprobó de acuerdo al esquema marxista, su grado de penetración en las distintas clases sociales del país. Estos dos planos de análisis fueron bien comprendidos por Lenin, al hacer énfasis en un partido de vanguardia, que oficiaría como el sector más avanzado en la conciencia de clase y por ello sería capaz de capturar a las clases explotadas y marcarles la línea debida. La importancia del factor «conciencia», dirección y organización, que son las condiciones subjetivas para una revolución exitosa, han sido, a partir de Lenin y llegando hasta Guevara, especialmente enfatizados por los marxistas.

Por otra parte, y partiendo ahora de la misma realidad social, sociólogos como Davies, Lipset y otros, nos han hechos ver la importancia de ese factor «conciencia», más bien «que la tangible provisión de comida, riqueza o poder» objetiva en una sociedad dada. Lenin (1961) hace una observación bastante poco ortodoxa en este aspecto:

> La ley fundamental de la revolución, confirmada por todas las revoluciones y en particular, por las tres revoluciones rusas del Siglo XX, consiste en lo siguiente: para la revolución no basta con que las masas explotadas y oprimidas tengan conciencia de la imposibilidad de seguir viviendo como viven y exijan cambios: para la revolución es necesario que los explotadores no puedan seguir viviendo y gobernando como viven y gobiernan. Sólo cuando los de «abajo» no quieren y los de «arriba» no pueden seguir viviendo a la antigua, sólo entonces puede triunfar la revolución...En otras palabras, esta verdad se expresa del modo siguiente: la revolución es imposible sin una crisis nacional general (que afecte a explotados y explotadores). Por consiguiente, para hacer la revolución, hay que conseguir, en primer lugar, que la mayoría de los obreros (o en todo caso, la mayoría de los obreros conscientes, reflexivos, políticamente activos), comprenda a fondo, la necesidad de la revolución y esté dispuesta a sacrificar la vida por ella; en segundo lugar, es preciso que las clases dirigentes atraviesen una crisis gubernamental que arrastre a la política hasta las masas más atrasadas (el síntoma de toda revolución verdadera, es la decuplicación o centuplicación del número de hombres aptos para la lucha política pertenecientes a la masa trabajadora y oprimida, antes apática), que reduzca a la impotencia al gobierno y haga posible su rápido derrocamiento por los revolucionarios. (p. 427)

Esto conduce a otro problema: toda revolución tiene que enmarcarse dentro de la historia dada de un país. En este aspecto, pudiéramos dividir el proceso revolucionario en tres períodos:

1. Un período de gestación: Se refiere a todas aquellas variables que inciden en la predisposición a apoyar un movimiento revolucionario o a no apoyarlo. Es más importante lo primero, como veremos más tarde. Aquí hay cuasi-grupos que aún no se manifiestan en ese sentido, aunque objetivamente hay índices, de que si cobraran conciencia

de su propia situación, su predisposición sería de apoyo, ya que hay datos de que sectores de igual posición objetiva, manifiestan esa predisposición con regularidad. No hay conciencia por parte de los que dominan de que en breve desaparecerán de la escena. Es la época del desfile por las calles de Versalles de la nobleza y burguesía, sin presentir los primeros la guillotina, y los segundos, la radicalización de la revolución, unos pocos años más tarde. Es el Zar y su familia cediendo el pasó a Kerensky. Hindenburg facilitando el poder a Hitler, creyendo que lo «controlaría» y que aún, sin haberlo hecho, hacía vaticinar a Haya de la Torre (De la Torre, 1964, p. 26): «es necesario tener en cuenta que el avance del movimiento Hitlerista no ha sido estimado en sus grandes alcances y proyecciones por aquellas fuerzas políticas que serán arrolladas cuando el nazismo llegue al poder». Es la crítica nacionalista del francés al inglés antes de la revolución, por haber cometido la «osadía» de haber decapitado a su rey que nos cuentan la historiadores.

2. Un período de triunfo o de «crisis general»: De pronto, los acontecimientos se precipitan, el grupo revolucionario toma el poder. El proceso se desencadena poco antes o poco después, las instituciones saltan. La vida política adquiere un ritmo inusitado. El mensaje hablado o escrito adquiere una importancia de vida o muerte. Las masas inundan la escena, identificándose colectivamente con el proceso, El grupo revolucionario fija las metas y nuevos caminos son adorados. Es la crisis general de que habla Lenin. El acceso al poder, se hace a través del «eslabón débil» institucional que nos hablara el mismo Lenin.

3. Un período de ampliación: Los cuasi-grupos que carecían de conciencia en el primer período, irrumpen en la vida política colectivamente, respaldando el nuevo orden creado por el grupo revolucionario en nombre de ellos. Los titulares de las posiciones de autoridad del «ancient regime» son desplazados y ocupan su lugar los dominados en las esferas económica y política. Se trata de afianzar y de-

fender el orden constituido. El grupo revolucionario, sin muchas bases sociales en el pasado, establece una vinculación indisoluble con gran parte de las clases en nombre de las cuales ha tomado el poder. Estas afirmaciones dan respaldo empírico al hecho de hacer descansar las bases de las sociedades en vías de desarrollo en la crisis de autoridad que afecta a dominadores y dominados; cuando ésta llega a su forma límite en los valores y en las instituciones, estamos en presencia de una Revolución en la esfera económica y política que transforma totalmente la sociedad.

De aquí resulta el hecho de que todas las revoluciones descansen en caudillos que le dan su tónica o su personalidad, al movimiento revolucionario. A falta de patrones normativos de conducta, las masas liberadas de las formas sociales, buscan guías de acción y como éstas no son suministradas por las instituciones sociales que han desaparecido, hay una entrega al jefe, a la autoridad concreta encarnada. Mao en China, Lenin en Rusia, Fidel en Cuba, Hitler en Alemania, Mussolini en Italia, Napoléon en la Revolución Francesa. Debemos distinguir —como hace ver Davies (1962)— entre revoluciones progresivas cuyo proyecto o ideal utópico se encuentra proyectado hacia el futuro y revoluciones regresivas, cuyo proyecto tiene su base en el pasado u origen. De las primeras, hay ejemplos típicos en las revoluciones marxistas, de las segundas en las revoluciones nazi y fascista. Bendix (1963) dice:

> Proposiciones concernientes a la conquista del poder por un movimiento totalitario, han sufrido repetidamente de un fracaso en distinguir los varios elementos de un movimiento totalitario exitoso. Una distinción importante debería ser hecha entre la descripción de un movimiento antes de la conquista del poder y después. Una segunda distinción debería enfatizar las diferencias entre el núcleo de líderes, sus inmediatos sub-líderes, los miembros del partido y las masas que los apoyan o favorecen. Y una tercera distinción debería referirse a las razones para el aumento de la debilidad de las instituciones más bien que las razones para la fuerza de la amenaza totalitaria. (pp. 603-604)

En nuestra exposición anterior, se cree haber cumplido esos requerimientos. Nos falta ahora concretar este modelo, apuntándolo ya para la realidad empírica.

iv
Axiomatización de la teoría

Se distingue para el análisis empírico de un proceso revolucionario, así como para la posterior comparación de fenómenos análogos, un modelo de conflicto basado, principalmente, en sociedades en vías de desarrollo, pudiera axiomatizarse de la siguiente forma:

1. Postulados: Existen dos frentes de conflicto en oposición: grupo étnico, modo de vida urbano, nación y clase dominantes versus marginados étnicos, del campo, como nación, como clase dominada y como «marginales institucionales». Estos frentes de conflictos pueden superponerse entre sí en el análisis concreto de la realidad, que estará referido a quienes posean posiciones titulares de autoridad y quienes no.

2. Ambos grupos tienen intereses latentes comunes, debido a la posición que ocupan, por ello constituyen cuasi-grupos.

3. De los intereses latentes, esto es de los cuasi-grupos raciales, campesinos, nacionales, etc., nacen los intereses manifiestos, es decir, los grupos de intereses en el sentido de la teoría de las clases. Aquí aparece el factor de conciencia que necesariamente va a producirse, a no ser que hayan condiciones variantes que lo impidan.

4. Esas mismas condiciones variantes van a influir en el conflicto de clases mismo, marcando su forma especial e intensidad.

5. Los movimientos sociales que asumen la identidad de esas clases, van a modificar el ritmo e intensidad de ese conflicto, de acuerdo al sistema de acción histórico en que les toque actuar.

6. Esos conflictos de clase determinan cambios estructurales y su cuantía va a estar determinada por las condiciones variantes (sociales, técnicas, políticas y psicológicas) y el carácter de los movimientos sociales asimilados a ese conflicto. La revolución es la forma límite que engloba ambos aspectos.

Estas afirmaciones no necesitan probarse necesariamente. Sí necesitan comprobación las hipótesis que se desprendan de esos postulados.

Base empírica: Se hacen descansar estos postulados en un fenómeno de marginalidad e inherente a ello, una «crisis de la autoridad», debido al imperativo del desarrollo, que hace ver una inadecuación entre los titulares de las posiciones de autoridad y los dominados, con referencia a la implantación de las bases industriales y democráticas que ya manchan institucionalmente en los países desarrollados.

Hipotesis central: Es necesario situar la revolución en un marco histórico. De aquí que distingamos tres períodos ya esbozados en forma general anteriormente:

1. Período de gestación:
   a. A mayor marginalidad, mayor apoyo al movimiento revolucionario.
   b. A mayor conflicto en los recursos económicos asociados a las diferentes clases, mayor apoyo a la revolución de los dominados.
   c. A menor institucionalización, mayor apoyo al movimiento revolucionario
   d. A menor institucionalización mayor caudillismo.

2. Período de triunfo:
   La crisis general: Hipótesis en el marco institucional y valorativo acerca del «eslabón débil», apuntando hacia experiencias cruciales. Se parte de la hipótesis de una victoria militar u otro hecho significativo que abarque a toda la sociedad y sus actores.

3. Período de Ampliación:

a. A mayor apoyo a la revolución de los dominados mayor referencia a principios de totalidad por parte de la «elite» revolucionaria.
b. A mayor referencia a principios de totalidad, mayor exclusión de un campo común de acción para otros factores y actores de la sociedad y mayor fortaleza para aquellas clases con las cuales el movimiento revolucionario haya establecido su identidad.
c. A mayor status adquirido durante la revolución mayor apoyo a ésta.
d. A menos vinculación con partidos tradicionales, mayor apoyo al movimiento revolucionario.

Las hipótesis no agotan el fenómeno, pero si marcan líneas generales sobre las cuales pueden modificarse estas proposiciones o añadirse otras. El análisis se hará en dos ámbitos principalmente: el económico y el político.

Indicadores: Enunciaremos ahora qué indicadores seleccionaremos para las variables enunciadas. Estos surgirán del análisis secundario de investigaciones realizadas, a las cuales se les aplicará el enfoque teórico enunciado.

a. Marginalidad: Porcentaje de empleo, desempleo y subempleo. (Zeitlin, 1966).
b. Apoyo al movimiento revolucionario: Escala elaborada en las investigaciones de Zeitlin (1966) que comprende las siguientes preguntas:
   1. ¿Hablando en general, de qué cosas en Cuba, está más orgulloso como cubano?
   2. ¿Qué clase de personas gobiernan este país ahora?
   3. ¿Cree que el país debe tener elecciones pronto?
   4. ¿Piensa usted que los trabajadores tienen más, la misma o menos influencia en el gobierno ahora que antes de la revolución?
   5. ¿Pertenece a la milicia?
c. Institucionalización: Experiencia revolucionaria de diversas generaciones. (basado en Zeitlin, 1996). Además se

hará un análisis histórico del éxito de las instituciones políticas y económicas en satisfacer las necesidades de las clases sociales cubanas, por parte del autor de este libro. Este análisis abarcará también el examen de los datos secundarios en las siguientes variables mencionadas posteriormente.

d. Caudillismo: Presencia histórica del caudillismo en la realidad cubana. Mención de los líderes de la revolución como los hombres más admirados. (basado en Zeitlin, 1996).

e. Referencia a principios de totalidad por parte de la «elite» revolucionaria: Análisis documental de la ideología y hechos revolucionarios de 1952 y 1959, con énfasis en su proceso de radicalización. Ello define a la vez la identidad y la oposición con respecto a las clases sociales cubanas, por parte de la revolución en su propia realidad social.

f. Status adquirido durante la revolución: Porcentaje de personas que ocupan un cargo más alto que en el pasado. (basado en Zeitlin, 1996)

g. Vinculación con partidos tradicionales: Presencia histórica de los partidos anteriores a la revolución dentro del proceso revolucionario. Más adelante, explicaremos con más detalles las diversas variables e indicadores que utilizaremos.

Metodología: Se refiere a las maneras que emplearemos para probar nuestras hipótesis. Ello será semejante a la que ofrecimos en la primera parte de nuestro estudio. Sin embargo habrá una diferencia: mientras en el capítulo anterior, relacionábamos dos variables a saber, «lucha de clases» y «ocurrencia de la revolución», ahora emplearemos una técnica de análisis multivariable, aunque relacionadas entre sí. El método que emplearemos es un «antes-después» que gráficamente puede vislumbrarse en el Cuadro 12.

El Cuadro 12 conlleva no pretender agotar el fenómeno. Seguimos aquí a Lipset (1963, p. 55) cuando dice «en consecuencia en un sistema multivariable el foco puede residir en cualquier elemento, y se pueden establecer sus condiciones y consecuencias sin la inferencia de que hemos llegado a una teoría completa de las condiciones necesarias y suficientes de su surgimiento». Es necesario aclarar que el método utilizado no es una abstracción. Está basado en la observación de que el fenómeno revolucionario se desarrolla siguiendo tres fases, luego sin ninguna manipulación del hecho, éste se comporta de tal manera que es mejor para su estudio el llamado «antes-después», lo cual da mayor confirmación a sus conclusiones.

Cuadro 12: Método de análisis del proceso revolucionario cubano

Antes condiciones	Proceso Revolucionario 1952 1959 1961	Después consecuencias
Marginalidad, institucionalización, distribución de recursos, caudillismo	CRISIS GENERAL	Apoyo a la revolución mayor status adquirido carencia de partidos tradicionales. Radicalización (principios de totalidad, identidad y oposición en las distintas fases)

Fuente: Elaboración propia.

Conclusiones

¿Qué implicaciones, en general tiene dicho método para el investigador en cuanto a la validez de sus resultados?

1. En cuanto a la validez interna, debemos asegurar en las generalizaciones que hagamos, un aporte de evidencia empírica que respalde nuestras afirmaciones —que en realidad, son aspectos teóricos desprendidos de sistemas sociales totales. Se podría objetar, por ejemplo, que antes de 1959 no había un «clima» para una revolución económico-social y se parte de una idea preconcebida si se busca una «predisposición a la revolución». Esta objeción, que

es cierta si limitáramos nuestro análisis a buscar por ejemplo, «desarrollo del ideal democrático», se deshace si el foco de nuestro análisis, es el hecho revolucionario, con más razón aun cuando en Cuba, lo que se ha producido es una revolución económico-social y no una democracia.

Los datos nos probaron que dichos aspectos existen, que pueden ser expresados teóricamente, pueden compararse con aspectos similares de otros sistemas sociales donde se ha producido también una revolución, y a la vez, son deducibles de datos empíricos que pueden ser verificados y objetados por otros investigadores, dentro de un método general de contrastación empírica, que permita que las proposiciones que se hayan sostenido, sean respetadas.

2. Lo dicho anteriormente ya engloba la característica que debe tener la validez externa de nuestras generalizaciones, ya que ésta va a medirse por la capacidad de explicar determinado fenómeno frente a otras explicaciones. Aquí se debe tener en cuenta lo dicho por Hyman (1955): «Lo espúreo se aplica a situaciones donde otra variable, distinta a la aparente explicación, se encontró que producía el efecto observado, probándose que la otra variable no es una parte intrínseca de la secuencia de evolución que producía la aparente explicación». Si se prueba lo contrario a lo afirmado arriba, es decir que la variable descubierta es distinta a la variable explicativa anterior, lo descubierto pasa a explicar con mayor amplitud el mismo fenómeno. Nuestro propósito será dar un marco general de análisis de la revolución cubana. Junto a líneas de investigación que pudieran ser exploradas en el futuro, además de dar un marco coherente a las pocas investigaciones que se han realizado y que arrojan claridad sobre áreas limitadas.

Referencias

Bendix. R. (1963). Social stratification and political power. En Bendix R. & Lipset, S. (Eds.). *Class status and power. A reader in social stratification.* New York: Free Press.

Dahrendorf, R. (1962). *Las clases sociales y su conflicto en la sociedad industrial.* Madrid: Edit. Rialp.

De la Torre, H. (1964). ¿Qué quieren los nazis? En Jorge Alvarez (Ed.) *Volumen Nazismo y Marxismo*, Colección de Política Concentrada. Buenos Aires: Editorial Jorge Alvarez.

Davies, J. (1962). Hacia una teoría de la revolución. *American Sociological Review, A.S.R. (7)* (1), pp. 5-19.

Hyman, H. (1955). «Survey on design analysis». NY: Free Press,

Lenin, V. (1961). *El extremismo, enfermedad infantil del comunismo.* Moscú: Editorial Progreso.

Lipset, S. (1963). *El hombre político.* Buenos Aires: Eudeba.

Ortega. E. (1966). *Aporte teórico del accionalismo al estudio del movimiento obrero.* Memoria presentada en vista de la obtención del Título de Licenciado en Ciencias Políticas y Sociales. Universidad Católica de Lovaina, Bélgica.

Ossowsky, S. (1963). Class structure in the social consciousness. New York, Free Press.

Popper, K. (1962). *La lógica de la investigación científica.* Madrid: Edit. Tecnos, S.A.

Touraine, Alain (1970). *Ciencias sociales: ideología y realidad nacional.* Buenos Aires: Tiempo Contemporáneo.

Vekemans, R. & Venegas, R. (Junio 1966). Marginalidad y promoción popular, *Revista Mensaje*, (149), 210-220.

Weber, M. (1964). *Economía y Sociedad.* México: FCE.

Zeitlin, M. (Febrero 1966). Economic insecurity and the political attitudes of Cuban Workers, *American Sociological Review, A. S. R., (31),* (1), 35-51.

CAPÍTULO IV

¿POR QUÉ OCURRIÓ LA REVOLUCIÓN CUBANA?

Una vez afirmados nuestros postulados y las hipótesis correspondientes, nos toca ahora explicar cuál era la situación que se presentaba antes de 1959 en Cuba, modificando los elementos inservibles de la teoría marxista y, a la vez, sentado las bases que nos permitirá una demostración empírica de las hipótesis enunciadas. La descripción que haremos ahora a la luz de la teoría de las clases, será el apoyo a nivel descriptivo, de las generalizaciones a nivel explicativo que haremos posteriormente.

i
Cuba a la luz de la teoría de las clases

Podemos afirmar, brevemente, basados en datos empíricos aportados anteriormente, que en Cuba había una situación de dominación en forma general sobre los siguientes cuasi-grupos: obreros agrícolas, obreros industriales (inmersos en asociaciones de dominación, tales como latifundios azucareros, ganaderos y de arroz, además de empresas industriales en las ciudades, sobre todo), afroamericanos o afros como los llamaremos seguidamente, y desocupados y sub-empleados (fuera de las asociaciones de dominación o parcialmente dentro de ellas). Podemos decir también, que existe una situación de dominación sobre los no-propietarios, cuyos medios de producción son limitados y prácticamente no poseen mano de obra a su servicio. El límite que fijaremos para estos cuasi-grupos en el campo cubano será la posesión de 5 caballerías (1 cab.=13,2 has.) que es precisamente el único sector privado que subsiste hoy en el régimen revolucionario, agrupado en la Asociación Nacional de Agricultores Pequeños (ANAP). Este cuasi-grupo, en la actualidad trabaja su propia tierra y se ha unido a aquellos pequeños propietarios cuyas características eran similares antes de 1959.

Los cuasi-grupos dominantes estaban representados, en forma general, por los hacendados, los grandes colonos y los grandes ganaderos en el campo, y los capitalistas industriales en las ciudades. Las clases intermedias pueden ubicarse dentro de los colonos en su gran mayoría, y los pequeños propietarios en el campo, mientras en las ciudades estaban constituidas por los profesionales, los comerciantes, los pequeños empresarios y los empleados de «White collar» principalmente. A la vez, los datos nos han dado cuenta de un cierto grado de dominación racial sobre los afroamericanos y mestizos en cuanto a la posibilidad de ser titulares de posiciones de autoridad, aunque no estricto con respecto a otros países con diferencias étnicas y teniendo en cuenta que hacía solo 80 años que se había logrado la abolición total de la esclavitud.

Por otra parte, existía una dominación económica de los Estados Unidos de Norteamérica por su inversión en la isla y por el grado en que determinó nuestra estructura económica, aunque esta inversión se desplazaba fuera de la esfera de la producción industrial y estuviera declinando en la esfera política. Antes de 1959, los obreros industriales presentaban una organización (condiciones técnicas) que lograron después de la revolución de 1933 para la defensa de sus intereses (condiciones psicológicas) opuestos en principio al de los capitalistas industriales, por ser Cuba un país donde predominaba la libre empresa orientada hacia el beneficio, lo cual hacía querer al capitalista mayores ganancias, y al obrero mayores salarios. Sin embargo, estos obreros, urbanos en su mayoría, presentaban el conflicto sobre bases legales tendiendo hacia una legitimación del mismo. El movimiento de la clase obrera adquiere entonces, en esa fecha, un carácter ideológico principalmente reivindicativo (condiciones técnicas). Por otra parte, había una amplia legislación social que beneficiaba a esos obreros sindicalizados que en las clases dominadas, eran los que tenían más altos salarios (condiciones políticas).

La situación de los obreros agrícolas azucareros era singular, porque la mayoría se hallaba sub-empleada y, a pesar de estar sindicalizados, carecían de una situación semejante a los que trabajaban todo el año o a los obreros que trabajaban dentro de las mismas empresas azucareras (condiciones sociales). En el campo, aparte de estos obreros, los hacendados, los colonos, los ganaderos y algunos otros dedicados a cultivos menores, no había organizaciones que constituyeran grupos de intereses. No obstante, en el seno de las organizaciones de los ganaderos, los colonos y otros cultivos, podían verse cuasi-grupos opuestos en cuanto a la diferente posesión de medios de producción. Había una inmensa masa campesina con carácter de cuasi-grupos, es decir, sin haber llegado a constituir grupos de intereses, ya sea por no sentirse formando parte de una clase como tal, o por el aislamiento de los que componen dicho cuasi-grupo entre sí, por la carencia de dirigentes y una ideología que los uniera, o por prescindir de los medios suficientes para sufragar una organización, hechos más relevantes que afectan a los obreros agrícolas en las asociaciones de dominación donde brindan su fuerza de trabajo. Iguales condiciones empíricas afectaban a los desocupados en las áreas rurales.

La autoridad de las clases dominantes se derivaba de la vinculación de éstas a la propiedad de la tierra y del control de los medios de producción, lo cual la Constitución de 1940 aprobada legitimaba. En las ciudades, los capitalistas industriales se encontraban más bien en un proceso de expansión, al igual que en el campo, el ganado y el arroz que fueron respuestas modernas al desastre monocultivista que quedó manifiesto a raíz de las crisis económicas de 1922 y 1929, Entre tanto, la industria azucarera, presentaba más bien un proceso de estancamiento, al frenarse el acaparamiento de tierras y depender Cuba de un mercado externo en cuotas azucareras fijas y ser el azúcar un producto de demanda inelástica. Con esta breve reseña de la aplicación del modelo teórico de Dahrendorf (1962), queremos simplemente dar connotaciones, de la manera en que los juicios de valor inmersos en la teoría marxista, caen por su peso una vez confrontados con los datos empíricos. Pero también, como se ha visto, hay aspectos que se sostienen. La descripción que hacemos no sólo explica aquellas áreas que la teoría marxista se muestra incapaz de explicar, sino lo que es más importante, las relaciona aquellos aspectos que se han sostenido.

Haciendo el mismo análisis ahora en la esfera política, que es el otro gran ámbito de análisis, se hace necesario distinguir entre «clase dominada» y «dominante». ¿Es la burocracia política en su totalidad la clase que manda en la asociación de dominación que constituye al estado cubano? Dahrendorf (1962) dice:

En función de la teoría de las clases hay que asignar a la burocracia una situación especial. Aún cuando pertenezca a la clase dominante y sus funciones sean siempre funciones positivas de autoridad, no es nunca la burocracia la clase dominante. Sus intereses latentes tienden a la conservación de lo existente, más lo que en cada momento constituye lo existente no lo decide la burocracia, sino que se le señala previamente... No es posible dominación sin burocracia, pero tampoco dominación ejercitada sólo por burocracia. Figura ésta siempre como medio e instrumento de dominación a disposición de quien está llamada a ejercerla. Como constante en el conflicto de clases, acompaña y apoya al grupo en cada momento dominante, al administrar sus intereses y seguir lealmente sus directrices en cumplimiento de su deber. (pp. 314 y s.)

Aquí entonces, las funciones positivas de autoridad abarcan desde la suprema autoridad política hasta el último empleado que ejecuta las órdenes a través de una jerarquía, cuya cima pudiéramos llamarla gobierno. Este acceso al poder deriva del juego de los grupos de intereses, en el seno de la sociedad a la luz de la teoría de las clases. Estos grupos reclutan su personal de los cuasi-grupos políticos. Antes de 1959, esos grupos de intereses estaban basados fundamentalmente, en el ejército como cuasi-grupo y después, en los restantes cuerpos armados. Su dominación descansaba más sobre la crisis de autoridad a que nos hemos referido, que sobre la autoridad legal que prevalece en los países desarrollados. El deterioro de la confianza en los funciones políticas a lo largo de toda la historia repúblicana, agudiza esas crisis que alcanzó su culminación con el golpe de Estado de Fulgencio Batista en 1952, el cual se dio, según la declaración de sus principales ejecutores, en nombre del restablecimiento de la autoridad, lo cual es común en todos los países de América Latina en los instantes que interviene el ejército en la vida cívica

Por otra parte, a lo largo de nuestra vida republicana, se observa un divorcio entre las esferas económicas y la política en el orden institucional que se refuerza con valores que tenderían a despreciar la labor cívica como una tarea de «ladrones y gangters». Esto producía que las clases dominantes, lejos de participar activamente en la esfera política, se abstuvieran de ello para mantener su prestigio, limitando su influencia a la constitución de grupos de intereses para hacer presión en la autoridad a su favor. Este divorcio se refleja a todos los niveles: las clases intermedias, sobre todo los profesionales, se abstenían de colaborar en la construcción de la institucionalidad política cubana. Hubo un momento que era un signo de prestigio el no haber formado parte nunca y más todavía haber rechazado ofertas, de participar en la gestión pública En las restantes clases, ello se manifestaba por un escepticismo que era general en el ciudadano cubano antes de 1959.

Esa es la razón por la cual, antes del advenimiento de la revolución, no se veía a las clases dominantes vinculadas a la esfera económica, en conexión estrecha con determinados partidos políticos y formando parte de ellos (condiciones políticas). Los intereses de esas clases enraizadas en asociaciones de dominación económica, estaban empeñados en el crecimiento industrial de la isla, en base a valores asociados al capitalismo tales como honestidad y seriedad en el cumplimiento de los contratos en sus transacciones comerciales. (añádase a ello la influencia de la manera de operar los negocios en USA). Ello contrastaba con la realidad política imperante (condiciones psicológicas) y por eso no resulta extraño el apoyo general de todas las clases sociales que recibió el Movimiento 26 de Julio en su arribo al poder. Esta característica de desprecio de la política, es vista frecuentemente como al revés de lo que se pregona, denota una estima exagerada de la influencia del poder político. El apoyo casi unánime que recibió el triunfo revolucionario, con una nueva generación, sin manchas políticas, asumiendo la dirección del Estado, es prueba de ello (condiciones sicológicas).

Esta ambivalencia es típica de la situación de marginalidad descrita anteriormente, con respecto a la crisis de la autoridad en nuestros países. Los «salvadores» que hacen énfasis en esos males, son víctimas de sus propias apreciaciones Por ello son marginales institucionales, aun cuando disfruten del mayor poder de sus países. La descripción hecha de las clases se hace necesario relacionarlas al origen y desarrollo de las mismas que vimos cuando aplicábamos la teoría marxista, así como también las condiciones empíricas que rodeaban el juego de los grupos de intereses en la política cubana. En este caso el Partido Socialista Popular, PSP, (comunista) sería un grupo más dentro de otros, en la lucha por el poder político. Todos estos aspectos se irán clarificando más a medida que nos adentremos en el tratamiento de la revolución, que es el tema central que nos ocupa. Podemos pues, ya, poner a prueba nuestras hipótesis centrales.

ii
El Período de Gestación:

Hipotesis: a mayor marginalidad, mayor apoyo a movimientos revolucionarios

De acuerdo con las direcciones que hemos dado a nuestra investigación, en cuanto a las constantes que informan el panorama de los países en vías de desarrollo, vimos que el grado de marginalidad del poder de los diversos cuasi-grupos y grupos de interés, contribuye a un mayor conflicto de intereses. De aquí se desprende el Cuadro 13 con respecto a las características de marginalidad que prevalecen en las clases dominadas: La categoría de afros y mestizos situada en la parte inferior del Cuadro 13, puede superponerse a las anteriores de la esfera económica. Como se ve, estos cuasi-grupos tienen la situación más crítica, ya que poseen una marginalidad horizontal en el sentido espacial que comprende en último término, la relación conflictiva entre dos actores, uno dominante y otro dominado; vertical, porque su ubicación en las posiciones de autoridad corresponde a la clase dominada e institucional, porque dicho fenómeno cae fuera de estas asociaciones y se enraíza en mayor o menor grado en el país en otras esferas, obstaculizando su acceso institucional.

Los sub-empleados y desocupados urbanos son marginales horizontales según el Cuadro 13 porque deben su naturaleza principalmente, al éxodo del campo a las ciudades y al lento crecimiento de las industrias. Del año 1954 a 1959, 606 mil habitantes de la zona rural habían cambiado de ubicación; el 82,3·% fue hacia las zonas urbanas. La tabulación censal de 1953 demostró que en la Habana residía un 39% de la población cuya procedencia era de provincias (Zeitlin, 1966, p.47). También tienen una marginalidad vertical, porque su posición coincide en un grado inferior con las clases dominadas en las asociaciones de dominación institucionales porque caen fuera de éstas.

Cuadro 13: Tipos de marginalidad según clase y residencia rural-urbana y etnia

RURAL	HORIZONTAL	VERTICAL	INSTITUCIONAL
Pequeños Propietarios (con menos de 5 cabs. posean o no la tierra)	x	x	0
Obreros agrícolas (tiempo completo)	x	x	0
Sub-empleados y desocupados	x	x	x
URBANO	HORIZONTAL	VERTICAL	INSTITUCIONAL
Obreros	0	x	0
Sub-empleados y desocupados	x	x	x
Afros y Mestizos	x	x	x

Fuente: Elaboración propia.

Los obreros agrícolas poseen una marginalidad mayor que los urbanos porque tampoco participan del todo de la existencia de las ciudades, en el sentido dado por la industrialización moderna que concibe al campo como una expresión aislada de la ciudad.

La situación más critica de conflicto de intereses, estaría dada entonces, por las funciones negativas de autoridad que desempeñaban los siguientes cuasi-grupos:

1. Negros y mestizos
2. Desocupados urbanos y rurales
3. Obreros agrícolas
4. Obreros urbanos
5. Pequeños propietarios

La unión de 1 y 2 marcaría el mayor grado de conflicto descendiendo después. Para la etnia blanca sería desde el punto 2 en adelante. Para la ubicación de los «Pequeños Propietarios» se tomó en cuenta que en el sentido vertical, no constituyen proletariado, es decir, que todavía les queda por recorrer como última salida ser obrero o desocupado. Como estamos analizando el período de gestación de la revolución, «el apoyo a movimientos revolucionarios», será aquella actitud que, en forma consciente o latente, sea favorable a un cambio total de la sociedad y será inferida no sólo de datos anteriores a 1959, sino también de las investigaciones realizadas por Maurice Zeitlin (1966), dentro de Cuba. Como primeros datos aproximados, en una encuesta realizada en 1956-1957 (Agrupación Católica Universitaria, 1957), 2 años antes del triunfo revolucionario, dirigida a los campesinos cubanos, ante la pregunta: «¿De qué espera la solución de sus problemas?», las respuestas fueron las siguientes:

Fuente de Trabajo	73.46%
Escuelas	18.36%
Caminos	4.96%
Hospitales	2.86%

En cuanto a la pregunta de qué institución sería capaz de resolver esos problemas, la respuesta fue:

Gobierno	69.00%
Patronos	16.72%
Sindicatos	6.82%
Masonería	4.30%
Iglesia	3.00%

Véase aquí la vinculación de las clases dominadas campesinas en gran parte «Marginales Institucionales», a la expectativa de que la autoridad política resuelva sus problemas, con lo cual su mayor o menor poder va a estar referido en la esfera política a la propia autoridad máxima, situación que coincide en la esfera económica con la situación más crítica también. Esto se debe al hecho de no participar los marginales institucionales en asociaciones de dominación, lo cual puede inducir a poner en duda el orden legal de la nación como tal, puesto que en última instancia es la asociación de dominación a la que se siente pertenecer. Sólo el 16.72% esperaba algo de los patronos, lo cual no sorprende si se tiene en cuenta que su experiencia no está relacionada a asociaciones de dominación.

Los resultados de la encuesta de Zeitlin (1966) navegan en la misma dirección y son los siguientes como puede observarse en el Cuadro 14:

Cuadro 14: Grado de marginalidad y actitud hacia la revolución (en porcentajes)

Meses trabajados por año antes de la revolución	Favorables	Indecisos	Hostiles	N
6 ó menos	86	9	5	(63)
7-9	74	10	16	(19)
10 ó más	62	13	25	(105)

Nota: Se refiere sólo a los que eran obreros industriales antes de la revolución.
Fuente: Obtenido de Zeitlin, M. (1966).

Según el cuadro No. 14 y de acuerdo a nuestras hipótesis, el análisis secundario de los resultados obtenidos por Zeitlin, prueban nuestra afirmación de que a mayor grado de marginalidad de la autoridad mayor apoyo a la revolución y en el mismo sentido indicado por nosotros, es decir, los obreros empleados mayor tiempo, son menos proclives a apoyar la revolución que los sub-empleados y desocupados menor tiempo. Estos datos son de 1962 y en nuestra definición, enunciamos que dicha variable abarcaba hasta esa fecha. De esa manera mirado, el apoyo a la revolución en 1962, es igual a la predisposición a apoyarla antes de producirse dicho fenómeno. Esta muestra abarca el 62% de los trabajadores industriales. La investigación realizada por Zeitlin, sin duda alguna recibirá muchas críticas. Si se quiere, se puede prescindir de los exactos porcentajes de apoyo o no a la revolución, pero lo que no cabe duda es lo siguiente:

1. El método empleado es inobjetable.
2. Las entrevistas fueron realizadas por el autor, luego se hace muy difícil una simulación en esa circunstancia.
3. Los «chequeos internos» a través de preguntas indirectas que inciden sobre el tema central, son convincentes.
4. Las investigaciones realizadas en el pasado en diversos países afirman la relación existente entre inseguridad y el ingreso y votación izquierdista, lo cual se cumple en Cuba también.
5. Hay una correspondencia exacta con el marco teórico enunciado.

No nos convence el argumento del autor en el sentido de que dan mayor validez a sus indagaciones «la expresividad» del cubano. También es cierto e imposible de controlarlo que hay personas que temen hasta tomar el teléfono en una conversación espontánea, por creer que están vigiladas. Por otra parte, estas investigaciones carecen de una dimensión histórica adecuada, por cuanto no hacen mención del proceso por el cual esa relación se produce, ni las variables intervinientes que afectaron dicho apoyo, que como vimos, no estaban presentes antes de 1959.

Otros resultados de Zeitlin (1966, p. 502), aportan una evidencia más a la marginalidad institucional, en el sentido que mientras el 80% de los afros tienen una actitud favorable a la revolución, el 67% de los blancos tienen la misma actitud. Esta actitud aumenta su proposición cuando se introduce la variable de haber trabajado nueve meses o menos antes de la revolución, a un 91%. Hasta aquí, este último dato prueba que la marginalidad más crítica —ser afro y desocupado—, da también el mayor apoyo a la revolución. Como variable que afecta igualmente a los grupos anteriores, se encuentra que los recursos económicos y sociales se encuentran asociados en mayor grado, a las clases dominadas y en menor grado, a los marginales. De este hecho hemos dado anteriormente pruebas, aunque hemos señalado que por sí solo, no es capaz de producir ese apoyo a la revolución. Esto da evidencia a nuestra segunda hipótesis a saber: **A mayor conflicto en los re-**

cursos económicos asociados a las diferentes clases, mayor apoyo a la revolución de las clases marginadas.

Hipótesis: a menor institucionalización, mayor apoyo a movimientos revolucionarios

El grado de marginalidad hace derivar también la imposibilidad de entrar a un proceso de institucionalización. Esta es la otra cara de la medalla. Al descargar los que dominan, los efectos del sub-desarrollo en las clases dominadas, impiden a estos sintetizar patrones de conducta institucionalizada con respecto al ámbito económico y político. Llamamos «institucionalización» al proceso por el cual se establecen en lenguaje de Parsons (1963, p. 177): «generalizados patrones de normas que definen categorías de conducta prescrita, permitida y prohibida en las relaciones sociales, para gente en interacción mutua como miembros de su sociedad y sus varios sub-sistemas y grupos», o lo que es lo mismo, «instituciones». Sorprenderá que hayamos utilizando un concepto de integración cuando se está usando un modelo de conflicto; sin embargo, el sentido que se da al concepto de «institución» es dentro del orden legítimo. Al hacer descansar nuestro enfoque sobre la crisis de autoridad, la ambivalencia que se desprende en cuanto a las instituciones, es que las que existen en un momento dado no se adecúan al momento y las que se pretenden crear, no resultan exitosas, dándose también por supuesto, las que se adecúan y resultan exitosas. Estas últimas son las que permiten, prohiben o prescriben las conductas sociales con mayor nitidez.

Dentro de este enfoque, las instituciones necesitan también cierto tiempo de duración para que sean internalizadas por el individuo y puedan traducir ello en «patrones de conducta», en un proceso muy semejante al del niño en su etapa de crecimiento, en que se va produciendo una «socialización» con las normas y valores sociales prevalecientes. Parte importante en este proceso, es el sistema de gratificación-castigo, que premia la buena conducta y reprime aquella que se desvía de los patrones institucionalizados. Este mismo proceso a nivel social va a ser descrito por las distintas «generaciones políticas» donde los individuos pertenecientes a la misma, han tenido experiencias comunes que les da un «marco de referencia» político semejante. Se ha comprobado que el arribo a los 18 años de edad, es decisivo para guiarse en ese sentido. De ahí que las investigaciones de Zeitlin, separen en Cuba 5 generaciones: la del año 1959 en adelante, la del año 1953 (fecha del ataque al Cuartel Moncada), la del «interregno republicano» (arribo de Grau marca inicio), la del período que siguió en 1936 a la Revolución de 1933 y la propia generación del 33.

El análisis se hace en base al éxito en la marcha de las instituciones en las esfera económica y política, atendiendo a las gratificaciones derivadas de una crisis social general de la estabilidad de la sociedad. Nuestro indicador va a consistir en suma, que aquellas generaciones que vivieron una crisis institucional mayor y tienen una mayor experiencia revolucionaria serán también las más revolucionarias en las clases dominadas, independientemente de la edad que se tenga en el año de la investigación, en este caso, 1962. Luego entonces, debemos esperar que, a partir de 1933, las generaciones estudiadas demuestren un mayor apoyo a la revolución y vaya descendiendo éste hasta 1952, en que se incrementará de nuevo, hasta culminar en la generación más joven. Los períodos referidos comenzaron cuando los trabajadores tenían la edad de 18 a 25 años. Se supone que la revolución en esas fechas, ha sido beneficiosa para estas generaciones.

Por último, la generación de 36-43 vivió nuestra experiencia democrática como culminación de la oposición a Batista y toda la lucha contra el golpe de Estado, presentando marcos de referencia políticos distintos. El triunfo de 1944 fue un adelanto, sin duda alguna, en el proceso de institucionalización política; con el voto popular caían Batista y el Ejército y al día siguiente del veredicto popular, apareciera la renuncia de los mismos con su licenciamiento. Prío, confiado, le dio oportunidad de entrada a Batista posteriormente en 1952 y ello provocó su propio derrocamiento.

Asimismo, estos datos del Cuadro 15 se sostienen cuando se relaciona a la marginalidad institucional misma que tiene que ver en este contexto, ya no con el poder sino con la posibilidad de internalizar patrones de conducta. Zeitlin (1966) dice:

> Uno de los más significativos determinantes estructurales de las respuestas de los trabajadores cubanos a la relación, como he de-

mostrado ya, eran sus status prerrevolucionarios de empleo entre los trabajadores que eran desempleados y sub-empleados antes de la revolución, era más probable que fueran pro-comunistas antes de la revolución y tienen una probabilidad mayor ahora, de apoyar al gobierno revolucionario que aquellos que estaban empleados regularmente. (pp. 506-507)

Cuadro 15: Generación política y actitud hacia la revolución (en porcentajes)

CATEGORÍA EDAD (1962)	FAVORABLE	INDECISO	HOSTIL	N
21-27	55	19	25	36
28-35	90	2	8	51
36-43	61	17	21	51
44-51	69	15	15	26
52-59	70	9	22	23

Nota: No incluye ocho obreros que estaban bajo 21 y siete que estaban sobre 59 en 1962.
Fuente: Zeitlin, M. (1966, p.502).

Véase aquí como poder e «institucionalización» se comportan de la misma forma. El Cuadro 15 presenta los datos de la encuesta referida en Cuba, relacionados estos últimos con generaciones políticas y actitudes políticas. De este Cuadro se desprende que a medida que va decreciendo la edad, o sea, a partir de 1928-35, hay una tendencia a un menor apoyo a la revolución que se quiebra de 1952 en adelante. Hasta ahí se prueba la hipótesis. Sin embargo, la generación de 21-27 luce contradictoria. Su experiencia es más reciente y sus expresiones son seguramente tan ambivalentes como la misma revolución en esos años. Hay que tomar en cuenta que el año 1959, es el año «climax» de la crisis general y el énfasis en esa etapa como marcha institucional para el futuro del país era un gobierno humanista y democrático. La generación de 28 a 35 fue aquella que vivió con más intensidad la crisis de la autoridad política. Esa edad corresponde, más o menos, a los principales líderes de la revolución. Ellos tuvieron conciencia más que ninguna otra generación de la desconfianza en las instituciones políticas en el período democrático cuya culminación fue el golpe de estado de Batista. Zeitlin (1966) dice:

> Además, las otras dos generaciones que se sostienen de la generación que tenía en 1962, 52-59 y 44-51 son precisamente aquellos que experimentaron los eventos revolucionarios de los treinta como hombres jóvenes. Es, claro, posible argumentar que, habiendo experimentado una revolución abortada, más bien que exitosa, ellos deberían ser cínicos y pesimistas más bien que optimistas acerca de la revolución de Castro, lo cual tiene sentido No obstante, mientras la revolución social fue cortada, el régimen de Machado fue derrocado, y así la revolución política en su sentido estrecho fue un éxito Además visto retrospectivamente, la revolución también llevó ganancias significativas para los trabajadores en años subsecuentes especialmente en la legitimación de su derecho a organizarse política y económicamente, lo que dio beneficios económicos. (p.506)

Cuadro 16: Generaciones políticas, status prerrevolucionario de empleo y actitudes políticas (en porcentajes)

Categoría de Edad (1962)	Desempleados y Sub-empleados			Empleados Regularmente		
	Porcentaje de Apoyo		N	Porcentaje de Apoyo		N
	Revolución	Comunista		Revolución	Comunista	
21-27	75	#	8	42	#	12
28-35	100	31	22	85	35	20
36-43	81	41	21	43	17	23
= 44 plus	82	64	11	68	39	31

Fuente: Zeitlin, M. (1966, p. 506).

Nota: Aquellos que no eran trabajadores antes de la revolución, están excluidos de este cuadro. Desempleados y sub-empleados se refieren a trabajadores que trabajaban nueve meses o menos, antes de la revolución, mientras los regularmente empleados lo hacían 9 meses o más.

El signo # No experimentaron ello porque no eran adultos.

El signo = Combina «Generación del Treinta» 44-51 y 52-59.

Zeitlin (1966) dice:

> Como era de esperar dentro de cada generación política, los trabajadores que estaban desempleados y sub-empleados, están más predispuestos a apoyar la revolución que aquellos que estaban regularmente empleados antes de la revolución. Además, entre ambos, los desempleados y los regularmente empleados, la generación del 53 excede a las otras generaciones en la proporción de trabajadores pro-revolución; y entre los trabajadores empleados, la generación de los treinta viene segunda, como deberíamos esperar. Entre los trabajadores desempleados, sin embargo, la generación del interregno republicano tiene tan grande proporción de trabajadores pro-revolución como lo tiene la generación del treinta…Aquí es particularmente instructivo el hecho de como compañeros generacionales, localizados en la estructura social, están diferentemente afectados por eventos históricos. La relativa estabilidad, prosperidad y democracia política del interregno republicano, habiendo dejado el problema del desempleo y sub-empleo sin tocar, probó, desde la perspectiva de los trabajadores desempleados, ser irrelevante a su situación y puede (como nuestra evidencia parece indicar) haberlos inclinado (incluso más de lo que el solo desempleo pudiera haber influenciado) hacia soluciones radicales a sus problemas. (pp. 506 y s.)

Obsérvese como esta generación del «interregno republicano», en los regularmente empleados, aparece apoyando minoritariamente la revolución, junto a la generación de 21-27, comprobándose, a través de este estudio, lo referente a las experiencias tenidas con respecto a las crisis de autoridad misma que hicimos mención en el anterior cuadro. La generación del «interregno republicano» tenía una perspectiva de ascenso al comparar la época de Batista con la del período democrático y seguramente, estimó el golpe del 10 de marzo como un retroceso en ese camino, poniendo sus esperanzas con el triunfo de revolución en la recuperación democrática de la isla, viéndose frustrada en esa aspiración. Similar expectativa puede corresponder a la generación de 21-27, cuyo marco de referencia político está dado or el año 1959, época de la crisis general.

Zeitlin (1966) añade:

> Como la tabla indica entre los trabajadores desempleados, los de la generación del interregno republicano fueron segundo solo con respecto a la generación de los treinta en el apoyo prerrevolucionario

hacia los comunistas.También consiste con nuestros resultados sobre diferencias generacionales agregadas en actitudes prerrevolucionarias hacia los comunistas está el hecho de que en la generación del treinta ya sean los empleados o desempleados, existía la mayor proporción de simpatizantes prerrevolucionarios de los comunistas. (p. 507)

Como se desprende de estos comentarios, son los «marginales institucionales», los más predispuestos en todas las épocas a apoyar la revolución lo que prueba que a menor institucionalización, mayor apoyo a la revolución. Es un determinante que permanece constante a lo largo de nuestra historia, sobre todo a partir de 1929 con la crisis mundial. De aquí que la generación del treinta que vivió ese período, se mantenga segunda en dicho apoyo. Zeitlin (1966) continúa:

Mirando las relaciones diferentemente, pudiera esperarse que los desempleados, dado que eran generalmente más predispuestos a apoyar a los comunistas antes de la revolución, se comportarían de la misma manera en cada generación política. De hecho esto es verdad en todas las generaciones políticas, menos en una. En la generación del 53, los trabajadores desempleados no estaban más predispuestos que sus compañeros empleados a simpatizar con los comunistas. (p.507)

La conclusión de por qué esto es así, es obvia debido a la conducta de los comunistas durante ese período, que ya hemos visto repetidas veces. Zeitlin (1966) también lo interpreta así, pero añade:

No sólo estaban los fidelistas conduciendo la lucha anti-Batista, sino también su agitación entre los trabajadores fue radical en su contenido social, y quizás, incluso más radical que la agitación de los comunistas que continuaban aconsejando moderación por largo tiempo. (p. 507)

Esto, como se desprende de los datos aportados a través del análisis de contenido hecho a las apelaciones del movimiento 26 de Julio, es falso o al menos minimiza los caracteres conservadores ideológico-políticos de la etapa, aunque sí la apelación a la violencia era más modesta por parte de los partidarios comunistas. Por el contrario, todo el discurso del 26 de Julio era moderado y una promesa de retorno a la constitucionalidad, violada por un golpe de estado en 1952. Miremos estos hechos ahora de diferente manera. Según James Davies (1962):

> Las Revoluciones ocurren más probablemente cuando a un prolongado período de desarrollo objetivo económico y social, es seguido por un corto período de agudo retroceso. El efecto importante general sobre las mentes de la gente en una sociedad particular es producir, durante el anterior período, una expectación de continuada habilidad en la satisfacción de necesidades —que continúa aumentando— y, durante el último, un estado mental de ansiedad y frustración que cuando se manifiesta, actúa teniendo en cuenta una realidad anticipada. El actual estado de desarrollo socio-económico es menos significante que la expectación que el pasado progreso, ahora bloqueado, puede y debe continuar en el futuro. (p. 6)

Se presentan datos que comprueban esa hipótesis en la Rebelión de Door en 1842 en USA, en la revolución rusa y en la de Egipto, ¿Se cumple esta hipótesis en la realidad cubana? Este análisis se hará sobre la base de que para que un proceso institucional se consolide, es necesario «una expectación de continua habilidad en la satisfacción de las necesidades». Luego, en la medida que las instituciones del país no otorguen esto, habrá mayor disposición a apoyar la revolución, sobre todo si se tiene una perspectiva de que se ha retrocedido. Para comprobarlo, será necesario hacer algunas modificaciones a las variables analizadas por Davies, ya que en este caso, lo haremos a la luz de la teoría de las clases, dentro de dos grandes esferas de análisis: la económica y la política, cuyas direcciones están marcadas por las asociaciones de dominación que actúa en su seno, que a su vez, constituyen colectividades formadas a la luz de las instituciones.

El análisis se hará a partir de 1895, fecha de comienzo de la Guerra de Independencia Ya la isla se había debatido en una larga guerra contra España de 1868 a 1878 y los cubanos, no obstante la inferioridad de condiciones que presentaba el hecho de que España podría concentrar todos sus efectivos militares en la isla, a diferencia de la época de independencia de las repúblicas americanas restantes, se lanzaron de nuevo al combate. La expectación principal de todo este período está recogida en los discursos de José Martí y en el Manifiesto de Montecristo, firmado poco antes de la Guerra. Se trataba de ganar la independencia de la isla y después crear una república asentada en el equilibrio de los diversos poderes sociales. Los dos principales líderes del movimiento, José Martí y Antonio Maceo murieron en el campo de batalla y la guerra ardió en toda la isla, arruinando la economía del país.

En 1898, a consecuencia de la explosión de un barco norteamericano, «El Maine» y a la maduración de la opinión pública norteamericana, a través de las denuncias de los cubanos desterrados en relación al régimen colonial, Estados Unidos le declara la guerra a España y la vence fácilmente, dándole el puntillazo final al imperio español. Pero... al firmarse el Tratado de París, los beligerantes cubanos no son reconocidos y ni siquiera invitados a participar en las negociaciones, pese a haberse firmado una alianza entre el Gobierno de USA y la República de Cuba en Armas, en base a la llamada «Joint Resolution» que especificaba en uno de sus aportes: «Cuba es, y debe ser, de derecho libre e independiente». Se declara la intervención norteamericana y se licencia el ejército independentista, frustrándose así las expectativas de los cubanos.

Dicha intervención dura cuatro años en los cuales los cubanos presionan al gobierno norteamericano hasta que logran un éxito parcial: se logra la elección de un gobierno propio a independencia de la isla, aunque por la llamada Enmienda Platt, USA se arrogaba el derecho de intervenir en los asuntos cubanos, siempre que las circunstancias lo exigieren. Dicha Enmienda tuvo que ser incluida en la Constitución de 1901 por los propios cubanos, donde se dividieron las opiniones. Había completo acuerdo en que lo mejor era la independencia de la isla, pero unos no querían aprobar la Enmienda, mientras otros se declaraban partidarios de hacerlo, para posteriormente derogarla. La historia dio la razón a estos últimos, al comprobar la suerte corrida por Puerto Rico y Filipinas, en igual situación que Cuba en esos momentos.

Pero de todas maneras, la vida institucional del país se vio truncada. Las distintas fuerzas políticas jugaban la carta del favor de USA para ganar sus posiciones. Así, se produce en 1906 una nueva intervención norteamericana que duró hasta 1909, cuyos efectos fueron desastrosos en cuanto a la honestidad, debido a que el interventor, Mr. Magoon, quiso resolver el problema político repartiendo puestos públicos que no se trabajaban (los cubanos las llamaban «botellas») y privilegios en negocios realizados en el gobierno. Este fue el inicio de la corrupción administrativa que caracterizó toda la vida republicana. Al mismo tiempo, las inversiones norteamericanas se extendían en la isla, alcanzando su culminación en 1922 en la «Danza de los Millones» a que nos hemos referido, para después venirse abajo estrepitosamente. Hacia 1924 y 25 comienza una recuperación que se ve truncada de nuevo en 1929. Aquí la ruina económica coincide con la crisis política, al querer perpetuarse el Presidente Gerardo Machado en el poder, inconstitucionalmente. Se produce entonces la revolución de 1933, cumpliéndose en la esfera económica y política la hipótesis de Davies (1962).

Sucede a Machado un período de inestabilidad política donde se suceden varios Presidentes, hasta que se estabiliza el país con el Coronel Fulgencio Batista, a la sombra del poder presidencial. En el interregno, durante la Conferencia de Montevideo de 1934, de la Unión Panamericana, USA se compromete a derogar la enmienda Platt, al plantear los cubanos su decisión de alcanzar la completa independencia. Se llega así a la máxima aspiración de los próceres de 1895; sin embargo, el país estaba en la ruina económica. Se concerta un nuevo tratado comercial con USA, se aseguran las cuotas azucareras y se regulan las relaciones entre los diversos factores de la producción azucarera. Se alcanza una unión sindical nacional, se elabora una nueva Constitución que, más que una Ley Fundamental, es un programa de acción y un magnífico exponente de las expectativas de los cubanos pertenecientes a la social democracia que alcanzaron el primer plano político en la revolución de 1933. Los obreros sindicalizados disfrutan de una amplia legislación social que es respetada, como producto de esos acontecimientos. La única sombra desde el punto de vista de las expectativas, era la influencia del ejército y de Batista, devenido en unos pocos años de Sargento a General, que obstaculizaba el proceso de democratización del país en la esfera política. Este panorama, sobre todo en los años siguientes a 1934, adquirió capítulos sangrientos como la represión de la huelga de 1935 y la muerte de Antonio Guiteras, Ministro de Trabajo de Grau San Martín en 1933, que gozaba de simpatía popular, por haber impulsado la legislación social y haberse enfrentado a inversiones norteamericanas en la isla.

Sin embargo, el panorama internacional que desemboca en una guerra mundial y el repudio general a las dictaduras militares que eran la expresión misma del régimen nazi y fascista, junto a la política del «Buen Vecino» de Roosevelt, se unen a la labor oposicionista interna de los auténticos que optan por la vía legal para oponerse al régimen y van a elecciones en 1940 y asisten a las deliberaciones de la Constituyente, para luego presentarse a las elecciones en 1944, para alcanzar lo que se llamo la «jornada gloriosa» en que, con una euforia popular casi mística, arriba Grau San Martín al poder. No obstante, se instaura la deshonestidad administrativa y la corrupción, las expectativas de los cubanos en la esfera política comienzan a temer que incluso lo ganado, se pierda. El golpe de estado es una comprobación de ello, a pesar de haber sido hecho, para «librar a Cuba de esas lacras», ya que continúa en la misma línea, añadiendo la intervención coactiva de los cuerpos armados. Esto se extiende hasta el primero de enero de 1959, cumpliéndose así en la esfera política, la hipótesis de Davies.

En la esfera económica, sin embargo, las expectativas van satisfaciéndose cada vez más. Como hemos dicho, en el intervalo de 1940-59, Cuba triplica su ingreso nacional. El Gobierno auténtico deja una amplia legislación institucional, como la creación del Banco Nacional y el Tribunal de Cuentas, además de hacerse esfuerzos para diversificar la exportación para librar la isla de los inconvenientes de un solo mercado externo. El turismo comenzó a ser una fuente de ingresos extraordinaria y su proyección hacia el futuro, era incalculable, dadas las facilidades de las comunicaciones.

Por otro lado, la expansión industrial se extendía en el país, pese a la mala dirección de las inversiones y a que el problema de la desocupación y el campo prácticamente no fueron tocados durante ese período, marginando a estas clases del proceso de institucionalización del país. Desde esa perspectiva, se veía un ascenso en la economía cubana. No fue hasta 1958, en que empezó a sentirse un malestar en el sentido indicado por Davies. Este derivó de la extensión del movimiento rebelde en el campo, que cobraba impuestos a los sacos de azúcar que estaban en su territorio, además de ordenarse la quema de cañas. También se confiscaba el ganado y estos hechos afectaban la cosecha de café, cuyo cultivo se encontraba en la zona de los alzados. El propio Fulgencio Batista (1960, p. 79) se refiere a esto, cuando nos habla de que se hicieron gestiones por estos grupos de intereses, que equivalían a dejar «la vía del poder expedita a los insurreccionales». Luego entonces, aunque en menor grado, se cumple también la hipótesis de Davies en la esfera económica, en 1959. También se deriva de este análisis, que el movimiento que arribó al poder en esa fecha, era esperado por los cubanos más como una revolución política con manifestaciones económicas y sociales que a la inversa, es decir, una revolución económica social con manifestaciones políticas, típica del análisis marxista.

Veamos como estas «curvas J» como las demonima Davies (1962), se cumplen en un gráfico que abarque las necesidades y la historia de nuestra isla.

Figura 1: Aplicación de las curvas temporales J de Davies a la historia cubana, en los cuales periodos de bonanza siguen crisis que inducen los cambios, resaltando el divorcio entre lo económico y lo político y su coincidencia en la fase última

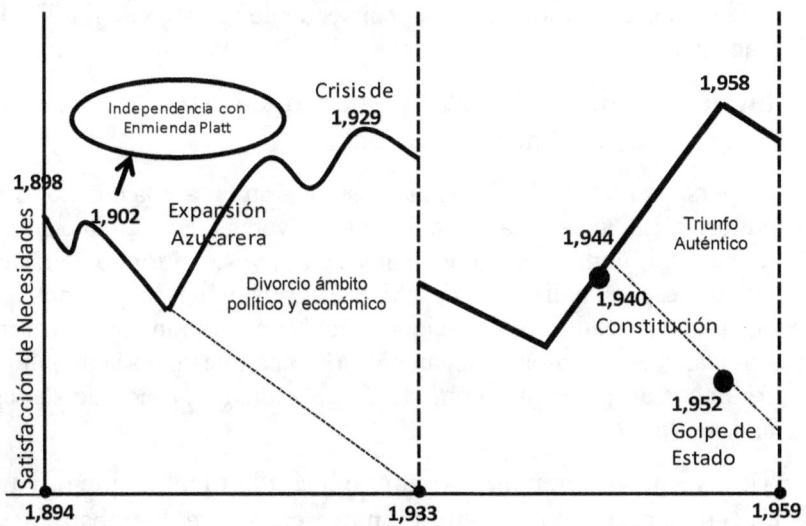

Nota: Las clases dominadas participan de este proceso de institucionalización en la medida que sean comprendidas en él. Si permanecen fuera, siempre van a poner en duda el orden constituido.
Fuente: Elaboración propia.

Esta figura puede relacionarse a la investigación realizada por Zeitlin (1966) de las generaciones políticas cubanas, ya que las proporciones de apoyo o no a la revolución, coinciden con la satisfacción de las expectativas de la sociedad cubana en su historia. Obsérvese el divorcio entre la esfera económica y política, al cual nos hemos referido anteriormente.

Hipotesis: a menor institucionalización, mayor caudillismo

El problema del caudillismo ha sido descuidado por la sociología científica de la actualidad. Peter Heintz (FLACSO, 1960) dice:

> La moderna investigación sociológica tiende a estudiar el liderazgo personal en el marco de los grupos pequeños o informales y la dominación impersonal en el marco de los grupos grandes y formales, descuidando el problema de liderazgo carismático, como diría Max Weber, o del liderazgo basado en el prestigio personal dentro del marco de grupos grandes...Una de las condiciones que posiblemente favorece la aparición de semejante liderazgo, la constituye el personalismo o la extensión extraordinaria de la esfera personal y emotiva con el consecuente rechazo de reglas abstractas. (p 55)

En forma «impresionista» Américo de Castro (FLACSO, 1960,) nos habla de la misma relación:

> La persona no sale de sí misma y aspira a atraer a ella cuanto existe en torno. La única vida social en que de veras cree y en la cual participa, está fundada en coincidencias emotivas, sin fondo de ideas o tareas despersonalizadas, de ahí las agrupaciones cuyo centro de enlace es un caudillo, el cacique local o una común esperanza mesiánica. No se agrupan, en cambio, los españoles para la anónima y fría labor de hacer más cómoda y más fecunda la vida de sus ciudades». (p. 56)

Todos estos comentarios apuntan hacia la idea de que hay una relación entre una menor institucionalización («reglas abstractas», «la anónima y fría labor de hacer más cómoda y más fecunda la vida de sus ciudades») y la sujeción a un líder con el cual se establezca una identificación de manera tal, que éste forme parte de la vida personal, que es precisamente lo que entendemos por «caudillo». ¿Se da ello en la realidad cubana?

De las dos crisis institucionales cubanas mayores, surgieron los dos caudillos principales de nuestra era republicana: Fulgencio Batista y Fidel Castro. El primero en la revolución de 1933, el segundo en la actualidad. Por supuesto que hay diferencias entre ambos y semejanzas también. Semejanzas en cuanto que después de asumir un poder personal, emprenden una tarea de institucionalización. En el primer período de Batista se da calor a la asamblea constituyente que elabora la Constitución de 1940, que desplaza la de 1901. Con Castro también comienza una inmensa legislación revolucionaria y una nueva constitución en 1973, Las diferencias también son marcadas por cuanto Batista tiene como base principal para la toma del poder, el ejército mientras Castro se apoyó, en un principio, prácticamente en todo el pueblo cubano. Es posible constatar un «continuum» que va, de la autoridad personal encarnada, a la autoridad derivada de las instituciones impersonales como límites. En la medida que haya una mayor institucionalización, el líder va siendo menos falta y viceversa. Obsérvese en la China actual como una nueva «revolución cultural» reverdece el «pensamiento de Mao Tse-Tung» o las guías del caudillo.

En el interregno republicano y dentro de un marco legal, ese caudillismo también se manifestaba, en la esperanza que Grau sería «la salvación» de Cuba o en la simpatía hacia Eduardo Chibás que se suicidó en 1951. Había la creencia general en Cuba que si Chibás hubiera vivido, Batista no hubiera sido capaz de dar el golpe de estado. En los primeros años de la lucha contra Batista, era también común el comentario: «lo que pasa es que no hay un líder». Entonces comienza a surgir Fidel Castro con actos espectaculares: con 126 hombres ataca el cuartel Moncada que albergaba alrededor de 1,500 soldados. Milagrosamente salva la vida y es condenado a prisión. Batista, en un gesto de pacificación para dar esperanzas para unas futuras elecciones con una posible legitimación para él, decreta una amnistía en 1955 y Castro sale libre. En Noviembre de 1956, está desembarcando con 82 hombres de los cuales quedaron unos pocos que se refugian en las montañas, pese a que el plan original no era ése.

Desde entonces, empieza a crecer la personalidad de Castro por encima de los demás líderes y el caudillismo se intensifica. Los partidos oposicionistas de larga lucha y con personas más maduras en la lucha cívica, se colocan bajo su autoridad voluntariamente. He aquí otro reflejo de la crisis de autoridad a que hemos hecho referencia. Los criterios de Fidel Castro incluso se imponen a estos hombres que constituían el Partido Ortodoxo, del cual había sido militante de fila el propio Castro. En 1957, desautoriza personalmente un pacto de unidad de la oposición cubana contra Batista, desconociendo y colocándose por encima de sectores tales como PRC (Partido Revolucionario Cubano), Partido del Pueblo Cubano (ortodoxo), Organización Auténtica, y Federación Estudiantil Universitaria, Directorio Revolucionario y Directorio Obrero Revolucionario. Al haber un foco permanente de lucha y representar este principalmente, la nueva generación cubana, sin compromisos con el pasado que tenían organizaciones políticas que ya habían pasado por el poder, cada vez más el liderazgo de la oposición es ejercido por el movimiento 26 de Julio y su líder Fidel Castro. Fue este uno de los factores decisivos que posibilitó que el ejército rebelde, apenas sin efectivos militares, tomara el poder el 1ro. de enero, pese a que la organización que representaba Fidel Castro no fue la única que opuso resistencia a Batista. Ya veremos estos aspectos cuando entremos a analizar el período de crisis general.

Es necesario destacar la importancia de un «foco permanente» de lucha, hecho importante sobre el cual basa Guevara la posibilidad de éxito del movimiento revolucionario marxista derivado de la experiencia cubana en América Latina. Verdaderamente, ese fue un factor decisivo en Cuba, ya que con pocos hombres y siempre en pie de combate, cada error o abuso del gobierno y sus cuerpos represivos, van a acumularse en favor de quien haya tenido más radicalidad en la oposición en los métodos de lucha. El problema principal consiste entonces, en como socavar los cimientos del orden constituido, radicalizando la situación actual dada y esperar que el factor de poder, no ya del orden constituido, sino de los grupos que se oponen pero tibiamente, se desplacen bajo la férula de ese foco permanente. Prácticamente de manera intuitiva, ese hecho sucedió en la experiencia cubana y describe exactamente, el proceso de polarización que va desde un orden constituido dado hacia el movimiento o caudillo que se opone más radicalmente a él.

A esto se añade la valoración que se le daba en Cuba a la «valentía» personal que tuvo expresiones desviadas en el propio «gangsterismo» y la vinculación del cubano de su historia republicana con la guerra de independencia de 1895, que había que, ante cualquier cambio del ritmo institucional, se optará por la vía violenta. Después del triunfo, la veneración al caudillo adquirió caracteres marcados. Las casas ponían letreros dentro de sus predios con vista al público, donde rezaba: «Gracias, Fidel» o «Esta es tu casa, Fidel». La Revista Bohemia, (la de mayor circulación) en el año 1959 en una de sus portadas, se vé la cara de Fidel Castro con rasgos de Jesucristo. Al fijar la autoridad en la Isla, Ernesto Guevara (1966, p. 15) se expresa de esta manera: «Así vamos marchando. A la cabeza de la inmensa columna —no nos avergüenza ni nos intimida al decirlo— va Fidel, después los mejores cuadros del Partido, e inmediatamente, tan cerca que se siente su enorme fuerza, va el pueblo en su conjunto».

Véase en estos hechos como parte del pueblo vinculada al líder, a su vida personal, y como dicho sentimiento se respeta en las palabras de Guevara. El marcado énfasis del caudillismo en la realidad cubana, hace aparecer la revolución marxista con caracteres muy parecidos a los regímenes nazi y fascista, donde el Jefe era la autoridad suprema. Esto se refleja también en versos populares: «Si las cosas de Fidel —son cosas de comunista— que me pongan en la lista —yo estoy de acuerdo con él», o el estribillo «Fidel, Fidel...¿Qué tiene Fidel... qué los americanos no pueden con él?»...cantado en son caribeño. En las investigaciones llevadas a cabo por Maurice Zeitlin (1966), se introdujo la siguiente pregunta: «Fuera de amigos o parientes —de aquellas personas de los cuales ustedes oyen hablar o leen— ¿Podría usted nombrar tres individuos a quiénes admire mucho?». Los resultados fueron los siguientes:

Cuadro 17: Generaciones políticas y referencia a individuos (en porcentajes)

Edad 1962	Proporción que nombró por lo menos una referencia individual que es						
	Líder# Revolucionario	Figura+ Política Comunista	Héroe++ o Mártir Cubano	Celebridad= Popular	Alta! Figura de la Cultura	Figura& Política Anti-Castro	N
21-27	55	11	11	17	25	8	(36)
28-35	78	18	12	14	18	2	(51)
36-43	55	14	13	9	22	2	(51)
44-51	54	19	4	23	13	4	(26)
52-59	57	4	9	4	22	13	(23)

\# Sólo fidelistas o los llamados nuevos comunistas.
\+ Líderes del PSP (viejos comunistas) o figuras comunistas internacionales como Mao, Kruschev, Lenin, Ho.
++ Mártires o héroes históricos como José Martí, Máximo Gómez, Antonio, Maceo, Antonio Guiteras, o mártires de la lucha anti-batista como Fran País, José Antonio Echeverría
= Atletas, estrellas de cine, animadores de radio y T.V., etc.
! Científicos, novelistas, artistas, filósofos, poetas, etc.
& Líderes contrarrevolucionarios tales como Carlos Prío Socarrás, José Miró Cardona, Manuel Urrutia, o figuras políticas como el Presidente Kennedy, Eisenhower, Allen Dulles, etc.
Nota: Los porcentajes no totalizan 100 porque tres respuestas fueron requeridas. Categorías en las cuales son más que el 10% de cualquier generación nombró una referencia individual son excluidas de este cuadro.
Fuente: Zeitlin, M. (1966).

Como se desprende del cuadro la mayoría de las respuestas menciona a las figuras revolucionarias como Fidel, Raúl Castro, Almeida, etc., estableciéndose así una identificación de carácter personal e íntima ya que dichos líderes compiten, con hombres de todas las épocas capaces de ser admirados. Luego es posible, afirmar la existencia de un caudillismo en todas las generaciones cubanas de obreros, aumentando éste en forma mayúscula en la generación de 28 a 35 que es precisamente como vimos antes aquella, que había interiorizado en forma menor los patrones de institucionalización.

iii
El Periodo de Triunfo o de Crisis General

¿En qué fecha podemos localizar este período? Se podría situar en el momento en que se dio el golpe de estado del 10 de marzo por Fulgencio Batista, alcanzando su climax el primero de enero de 1959, cuando toma el poder el movimiento 26 de julio y extendiéndose luego hasta hoy, pero menos marcadamente, a medida que se institucionaliza el país con un nuevo orden. El punto focal más importante aquí, son las condiciones que facilitaron la toma del poder por el grupo revolucionario. ¿Cuál fue el «eslabón débil» dentro del marco institucional? Aplicando el sentido común, vemos toda una serie de símbolos que indican aparentemente una victoria militar, tales como los uniformes de militares de los miembros del gobierno o la toma por parte del ejército rebelde de centros militares importantes defendidos por soldados del «antiguo régimen» en los últimos días del mandato de Fulgencio Batista ¿Se puede entonces atribuir una victoria militar al ejército rebelde sobre las fuerzas del Ejército, la Marina y la Policía gubernamentales?

Para contestar a esa pregunta, basta hacer un recuento del personal conque contaba cada fuerza combatiente. Se calcula que el personal del Ejército, la Marina y la Policía ascendía en 1959, a 40,000 hombres, de los cuales 15,000 se encontraban destacados en la provincia de Oriente (Batista, 1960, p. 119). Dicha provincia era donde estaba el foco principal rebelde. Según el discurso de Fidel Castro del primero de febrero de 1961 (después del colapso de la ofensiva del gobierno en la primavera de 1958), él tenía 180 hombres sobre las armas, en la columna base de su mando. En el discurso pronunciado el 24 de Febrero de 1959, afirma que en junio de ese mismo año (1958), todo su ejército armado ascendía a 300 hombres. El momento decisivo fue, precisamente, la ofensiva desatada por el gobierno después del fracaso de la huelga general convocada el 9 de abril de 1958.

Fidel Castro (1960) dio entonces las siguientes instrucciones:

> «Estamos dirigiendo todo el esfuerzo para convertir esta ofensiva en un desastre para la dictadura...Estamos tomando una serie de medidas destinadas a garantizar:
>
> «Primero: la resistencia organizada»
> «Segundo: Desangrar y agotar al ejército adversario»
> «Tercero: La conjunción de elementos y armas suficientes para lanzarnos a la ofensiva, apenas ellos comiencen a flaquear»
>
> «Como consideramos posible que en algunos puntos, ellos logren franquear la Maestra, en documentos adjuntos, las instrucciones precisas para cada caso».
>
> Los objetivos fundamentales para estos planes son:
>
> «Primero: Disponer de un territorio básico donde funcione la organización, los hospitales, los talleres, etc».
> «Segundo: Mantener al aire la Emisora Rebelde que se ha convertido en factor de importancia».
> «Tercero: Ofrecer una resistencia cada vez mayor al enemigo». (p.22)

Las operaciones del Ejército de Batista resultan un fracaso, Castro (1960) exclama cuando recuerda aquellos momentos:

> Más, la guerra no había concluido: faltaba todavía derrotar la tiranía. Nosotros habíamos terminado aquella lucha con quinientas ocho armas más; es decir, teníamos ochocientos hombres armados y con ochocientos hombres, creo sinceramente que es caso único en la historia de las guerras y menos en la historia de las guerras modernas, con ochocientos seis hombres, invadimos el resto de la isla. (p 25)

Castro (1960) aprovecha las debilidades de los cuerpos armados hasta sus últimas consecuencias. En el mismo octubre, cursa cartas como ésta:

> Hay muchas armas recién llegadas sin balas —le dice al Comandante Almeida— la estancia prolongada de Pedro Luis (Días Lanz) ha retardado el abastecimiento y este problema de las balas hay que resolverlo....Tienen que organizar gente que trate de comprarlas a los soldados (de Batista), si es preciso, puedes llegar a pagar hasta un peso por cada bala 30.06 o m1». (p. 25)

A partir de Octubre, el gobierno de Batista va desmoronándose, sin que para ello fuera decisivo la correlación de fuerzas bélicas. Otro ejemplo del reducido número de hombres, es el dato comprobado que Ernesto «Ché» Guevara emprende la tarea de atravesar la mitad de Cuba, con sólo 150 hombres, habiendo lugares totalmente llanos en el trayecto (Revista Bohemia, 3 marzo de 1967, p. 33). El abastecimiento de armas y municiones favorecía al gobierno, por las dificultades de las comunicaciones en las montañas, al menos en los primeros meses del año de su desastre.

Hay varios hechos que inciden sobre esta correlación de fuerzas. Los Estados Unidos acuerdan suspender el envío de armas al Gobierno en marzo de 1958 (condiciones políticas). Fulgencio Batista (1960) comenta una referencia que enuncia prácticamente las condiciones psicológicas imperantes.

> Las fuerzas armadas cubanas se abastecían de armas y municiones y equipos en los Estados Unidos, para entrenarse en el uso de los mismos sistemas y calibrajes, con vista a evitar dificultades en el empleo de los armamentos en caso de una nueva guerra. La prohibición de vender armas al gobierno cubano debilitó la fe y redujo la voluntad de luchar en muchos de nuestros hombres. (p. 109).

Por otra parte, el contenido ideológico del movimiento rebelde (condiciones técnicas) no planteaba una lucha frontal contra el ejército. Fidel Castro (Revista Bohemia, 1967):

> Sobre todo estamos luchando por una Cuba democrática y por la conclusión de la dictadura. No somos anti-militaristas; por eso es que dejamos libres a los soldados prisioneros. No tenemos odio contra el ejército porque sabemos que hay buenos hombres, incluyendo a muchos oficiales... ¿Por qué los soldados mueren por defender a Batista, cuando sólo les pagan setenta y dos pesos al mes? Cuando ganemos, les pagaremos cien pesos y ellos servirán a una Cuba democrática y libre. (p. 25)

El efecto de estos mensajes en el ejército es recogido por Fulgencio Batista (1960) en las postrimerías de su mandato:

> Según puede apreciar (se refiere al Coronel Rossel) durante las horas que estuvo en el campamento de Santa Clara... en el Ejército había prendido la propaganda que Fidel Castro circulaba insisten-

temente con el lema: «no luchamos contra el Ejército, sino contra Batista»... Esto también se reflejó en la conducta: ...Al comenzar el otoño de 1958, por negligencia, por complicidad, por interés lucrativo, por temor o por cobardía, la entrega de unidades del ejército a grupos rebeldes por ciertos oficiales al mando en las zonas de operaciones, ocurrió con asombrosa frecuencia. (p. 37)

La crisis de autoridad se daba a todos los niveles, y en los últimos instantes, también alcanzó a los altos oficiales. Batista (1960) nos cuenta nuevamente:

Qué venía a darme cuenta -dijo el teniente Coronel García Benz- porque se asombró al oír las instrucciones que el Jefe de Estado Mayor Conjunto daba a los jefes militares que tenían la misión de combatir a los rebeldes y construir las comunicaciones terrestres. Que, en conclusión, en la conversación el general Tabernilla Dolz les dijo: «que consideraba perdida la causa nuestra» desalentando a quienes estaban encargados de funciones tan trascendentales como la de combatir para triunfar. (p. 37)

Y todo esto ocurría dentro de la correlación de fuerzas bélicas relatadas en un principio. En esa línea, llegó un momento en que fueron intercambiadas cartas de este estilo, entre el jefe del Campamento de Moncada, en la provincia de Oriente y Fidel Castro: (Discurso del 2 de enero de 1959) contando la comunicación del Coronel Jefe del Campamento del Moncada, el principal cuartel de Santiago de Cuba, la segunda ciudad de Cuba situada en la provincia de Oriente, y que refleja las condiciones políticas existentes, estando Batista todavía en el poder:

...finalmente debo informarle (a Fidel Castro. Nota del autor) que cursé un despacho al General (Cantillo) interesando un avión para hacerle llegar su conceptuosa carta. Y no se impaciente porque a lo mejor, antes de la fecha señalada como límite máximo, está usted en La Habana. Cuando el General (Cantillo) se marchó, pedí me dejara el helicóptero con el piloto por si a usted se le ocurriría pasear el domingo por la tarde sobre Santiago. Bueno, doctor, reciba usted el testimonio de mi mejor consideración y el ferviente deseo de un feliz año nuevo.

De acuerdo con estos datos, descartamos la hipótesis de una victoria militar como aspecto decisivo, y acogemos la explicación de que dicho triunfo se debió en mayor medida a condiciones psicológicas que hacía que el brazo armado de la clase dominante, no se comportara como cabía esperar y se desalentara mutuamente e incluso, desertara. Además, a condiciones políticas como la prohibición de enviar armas por parte de USA y las conspiraciones en las filas del Ejército. A condiciones técnicas, en cuanto al contenido ideológico que emanaba del Movimiento 26 de Julio, el cual descansaba sobre bases amplias en las cuales cabían, aparentemente, todas las clases dominadas en la nación en la esfera política, e incluso, atraía sectores que forman parte de las clases dominantes, en la esfera política. Además, a condiciones sociales, por cuanto los vehículos que constantemente provocaban ese estado psicológico eran a través de los medios de comunicación de masas; revistas de gran circulación cuando no había «suspensión de garantías», periódicos clandestinos, Radio Rebelde, etc. En la clase dominante, éstas fueron las condiciones que facilitaron el triunfo de la revaluación.

De aquí puede surgir una generalización más amplia, que constituyó el «círculo vicioso» que posibilitó la caída del gobierno. A mayor «importancia» de la Radio Rebelde y otros medios de comunicación, mayor oportunidad de que el mensaje ideológico amplio llegara a las clases dominadas y dominantes en la esfera política, lo cual posibilitaba una mayor adhesión a la revolución, a la vez que una mayor conducta desviada en referencia a la clase a que se pertenecía y posibilitado así una mayor victoria militar aunque se contara con efectivos escasos por parte de los rebeldes. Estamos atendiendo aquí a las condiciones más próximas.

Mirando hacia el pasado, resulta curioso constatar como la estrategia y táctica de la resistencia, tenía un énfasis psicológico principalmente. Toda la estrategia y táctica desempeñada por la resistencia se hacían para provocar más un impacto psicológico que lograr una victoria militar, con lo cual se descarta la importancia en sí misma de ella. Ese era el sentido del secuestro del automovilista Fangio, de la colocación de banderas del 26 de julio en sitios públicos, de las fotografías de Castro en pie de guerra y sus acciones ocasionales. Era frecuente oír en esa época, por parte del personal de los movimientos de resistencia, la frase: «Hay que provocar un hecho».

Estos movimientos, en forma intuitiva, desarrollaban su mística alrededor de hechos heroicos. Esto era particularmente marcado en Cuba y es la razón por la cual las organizaciones tenían nombres de fechas: 26 de Julio por el ataque al Cuartel Moncada, 13 de marzo por el ataque al palacio presidencial donde se intentó la muerte de Fulgencio Batista y Movimiento Segundo Frente del Escambray, que se hallaba alzado en la provincia central.

Ligado a la fecha anterior la prueba del impacto psicológico logrado fue que esos movimientos fueron también los de mayor influencia, independientemente de las fuerzas que los constituían. Esta estrategia trataba de romper el escepticismo de gran parte del pueblo con respecto al fenómeno político, como producto de las frustraciones habidas en el pasado, que ya hemos referido. Aquí se comprueba lo expresado por Merton:

> Cuando hay desorganización social, anomía, conflictos de valores, el rechazo de la propaganda se convierte en una verdadera epidemia. Cualquiera afirmación de los valores corre el riesgo de ser descartada como «mera propaganda». Se sospecha de las exhortaciones. La propaganda basada en los hechos genera en cambio, mayor confianza. El público es libre de sacar sus consecuencias por sí mismo: por tanto, no se siente tan manejado. Cuando la conducta del propagandista y sus palabras coinciden en forma simbólica, esto estimula la creencia en su sinceridad. (pp. 120-121).

El 25 de Diciembre de 1958, fecha de Navidad, era imposible prever cuales serían los acontecimientos una semana después. El propio Fulgencio Batista no lo supo ver y preparó un cambio de poderes ya tradicional en los regímenes que suceden a largas dictaduras. Se pensaba en una combinación de militares y civiles presididos por el magistrado más antiguo del Tribunal Supremo. Era demasiado tarde… pese a sus pequeñas fuerzas, el movimiento rebelde se encontraba combatiendo en la ciudad de Santa Clara en pleno llano y Santiago de Cuba estaba sitiado y las conspiraciones con el movimiento 26 de Julio, considerado por el gobierno como principal factor de poder, florecían en las filas que daban apoyo a Fulgencio Batista.

Aquí se hace importante entonces, ya no las condiciones que facilitaron la caída del gobierno, sino aquellas que posibilitaran que el movimiento lidereado por Fidel Castro, se impusiera a las restantes organizaciones. Ya el 1ro. de Enero de 1959, dicho movimiento contaba con numerosas condiciones psicológicas, políticas, técnicas y sociales a su favor, tales como cierto caudillismo hacia el líder del movimiento, o el representar un movimiento de carácter más amplio que el Directorio Revolucionario, organización salida de la Universidad de la Habana, o el estar apoyando por las nuevas generaciones que querían un cambio profundo en Cuba. Su ejército era el que más se había extendido a lo largo de la isla; además, las restantes organizaciones estaban compuestas de políticos que en su mayoría, habían pasado por el poder o que en su oportunidad, no habían podido agruparse eficientemente para obtener una salida a la crisis que vivía Cuba. Por todas esas razones, cuando factores de poder en el gobierno, quisieron acercarse al movimiento insurreccional, hicieron contactos con Fidel Castro, hecho que a su vez, fortaleció su posición, como se desprende de las cartas cruzadas entre el jefe del campamento del Moncada y el líder del Movimiento 26 de Julio.

Cuando Batista abandona su posición, Castro, a través de los medios de comunicación de la resistencia, llama a una huelga general contra el «golpe militar» que se quería imponer. Este llamado equivalió al grito de Lenin en Rusia: «Todo el poder para los soviets». Esta vez, era «todo el poder para el 26 de Julio», porque esta huelga tuvo dos consecuencias importantes:

1. Paralizó los intentos de formar una junta de militares y civiles que se hiciera cargo del gobierno.
2. Margina del poder al resto de las organizaciones revolucionarias.

Al mismo tiempo, se ordena al Ejército Rebelde que avance hacia las ciudades. Se toma sin dificultad Santiago de Cuba y se ordena a Guevara y Camilo Cienfuegos, que se encontraban en Santa clara, provincia central, que avancen sobre el Campamento de Columbia en La Habana, el principal de la isla y sobre la Fortaleza de la Cabaña, el segundo en importancia. Ya al abandono del poder por parte de Batista, el pueblo se lanza a las calles a celebrar el hecho, mientras el movimiento lidereado por Fidel Castro y otras organizaciones, se lanzan a controlar el país. Castro (1960) ya puede proclamar:

> ¿Cómo ganó la guerra el Ejército Rebelde? Diciendo la verdad. ¿Cómo perdió la guerra la tiranía? Engañando a sus soldados. Cuando nosotros teníamos un revés, lo declarábamos por Radio Rebelde, censurando los errores de cualquier oficial y advertíamos a todos los compañeros para que no les fuese a ocurrir lo mismo. No sucedía así con las compañías del Ejército; distintas tropas caían en los mismo errores porque a los soldados no se les decía la verdad...Cuando yo oigo hablar de columnas, cuando oigo hablar de frentes de combate, de tropas más o menos numerosas, siempre pienso; he aquí nuestra más firme columna, nuestra mejor tropa, la única tropa que es capaz de ganar sola la guerra: esa tropa es el pueblo... Porque nosotros no teníamos ejércitos, ni fragatas, ni tanques, ni aviones, ni cañones; nosotros ni teníamos academias militares, ni divisiones, ni regimientos, ni compañías, ni pelotones, ni escuadra siquiera. (pp. 177 y 179)

Para concluir, podemos situar el eslabón débil en el Ejército, ya que fue su debilidad en el marco institucional principalmente, lo que posibilitó el acceso al poder del movimiento 26 de Julio que, a la vez, había logrado ser la organización principal de oposición y Castro, la figura más radical en esa oposición, describiéndose al nivel de la crisis general, nuevamente el proceso que lleva de una menor institucionalización, a un mayor caudillismo.

iv
El Período de Ampliación

Entendemos por «Período de Ampliación» a aquel proceso por el cual el movimiento que asume el poder político, representado por pocas individualidades por las características de la lucha clandestina y militar, se extiende a grandes sectores sociales, que de esa manera, se hacen militantes de las realizaciones políticas, económicas y sociales del grupo revolucionario, en el nuevo orden social que se quiere implantar. No estamos separando el período anterior de crisis general de este período. Ambos se complementan y a medida que el movimiento revolucionario se va radicalizando, vemos que hay sucesivas crisis que provocan medidas que contribuyen, en términos de Touraine (1970), a establecer una identidad con los distintos grupos de intereses y cuasi-grupos, a la vez que va definiendo con quienes desea colaborar y a quienes quiere excluir.

Hemos probado anteriormente, que la principal base de militancia del movimiento 26 de Julio, eran las clases intermedias, y el apoyo de las restantes clases se concentraba en forma individual y no como clase en sí misma. Además, que su contenido ideológico era amplio y que el 1ro. de Enero recibió la manifestación de júbilo popular quizá más grande de la historia cubana, caracterizada por frustraciones en sus momentos decisivos. En esos primeros días, había caído el Ejército de la República y toda la maquinaria burocrático-militar. La pregunta fundamental era qué hacer con ella. El ejército fue licenciado poco a poco, pese a las promesas de que no se haría así, mientras el personal de la burocracia era sustituido en su gran mayoría, en una forma parecida a lo que ocurre en muchos gobiernos después de una victoria electoral.

No entraremos a especulaciones sobre si Fidel Castro era o no marxista antes de producirse el triunfo. Lo que sí es cierto que en menos de una semana, se había producido algo no soñado en Cuba y previsto por Marx y Lenin: «En estas palabras —dice Robert K. Merton, (1964, pp. 120-121)—, romper la máquina burocrático-militar del Estado», se encierra, concisamente expresada, la enseñanza fundamental del marxismo en cuanto a las tareas del proletariado respecto al Estado durante la revolución. La significación de este hecho, desde el punto de vista marxista, la da también Lenin (1960) analizando experiencias pasadas cuando dice:

> En la Europa de 1871, el proletariado no formaba en ningún país del continente la mayoría del pueblo. La revolución no podría ser «popular», es decir, arrastrar verdaderamente a la mayoría al movimiento, si no englobaba, tanto al proletariado como a los campesinos. Ambas clases formaban entonces el «pueblo». Une a estas clases el hecho de que la «máquina burocrático-militar del Estado» las oprime, las esclaviza, las explota. Destruir, demoler esta máquina eso es lo que aconsejan los verdaderos intereses del «pueblo», de su mayoría, de los obreros y de la mayoría de los campesinos, y tal es la «condición previa» para una alianza libre de los campesinos pobres con los proletarios, y sin esa alianza, la democracia es precaria y la transformación socialista, imposible. (pp. 332 Y 333)

Con este preámbulo, podemos pasar entonces a enumerar las hipótesis que van a informar este período.

HIPÓTESIS

1. A MAYOR APOYO AL MOVIMIENTO REVOLUCIONARIO DE LOS DOMINADOS, MAYOR REFERENCIA A LOS PRINCIPIOS DE TOTALIDAD POR PARTE DE LA «ELITE REVOLUCIONARIA».

2. A MAYOR REFERENCIA A PRINCIPIOS DE TOTALIDAD, MAYOR EXCLUSIÓN DE UN CAMPO COMÚN DE ACCIÓN PARA OTROS FACTORES DE LA SOCIEDAD Y MAYOR FORTALEZA PARA AQUELLAS CLASES CON LAS CUALES EL MOVIMIENTO REVOLUCIONARIO HAYA ESTABLECIDO SU IDENTIDAD.

3. A MAYOR STATUS ADQUIRIDO DURANTE LA REVOLUCIÓN, MAYOR APOYO A ESTA.

4. A MENOR VINCULACIÓN CON PARTIDOS TRADICIONALES, MAYOR APOYO AL MOVIMIENTO REVOLUCIONARIO.

Para probar las dos primeras hipótesis, tenemos que probar lo siguiente:

1. Que la revolución fue radicalizándose cada vez más modificándose en forma absoluta. El probar esto equivaldría a señalar que dichos cambios fueron realizados en forma más semejante a la transformación nazi de la sociedad alemana, que a otras transformaciones marxistas en otros países: Stefan Zweig (1964, p. 43)) dice: «El método consistía en suministrar sólo pequeñas dosis y después de cada una, hacer cierta pausa. Esta era su precaución. Una píldora por vez, y después, un momento de descanso para verificar si no había sido excesiva y si la conciencia universal estaba en condiciones de asimilarla». El propio Osvaldo Dorticós (citado por Goldenberg, 1965, p. 244), que asumió la Presidencia de la República en la etapa de radicalización, nos confirma esto: «Fue ampliamente por razones estratégicas que no fue formulada una teoría inte-

gral revolucionaria aquí... Esto hubiera demandado grandes esfuerzos e indoctrinación ideológica, que fue posible evitar hasta que el pueblo cubano hubiera sido educado por los hechos mismos».

2. Que por último, se estableció una identificación entre gran parte de las clases marginadas y el gobierno, excluyendo el resto de la población. De esa manera podemos distinguir 5 fases en la revolución cubana en las cuales los principios de totalidad, identidad y oposición van a modificarse radicalmente.

a) Fase Democrática: Se extiende desde que surge el movimiento 26 de Julio, con el ataque al cuartel Moncada en 1953, hasta los primeros meses del triunfo revolucionario, específicamente, hasta la promulgación de la primera ley de reconstrucción de un nuevo orden que fue la llamada «Ley de Alquileres» en 1959. Todas las características de la sociedad cubana antes de 1959 y la manera en que dicho movimiento las enfrentaba, pueden incluirse en esta etapa.

Principio de Totalidad: Enfasis en las libertades públicas. Fidel Castro (1960) dice entonces.

> Hemos proclamado desde el primer día que luchamos por la plena vigencia de la constitución de 1940, cuyas normas establecen garantías, derechos y obligaciones para todos los sectores que intervienen en la producción. En ella la libre empresa y el capital invertido, igual otros muchos derechos económicos, civiles y políticos, están comprendidos...La dictadura debe ser substituida por un gobierno provisional, de carácter enteramente civil, que normalice al país y celebre elecciones generales en un plazo no mayor de una año. (p. 151)

En el aspecto económico ya hemos visto el manifiesto de Agosto de 1957. En el «Pensamiento Económico del 26 de Julio» (Revista Cuadernos de Economía Humana, enero de 1960), elaborado por economistas que apoyaban dicho movimiento, se lee en cuanto a los objetivos de una política de desarrollo económico en Cuba:

1. Eliminación del desempleo y subempleo actuales y creación anualmente, de las nuevas plazas necesarias para darle

ocupación a los miles de jóvenes que todos los años arriban a la edad de trabajar y están en aptitudes de hacerlo.
2. Dar una creciente participación a los empresarios y al Estado Cubano en la riqueza nacional.
3. Procurar una redistribución del ingreso nacional de acuerdo con los principios de la justicia social. (p. 58)

En 1958, enfatizaba Castro (1960, p. 149 y sigs.): «Nunca ha hablado el Movimiento 26 de Julio de socializar o nacionalizar las industrias. Este es sencillamente un temor estúpido hacia nuestra revolución. Creemos que son suficientes estas palabras para sellar esta fase que después de cierto tiempo pasó a mejor vida».

Principio de Identidad: Se puede decir que prácticamente todo el pueblo de Cuba se sentía identificado con el movimiento 26 de Julio y este a su vez, trataba por todos los medios de que su contenido ideológico fuera lo más amplio posible. Una encuesta realizada por la Revista Bohemia en los primeros meses del triunfo, arrojó un 90% de apoyo a la revolución y ello fue ampliamente divulgado (el autor residía en la isla en aquel momento).

En la Sierra Maestra se establecieron vínculos con los campesinos. El 10 de octubre de 1958, se dicta en la Sierra Maestra, Alto Mando del Ejército Rebelde, la Ley No. 3 titulada: «Sobre el Derecho de los campesinos a la tierra». En ella se exponían los objetivos agrarios de la revolución y hacia un especial énfasis en la creación de pequeños propietarios de la tierra. Como se recordará, esos campesinos de la Sierra Maestra no eran el tipo característico de campesino en la isla.

De todas maneras, lo militancia más activa, podía verse en las clases intermedias, sobre todo intelectuales y estudiantes. Ellos formaron el primer gabinete revolucionario junto con otros elementos revolucionarios durante el primer mes y medio, mientras el ejército permanecía aparte de las gestiones de gobierno según las órdenes emanadas de Fidel Castro que ostentaba el cargo de Comandante en Jefe de las Fuerzas Armadas. En la práctica, se dio una dualidad de poder que culminó con la decisión del gabinete de nombrar a Fidel Castro, Primer Ministro del Gobierno, el 16 de febrero de 1959. Hay que tener en cuenta que este cambio se producía dentro de un clima de entusiasmo colectivo, extensivo a todos los cambios que se estaban operando, como la sustitución del aparato burocrático, la modificación de los uniformes de las fuerzas policiales, la destrucción de estaciones de policía y construcción de parques en ellas, etc. Eran cambios todavía exteriores, pero que simbolizaban que se rompía con el pasado y se entraba a una nueva etapa.

La contradicción principal en esta fase era el dilema de si se hacían reformas sociales antes de entrar a un ritmo institucional en la esfera económica y política, o se esperaban unas elecciones tal y como se había sugerido al principio, para hacer tales reformas. Se optó por lo primero sin desdeñar lo segundo, como se desprende de las palabras de Fidel Castro (Revista Bohemia, febrero 1 de 1959) en el parlamento venezolano, a raíz de la celebración de la caída de Marcos Pérez Jiménez, el 21 de enero de 1959:

> Tengo el compromiso -advierte de entrada -de no tocar los asuntos de la política venezolana, aunque se me hace difícil, porque aquí y allá han ocurrido sucesos muy similares y la situación es bastante parecida...Allá se ha procedido, estamos procediendo en una forma más rápida. Pero aquí en Venezuela, se puede llegar a los mismos fines, porque ya cuentan con un Congreso que puede dictar leyes revolucionarias. En Cuba tendremos también un Congreso, en un plazo menor de dos años. Ellos, los tiranos, no sólo disuelven a veces los parlamentos, sino que a veces se dan el lujo de tener un Congreso servil que les obedece sus órdenes. Pero, en esta Cámara que es representación legítima del pueblo puede hacerse una Cuba por otros procedimientos... (alguien grita desde lo alto de la barra: Aquí no ha habido verdadera revolución). —Pero puede haberla— responde Castro. No toda revolución tiene que ser violenta. Aquí en Venezuela, ahora que el Gobierno Constitucional comienza sus funciones y las leyes se discuten en este Congreso, no se debe dejar morir al espíritu de la revolución, el espíritu del pueblo. (Sección en Cuba).

Principio de Oposición: Aquí todos los esfuerzos fueron dirigidos a hacer desaparecer todo vestigio del anterior régimen y sentar las bases para que esto no volviera a repetirse. Para ello, lo que comenzó con un enjuiciamiento a los culpables de haber cometido actos delictivos, ya sea crímenes o robos, se extendió incluso, a aquellos que habían propiciado el golpe del 10 de Marzo. Se instauraron los tribunales revolucionarios y se instituyó el Ministerio de Recuperación de Bienes Malversados, éste último a nivel de Gabinete. Estas leyes, que contemplaban entre otros aspectos, la retroactividad de la ley penal, la confiscación de bienes por causas políticas, y que fueron apoyadas por los factores señalados, cuando analizamos el principio de identidad, luego iban a ser aplicadas también a aquellos actores que se iban excluyendo de un campo común de acción como veremos. Se aplicó como última medida de castigo, la pena de muerte y comenzaron una gran cantidad de fusilamientos, que provocó una reacción en el mundo entero. Todos los esfuerzos del régimen se concentraron en tratar de probar la justicia de esos procedimientos, a través de la «Operación Verdad» cuando fueron invitados periodistas del mundo entero. Esta defensa incluyó la visita de Fidel Castro a USA y algunos países de América Latina.

b) Fase Humanista: Énfasis en la legislación revolucionaria. Se extiende desde la primera medida que afecta a sectores económicos-sociales, hasta el arresto del Comandante Hubert Matos, en octubre de 1959.

Principio de Totalidad: El 15 de abril de 1959, Castro (1959) hace una visita no oficial a Estados Unidos y el 24 de abril de ese mismo año, pronuncia estas palabras:

> Nuestra Revolución practica el principio democrático, pero una democracia humanista. Humanismo quiere decir que, para satisfacer las necesidades materiales del hombre no hay que sacrificar los anhelos más caros del hombre, que son sus libertades (APLAUSOS). Y que las libertades más esenciales del hombre nada significan si no son satisfechas también las necesidades materiales del hombre...Humanismo significa justicia social con libertades y derechos humanos. Humanismo significa lo que por democracia se entienda, pero no democracia teórica, sino democracia real, derechos humanos con satisfacción de las necesidades del hombre. Porque sobre el hambre y sobre la miseria se podrá erigir una oligarquía, pero jamás una verdadera democracia (APLAUSOS). Sobre el hambre y la miseria se podrá erigir una tiranía, pero jamás una verdadera democracia. Somos demócratas en todo el sentido de la palabra, pero demócratas verdaderos, demócratas que propugnan el

derecho del hombre al trabajo (APLAUSOS), demócratas que postulamos el derecho del hombre al pan (APLAUSOS), demócratas sinceros, porque la democracia que habla solo de derechos teóricos y se olvida de las necesidades del hombre, no es una democracia sincera, no es una democracia verdadera. Ni pan sin libertad, ni libertades sin pan (APLAUSOS). Ni dictaduras de hombres. Ni dictaduras de clases. Ni dictaduras de grupos. Ni dictaduras de castas. Ni dictaduras de clases. Ni oligarquías de clases. Gobierno de pueblo sin dictadura y sin oligarquía. Libertad con pan, pan sin terror (APLAUSOS), ese es el humanismo. (Obtenido de http://www.cuba.cu/gobierno/discursos/1959/esp/f240459e.html, corresponde al párrafo 28 aproximadamente y sigs.)

Inmediatamente fue decretado el humanismo la ideología de la revolución y todos los medios de comunicación de masas comenzaron a justificar las medidas revolucionarias en base a dicha ideología. El pueblo continuaba en un estado de efervescencia. Castro hablaba prácticamente todas las semanas por televisión y era seguido por todos los medios de difusión en su viaje. Esto se realizaba muchas veces sin previo aviso y durante muchas horas, trastornando la programación habitual. Los que detentaban el poder eran una constante noticia y el país se mantenía cada vez más en una agitación creciente, en razón de los cambios que se originaban: la Ley de alquileres, la Reforma Agraria, La Reforma Tributaria, etc., los juicios militares a los presuntos culpables de genocidio del régimen batistiano, los esfuerzos de las distintas organizaciones revolucionarias, entre ellas el Partido Comunista, de ganar influencia política y también sus rivalidades, la organización bélica de los desplazados del poder y que pertenecían al régimen de Batista, la opinión internacional de la revolución cubana, etc.

Todos estos eran los factores de una constante crisis general. El 22 de Abril, Castro declara en Nueva York, ante un grupo de corresponsables de las Naciones Unidas, que la celebración de elecciones libres en Cuba podría significar el retorno «de la oligarquía y de la tiranía». Aseguró que las elecciones serían celebradas dentro del término de 4 años. En lo que atañe a la esfera económica, se creó una solidaridad colectiva que creó una verdadera «mística del desarrollo». De todos los sectores del pueblo surgían beneficios, tómbolas, etc., en favor de la reforma agraria. Los industriales también se sumaban y, antes de dictarse la Ley de Reforma Agraria, las asociaciones de Ganaderos y Colonos y Hacendados acordaron dar una parte de sus tierras y ganado, gratuitamente, al Gobierno Revolucionario. En todas partes, se observaban tractores y el pueblo daba prendas valiosas para el ahorro de divisas. Fue el año además, en que se pagaron más puntualmente los impuestos, rompiendo el «record», en cantidad pagada.

Ese fue el período en que el gobierno se vinculó en forma más estrecha, a las «clases dominadas», a través de la legislación revolucionaria. La primera medida fue la «Ley de Alquileres» que rebajó el 50% de las rentas prácticamente de un día para otro sin previo aviso. La segunda medida, y primera en importancia, fue la Ley de Reforma Agraria, que proscribió el latifundio e hizo propietarios a aquellos que trabajaban la tierra en arriendo, aparcería a partido o precaria.

Principio de Identidad: A los campesinos, Castro les hablaba en base a la implementación ya aprobada de la Reforma agraria. A los industriales, les hacia ver el aumento de riqueza que esa reforma conllevaba y las industrias se fortalecerían. Aumentaría el consumo de zapatos, ropas, productos manufacturados en general, lo cual no pudiera ser posible si esos ingresos estuvieran ausentes y esos campesinos con empleos creados serían una contribución a la prosperidad industrial. ¿Cuáles fueron los lazos del gobierno hacia los sectores marginados? Con la Ley de la Reforma Agraria, el Ejército rebelde, que fue el factor permanente en todas las etapas o fases, se desplaza hacia el Instituto Nacional de la Reforma Agraria. Se crean zonas de desarrollo agrario con el jefe nombrado por el INRA, Instituto Nacional de Reforma Agraria, al frente, casi siempre un militar. Ellos constituían una suerte de emisario informal, de nexo entre la burocracia separada del campesinado y el propio campesino. Los mismos organizaban cooperativas que otorgaban créditos, que abrían caminos, que hacían obras de salud, etc., Se establecieron las llamadas «tiendas del pueblo», que le ofrecían mercancías al campesino, prácticamente a precio de costo.

El propio Primer Ministro se paseaba por estas zonas y era proverbial que llevara una libreta de cheques que extendía el momento, según las necesidades en las diversas zonas. Se organizó una manifestación cumbre el 26 de Julio de 1959, para reunir a todos los campesinos posibles en La Habana. Nuevamente la solidaridad funcionó a todos los niveles. Los hogares de La Habana prepararon sitios donde alojar a estos campesinos, la mayoría de ellos jamás habían visto la Capital. Si una fecha podemos situar como el importante paso de la toma de conciencia de los «cuasigrupos» en «grupos de interés», es este año 1959. A la vez, esos «grupos de interés» nacían siguiendo un movimiento social que no había alcanzado aún su culminación. ¿Cómo se produce esta toma de conciencia por parte de las clases marginadas?

Maurice Zeitlin nos da un ejemplo de ello, al analizar la contradicción que supone que los afros en 1962, tenían tendencia a apoyar en mayor medida a la revolución y sin embargo, aparecían antes menos propensos a ser pro-comunistas. Zeitlin (1966) dice:

> El problema principal, en términos de Weber, yace en el «hecho de estar condicionando por la situación de clase y los resultados que determina ésta, las cuales deben ser reconocidas de manera distinta». Porque sólo entonces el contraste de oportunidades de vida puede ser sentido no como un hecho dado absoluto que debe ser aceptado, sino como una resultante de ya sea 1) la distribución dada de propiedad o 2) la estructura del orden económico concreto. (p. 49)

Ya Lenin también nos hablaba de esa «toma de conciencia» durante la «crisis general». En otras palabras, se trata de que el individuo se dé cuenta claramente que los problemas que padece en comparación con otros sectores de la sociedad, pueden desaparecer y además, que dicho problema tiene que ver con el orden económico social. De esa manera, el individuo se siente instado a militar en pro de un movimiento que le ofrece ambas cosas. Tannebaum (1962) dice:

> Hasta la Alianza para el Progreso los Estados Unidos han sido indiferentes a las consecuencias políticas y sociales de la revolución de los consumidores que nosotros hemos estado promoviendo a lo largo de la tierra... Es sin dolor, agradable e irresistible. Nosotros estimulamos los apetitos de la gente por todos los bienes posibles y los ofrecemos para venta... Lo que nosotros tenemos que ofrecer tiene que ser aceptado porque es bueno para la gente: ello aumenta sus placeres en la vida; añade al gozar de la existencia; hace a los

hombres fuertes y a las mujeres bellas. Fácil de promover, es realizada privadamente y por beneficio; no requiere conspiración o partido; y es efectiva. Está de hecho, alterando la superficie del globo y modificando los hábitos, gustos, actitudes y ambiciones de los pueblos. Nosotros fallamos en reconocer que el «american way of life», la presencia americana es incompatible con un mundo político y socialmente estratificado. Un mercado de masas requiere una sociedad igualitaria basada sobre las masas. (p. 178)

El hecho de estar Cuba a sólo 90 millas de USA, es un factor que hay que considerar para la toma de conciencia de las diversas clases, porque si bien Cuba no era el país más pobre de América Latina, sí era el país más cercano de América Latina a Estados Unidos. Añádase a esto la facilidad con que llegaban a la isla toda clase de productos manufacturados norteamericanos, que no podían ser consumidos por todas las capas de la población y la comparación posible de las «clases medias» y altas con el nivel de vida en los estados del norte. La irrupción de un grupo de hombres sin compromiso con el pasado y dispuestos a desarrollar económicamente a Cuba, disfrutando la mayoría de ellos, en un principio, de la confianza del pueblo cubano, abrigó las esperanzas en todas las clases sociales de que se abría una nueva era para Cuba. En mayor o menor medida, esas clases sociales establecieron y definieron sus posibilidades dentro del propio régimen y lo apoyaron mientras no hubieran sido excluidos. La radio, televisión y concentraciones populares, fueron los principales instrumentos de esta toma de conciencia. Castro hablaba horas enteras a nivel popular, de la significación de las «divisas», las «reservas», «desarrollo», «industrialización», etc.

Desde el punto de vista de la incorporación activa de las clases sociales marginadas al movimiento revolucionario, pudieran establecerse tres patrones de conducta principales:

1. Aquellos que teniendo ideas radicales, como los obreros urbanos sub-empleados y desocupados, que no atendieron el llamado del movimiento 26 de Julio, quizás por sus énfasis en las libertades públicas, incorporándose sí, cuando se dictaron medidas económicas concretas, confirmando lo dicho por Lipset, en cuanto a que las clases bajas en to-

das partes, tienden en mayor medida, a apoyar este tipo de medidas. De ello dan evidencia también, las investigaciones de Zeitlin.

2. Aquellos que no tenían conciencia de su propia situación de clase, tales como el ejemplo de los afros desocupados, y con la vivencia de la revolución que les hizo sentir su sentimiento de clase, se incorporaron. Aquí se podría situar a los obreros agrícolas y campesinos no-propietarios que, según investigaciones antes de 1959, carecían de conciencia de clase.

3. Aquellos que atendieron el llamado del 26 de Julio y pertenecían a la clase marginada, pero que su actividad política no era como tal antes de 1959. Con el triunfo de la revolución, establecieron los vínculos entre el movimiento social que analizamos y la masa de sus respectivas clases. Esto lo hicieron a través del control de las organizaciones de obreros y campesinos. Esta afirmación puede extenderse a los profesionales y estudiantes que participaron activamente en el derrocamiento de Batista.

Todos estos patrones de consulta se dieron a lo largo del año 1959. Poco a poco, el «Humanismo» va declinando como ideología. Una de las contradicciones mayores era la identidad de la revolución con el Partido Socialista Popular, PSP comunista. Toda esta época se caracteriza por la defensa del régimen revolucionario de las «campañas de infamia» acerca del carácter «comunista» del movimiento revolucionario. Había habido algunas disidencias entre los hombres que asumían el poder acerca de este hecho. El Comandante Pedro Luis Diaz Lanz había huido de la isla y después acusado a Fidel Castro de tener un plan de comunización para Cuba.

El 17 de Julio de 1959, Fidel Castro presenta su renuncia por no estar de acuerdo con el Presidente de la República Manuel Urrutia. El pueblo se moviliza y Fidel Castro anuncia que explicará sus motivos en la televisión. Antes de terminar el programa, Urrutia renunciaba. Una de las razones que alegaba Castro era que el Presidente quería «chantajear» al gabinete al hacer una declaración contra el comunismo en un programa de televisión, como para asegurarse del cargo, aprovechándose de que la «prensa internacional» esgrimía esa acusación. De esa manera, forzaba al gabinete a dejarlo en el poder. El problema hizo crisis cuando Hubert Matos (Secretaría de Propaganda de la CTC, 1960) uno de los comandantes de mayor prestigio, presenta su renuncia. En la carta de Matos dirigida personalmente a Fidel Castro, se lee:

> Creo igualmente que después de la sustitución de Duque y otros cambios más, todo el que haya tenido la franqueza de hablar contigo del problema comunista, debe irse antes de que lo quiten...Si se quiere que la revolución triunfe, dígase a donde vamos y como vamos, díganse menos los chismes y las intrigas, y no se tache de reaccionario ni de conjurado al que con criterio honrado, plantee estas cosas. (p. 74)

Matos es acusado de traición y arrestado para luego ser condenado a 30 años de prisión. Los hechos referidos sucedieron en Octubre de 1959. En noviembre se celebran las elecciones sindicales obreras. Aquí también hay una fuerte oposición a la administración de comunistas en el liderazgo. En aquel momento, 25 de las 33 federaciones obreras, presentaron resoluciones adoptadas, oponiéndose fuertemente a la admisión de los comunistas al liderazgo (citado por Goldenberg, p. 206). Fidel Castro va personalmente a la Asamblea y pronuncia un discurso por la unidad, llegándose a transacciones en las dirigencias, aunque no se admitió la presencia abierta de comunistas.

Principio de Oposición: Aquí tenemos que ver cuáles son los elementos de alienación principal para el movimiento social, y sobre qué clases se establece prácticamente, una exclusión de colaboración en el desarrollo del país, con lo cual estamos apuntando empíricamente hacia las instituciones que constituyen la fuente de alienación para el movimiento social y las clases sociales que lo respaldan. La principal batalla fue la reforma agraria en esta fase. Ya hemos visto todas las características que presentaba el agro cubano, lo cual había llevado a plasmar a los legisladores cubanos en la Constitución de 1940, la proscripción del latifundio, lo cual no se había cumplido hasta 1959.

La Ley fue firmada el 17 de mayo de 1959 en la Sierra Maestra. Sus medidas afectaban a la clase dominante rural al establecer el límite de la propiedad de la tierra en 30 caballerías (408 has), no obstante especificarse que éste era prorrogable a 100 caballerías, siempre que el rendimiento de la propiedad fuera superior en un 50% al promedio nacional de dichas propiedades. Estas tierras expropiadas bajo indemnización, serían distribuidas entre «los campesinos y los obreros agrícolas sin tierras», ya sea en cooperativas o a los no-propietarios que cultivaran a título de colonos, arrendatarios, etc., o a los que estuvieran cultivando «minifundios», extensiones inferiores al mínimo vital (2 cabs.), según la Ley.

Instrumentos para el cambio:

a) El Instituto de la Reforma Agraria (INRA), este organismo se convirtió prácticamente en un estado dentro de otro estado. He aquí una breve síntesis de sus funciones:

1. Organizar y dirigir y llevar a efecto la creación de las cooperativas, cuya administración nombrara, gobernando las mismas a través de las «Zonas de Desarrollo Agrario».
2. Regular totalmente la producción agrícola que se mantenga temporalmente en manos privadas.
3. Organizar y prestar todos los servicios colaterales necesarios a la actividad productiva agraria: créditos, maquinaria, asistencia técnica, estabilización de precios, estudios fiscales y arancelarios, etc.
4. Dirigir prácticamente toda la vida rural del país, inclusive en sus aspectos de educación, salubridad y vivienda.
5. Aplicar la ley mediante resoluciones en tanto no se dicte el reglamento correspondiente.

b) Las zonas de Desarrollo: Se consideraron como unidades administrativas de la Reforma Agraria, responsabilizándose, por tanto, sus jefes con el desenvolvimiento de dicha reforma dentro de su zona, y de modo principal, con el desarrollo y funcionamiento de las cooperativas.

c) **Cooperativas:** Estarían bajo el control del INRA, a través de los jefes de las zonas agrarias, «hasta tanto se les conceda por la Ley una autonomía mayor». A la vez serían dictados, posteriormente, reglamentos para su constitución y organización. En la práctica, y con una perspectiva de lo hecho hasta el presente, la referida ley no se cumplió más que en sus lineamientos generales. Muchos creyeron que los reglamentos dirían definitivamente que propósitos perseguía el régimen. Sin embargo, ellos nunca fueron hechos y en la práctica, las ocupaciones de las fincas se realizaron muchas veces sin justificaciones legales y otras por fuerzas políticas mayores y otras por abandono de los dueños que preferían salir del territorio cubano. El término «latifundista» y «dueños de casas de apartamentos», pasaron a ser sinónimo de «contrarrevolucionarios» y marcar junto a los «batistianos» todos aquellos elementos que eran enemigos de la revolución.

c) **Fase Nacionalista:** Énfasis en el anti-imperialismo yanqui, Consigna Principal: «Patria o Muerte». Se inician los primeros fusilamientos a sectores no pertenecientes al gobierno de Batista. Se extiende desde el juicio de Matos, el 2 de diciembre de 1959, hasta la primera Declaración de La Habana, el 2 de septiembre de 1960.

Principio de Totalidad: Como vimos antes, de ahora en adelante sobre todo, la revolución se va a definir por sus hechos y no tanto por su ideología, por lo tanto, al analizar que ideas se enarbolan principalmente en este período, debemos analizar los hechos. Es nuestro criterio que la revolución tomó su rumbo definitivo en este año. En la esfera política, se observa que en el año 1959, los principales ataques a Estados Unidos estaban basados en:

- La «campaña de prensa» que las agencias de cable norteamericanas sostenían en "detrimento de Cuba".
- Por dar asilo a cubanos «contrarrevolucionarios».
- Por invitar a contrarrevolucionarios a aparecer ante el Comité de Investigación del Senado.
- Por rehusar devolver «criminales de guerra» que habían huido a los Estados Unidos.

- Por el no control de actividades agresivas desde Estados Unidos por parte de los cubanos que habían abandonado Cuba.

Raúl Roa, Ministro de Relaciones Exteriores (15 de junio de 1959) en una nota diplomática al Embajador norteamericano, dice:

> El Gobierno y el pueblo cubano desean convivir en paz y amistad, e incrementar sus relaciones diplomáticas y económicas, sobre la base del respeto mutuo y recíproco beneficio con el Gobierno y el pueblo de Estados Unidos de Norteamérica. Eso es sumamente fácil, si por una parte, se dejan de identificar los intereses transitorios de un grupo reducido de ciudadanos norteamericanos con los intereses permanentes que deben presidir las relaciones entre dos pueblos tradicionalmente amigos y que han sido y son buenos y cordiales vecinos; y sí, por la otra parte, se pone coto definitivo a las actividades contrarrevolucionarias de los criminales de guerra cubanos, asilados en territorio estadounidense y se desautoriza a los norteamericanos que instigan y apoyan esas actividades delictuosas contra Cuba. (Aparecida en todos los diarios en circulación en Cuba)

Después del juicio a Matos de diciembre de 1959, inmediatamente se reorganiza el Gabinete y la política del país se vierte en el frente internacional, a la vez que se intensifican una serie de medidas contra factores internos disidentes. La batalla principal en el orden político, va a estar dada en lo internacional, por convenios de todo tipo, entre Cuba y los países dentro de la órbita soviética en un principio, junto a un clima antinorteamericano que se caracteriza ya por las acusaciones directas que hace el gobierno cubano al norteamericano, de provocar hechos de «sabotaje» como la explosión del vapor «le coubre» que traía armas y municiones para Cuba, o la denuncia de una inminente invasión de los «marines» en mayo de 1960.

El «climax» de esta tendencia se reproduce cuando llegan barcos rusos con petróleo crudo a puertos cubanos y el gobierno pide a las refinerías que reciban el cargamento y lo procesen. Estas se niegan y son confiscadas. Inmediatamente, el Gobierno de Estados Unidos reduce la cuota azucarera cubana considerablemente (700 mil toneladas menos) y el gobierno cubano contra-ataca con la Ley de Nacionalización No. 851 del 6 de Julio de 1960, en que se expropian todas las empresas norteamericanas existentes en el país. En el orden interno, se van eliminando por diversos medios de las Universidades, Asociaciones Profesionales, sindicatos y gobierno, a todos aquellos que no estén de acuerdo con la política del gobierno. También caen prácticamente todos los periódicos del país y la radiodifusión.

Con respecto al parlamentarismo, el 1ro. de mayo de 1960 Fidel Castro pronuncia un discurso en que ataca los procedimientos democráticos del pasado, concluyendo: «elecciones, ¿Para qué?». El 27 de Junio del mismo año, Castro define sus relaciones con el Partido Socialista Popular: «quien es anticomunista, es contrarrevolucionario». En la esfera económica, la tendencia fue de desacreditar el sistema de relaciones comerciales con los Estados Unidos, llegando incluso a expresar que Estados Unidos no podría marchar sin la «cuota azucarera» cubana. Respecto a estas tensiones, Theodore Draper (1962) dice:

> Poco después de firmar el primer acuerdo comercial soviético, los líderes cubanos empezaron a mostrar señales de querer terminar las cuotas azucareras con los Estados Unidos. Guevara comenzó esta campaña el 2 de marzo de 1960 en una conferencia en la que se refirió a la «cantidad de esclavitud que representó para nuestro país, los 3 millones de toneladas que le vendemos a precios supuestamente preferenciales». (Revolución, 3 de marzo de 1960). Después de un encuentro con Nikita Kruschof, Blas Roca escribió desde Moscú, una carta al periódico oficial de los comunistas cubanos. Roca declaró: «Cuba no podrá ser bloqueada económicamente por los imperialistas norteamericanos. Nuestras fábricas no se paralizarán por la falta de petróleo ni en nuestros hogares escaseará el pan, en el caso de que los monopolios de los Estados Unidos se decidieran a rebajarnos la cuota azucarera y a negarnos el envío de lo que necesitamos para nuestra vida normal». (Hoy, 24 de mayo de 1960)... Y Fidel Castro empezó a quejarse de que Cuba podría producir más azúcar y obtener más utilidad si no existiera ninguna cuota azucarera (Hoy, 29 de mayo de 1960, p. 95).

Sellando todos estos hechos, se pronuncia la Declaración de la Habana, el 2 de septiembre de 1960, en respuesta a la Declaración de San José, aprobada por la Organización de Estados Americanos, OEA.

Principio de Identidad: El juicio de Hubert Matos (1960), visto en una perspectiva histórica hasta el presente, fue precisamente alrededor del problema de la identidad. En el punto tercero de su carta se lee:

> Sólo concibo el triunfo de una revolución contando con un pueblo unido, dispuesto a soportar los mayores sacrificios, porque vienen mil dificultades económicas y políticas, y ese pueblo unido y combativo no se logra ni se sostiene si no es a base de un programa que satisfaga parejamente sus intereses y sus sentimientos. Debe uno dirigirse a que capte la problemática cubana en su justa dimensión y no como cuestión de tendencia ni lucha de grupos. (transcrita por la Secretaría de Propaganda de la Confederación de Trabajadores de Cuba, p. 73)

Castro le responde en el mismo juicio donde se le acusa:

> Es decir «un programa que satisfaga parejamente», la revolución tenía su programa, desde antes de tirarse aquí el primer tiro; «parejamente los intereses», yo no me explico o no entiendo cómo se pueden conciliar los intereses de un latifundista de mil caballerías y de un «guajirito» que vive en la «guardarraya»; cómo se puede conciliar el interés de un rentista que cobra tres veces más de lo que puede pagar una familia y el inquilino de la casa; cómo se puede conciliar el interés entre un intermediario de esos que extorsionaban a los campesinos y el campesino. Hay intereses dentro de la sociedad que son intereses irreconciliables. (transcrito por la Secretaría de Propaganda de la Confederación de Trabajadores de Cuba, p. 92)

Más tarde, enfatizando los aspectos económico-sociales, en el mismo juicio, Fidel Castro lee párrafos del discurso «La Historia me absolverá»:

> Nosotros llamamos pueblo si de lucha se trata... a los seiscientos mil cubanos que están sin trabajo deseando ganarse el pan... a los quinientos mil obreros del campo... a los cuatrocientos mil obreros industriales y braceros... a los treinta mil maestros y profesores tan abnegados, a los veinte mil pequeños comerciantes abrumados de deudas... a los diez mil profesionales que salen de las aulas, con sus títulos...para encontrarse... cerradas todas las puertas. (Transcrito por la Secretaría de Propaganda de la Confederación de Trabajadores de Cuba, pp. 92 y sigs.)

Principio de Oposición: Esta etapa fue definitiva para separar prácticamente en dos mitades la población cubana: los que apoyaban y los que no apoyaban la revolución. Aquí se cumple lo dicho por Lenin (1960):

> ¿No han visto nunca una revolución estos señores? Una revolución es, indudablemente, la cosa más autoritaria que existe; es el acto mediante el cual, una parte de la población impone su voluntad a la otra parte, por medio de fusiles, bayonetas y cañones, medios autoritarios, si los hay; y el partido victorioso, si no quiere haber luchado en vano, tiene que mantener este dominio por el terror que sus armas inspiran a los reaccionarios. (p.352)

A los «Batistianos», «Latifundistas», «Dueños de casas de apartamentos», se añadían «imperialistas» y «burgueses» y «sectores confundidos por la reacción», y a todos ellos se les denominaba «contrarrevolucionarios», a los cuales si se les identificaba como activistas, se les confiscaban los bienes o se les condenaba a cárcel o al «paredón» de fusilamiento. En este año comienza el éxodo masivo de cubanos al exterior.

d) Fase Socialista: El énfasis en esta fase es en la organización del pueblo. El Estado absorbe toda le economía del país en el orden interno. Se extiende desde la expropiación de las industrias pertenecientes a cubanos por la Ley de Nacionalización No. 890 del 13 de octubre de 1960, hasta la declaración de Fidel Castro de su militancia marxista-leninista el 1ro. de diciembre de 1961. Queremos aclarar que las fases en que hemos dividido el proceso cubano no son estrictas, pero su punto de «clímax» es bien definido como en este caso, es que el 1ro de mayo de 1961, Castro proclama a Cuba «República Socialista».

Principio de Totalidad: El socialismo sin referencia específica y define una ideología concreta, que es lo que caracteriza esa etapa. En los hechos, esto equivale a crear vínculos de organización entre el movimiento revolucionario y las masas hasta hace poco dispersas. De esa manera, se organizan las milicias ampliamente, surge con mayor fuerza la Asociación de Jóvenes Rebeldes, AJR, que después se llamaría Unión de Jóvenes Comunistas, UJC, los pioneros, para niños menores de 12 años, la Federación de Mujeres Cubanas, FMC, etc. Se trazan, además, los lineamientos definitivos de la Junta Central de Planificación en la esfera económica, teniendo como presidente al propio Fidel Castro, y que se encarga de fiscalizar al resto de los organismos del Estado.

Por otra parte, se socializa la enseñanza y todos los colegios privados caen en manos del Estado, incluyendo los católicos. Asimismo, se organiza la primera Brigada de Alfabetizadores que tienen como principal misión en su conjunto, de alfabetizar toda Cuba en el plazo de un año. Se crean los Comités de Defensa de la Revolución, CDRs, con la consigna de que en cada manzana de cuadras del país, haya uno. Este se preocupa de hacer censos para el racionamiento de alimentos y de distribuir las tarjetas para adquirir los víveres, de distribuir los hogares, de organizar trabajos voluntarios, de luchar contra el mercado negro y lo más importante en esta etapa, vigilar para que no se produzcan actividades «contrarrevolucionarias». En el plano político, se constituyen las Organizaciones Revolucionarias integradas (ORIs) que agrupan al movimiento 26 de Julio, al Directorio Revolucionario y al Partido Socialista Popular. Se produce la invasión de Playa Girón el 17 de abril de 1961, que se traduce en un estruendoso fracaso y ello consolida más aún en el poder, el movimiento revolucionario.

Principio de Identidad: En su discurso del 1ro. de diciembre de 1961, donde se declara marxista-leninista, Fidel Castro analiza en términos de clases, quienes componían las llamadas Organizaciones Revolucionarias Integradas. El Partido Socialista Popular lo componían «los elementos más avanzados de la clase obrera, lo mismo en el campo que en la ciudad». El Movimiento 26 de Julio estaba compuesto, «en primer lugar», por campesinos. Después añadió que «mucha gente» de la clase obrera. Después de estas dos categorías, mencionó a los «sectores profesionales, intelectuales, elementos juveniles, estudiantes y también elementos de la pequeña burguesía, los elementos más progresistas, y más revolucionarios de la clase media y de la pequeña burguesía». Terminó diciendo que el Directorio Revolucionario representaba «más o menos los mismos sectores, pero fundamentalmente el sector estudiantil».

Principio de Oposición: En este período la fuente de alienación principal es toda organización o movimiento que compita con el movimiento revolucionario en la acción social. El término «contrarrevolucionario» se extiende ahora a la Iglesia si ésta sale fuera de sus recintos sagrados, los movimientos de acción católica e incluso, algunas sectas protestantes. Los locales de estos movimientos fueron expropiados y surgían movimientos como «Por la Cruz y con la Patria» que agrupaba a individuos de diversas tendencias religiosas, pero que apoyaban la revolución y atacaban constantemente al clero y a los católicos «no revolucionarios». Los masones también recibieron ataques en igual sentido.

e) Fase Marxista-Leninista: Ya desde hacía mucho tiempo, por supuesto, existía toda una orientación marxista, incluso confesada, en toda la acción revolucionaria. Sin embargo, no es hasta el 1ro. de Diciembre de 1961, que Fidel Castro se declara a sí mismocomo parte del sistema, afiliado al marxismo-leninismo. Esta fase se extiende desde esa fecha en adelante. Los cambios serán ya dentro del sistema mismo.

Principio de Totalidad: Aquí podría colocarse todo el análisis de las peculiaridades del marxismo cubano dentro de la tradición marxista contemporánea, que hicimos en la primera parte de este estudio. Alcanza su «clímax» con la constitución del Partido Unido de la Revolución Socialista (PURS) en Marzo de 1962.

Principio de Identidad: ¿Podría considerarse estable el análisis de clases hecho el 1ro. de diciembre por Fidel Castro? En este aspecto, es necesario hacer varias afirmaciones.

En los datos que tenemos hasta ahora, hay una comprobación de que a mayor marginalidad antes de la revolución, mayor apoyo a ésta. Sin embargo, datos empíricos sólo existen en la investigación realizada por Zeitlin sobre los obreros. En la investigación realizada por la Universidad de Stanford de Miami, se constató que las oleadas de personas que abordaron Cuba lo hicieron por orden de clases, es decir primero salió la clase alta, después la media y después la baja.

Independientemente de los porcentajes exactos de apoyo o no a la revolución, parece indudable que las clases marginadas apoyan en mayor medida a la revolución, sin referencia a ningún sector especial, aunque las dirigencias siguen radicando principalmente en las clases intermedias, colocándose por encima de estas dos categorías a Fidel Castro, cuya personalidad caracteriza el movimiento revolucionario por encima del sentimiento de pertenencia a una clase. Dicho apoyo es natural, por otra parte, ya que la revolución puso su énfasis precisamente en esos marginados.

Es necesario hacer resaltar dos variables que han contribuido a producir una identidad con el régimen que se pudieran enunciar de la siguiente manera:

i) A MAYOR STATUS ADQUIRIDO DURANTE LA REVOLUCIÓN, MAYOR APOYO A ESTA.

Además...:

ii) A MENOR VINCULACIÓN CON PARTIDOS TRADICIONALES, MAYOR POSIBILIDAD DE SEGUIR MOVIMIENTOS REVOLUCIONARIOS.

En cuanto al primer aspecto, Zeitlin nos da evidencia en la transcripción que hacemos del Cuadro 18. Este Cuadro demuestra que el hecho de haber subido su status ha influido en el mayor apoyo a la revolución. Extiéndase este hecho, que es a nivel de ocupación, a los restantes rubros de «estatus social», como prestigio, ingreso, educación y vivienda y se verá que en cuanto a la distinción entre tarea manual e intelectual, aunque subsiste, se hace énfasis en que dicha ubicación no afecta el ascenso social y hay una política del gobierno de realzar el trabajo, por encima de los burocracia. En cuanto al ingreso, no hay datos seguros; algunos han bajado y otros han subido, y en general, se puede decir que hasta ahora, ha habido un deterioro económico; en cuanto a vivienda, todas las cosas que pertenecían a las personas que abandonaron el país han sido repartidas, lo cual crea un nexo personal entre aquellos que disfrutan de esos bienes y el destino futuro de la revolución. En cuanto a la educación, parece ser el renglón donde más ha avanzado el régimen y ha abarcado también, las clases más marginadas. Por otra parte, hay toda una política de empleo pleno que se trasluce de las investigaciones realizadas por Zeitlin.

Cuadro 18: La relación entre etnia, cambio en estatus de empleo y actitud hacia la revolución

RAZA	POR CIENTO FAVORABLE A LA REVOLUCIÓN SEGÚN CAMBIO EN STATUS DE EMPLEO	
	MISMO NIVEL	MAS ALTO
Afros	71 (21)	90 (21)
Blancos	60 (80)	81 (58)

Fuente: Obtenido de Zeitlin, M. (1966).

Creemos que estos aspectos reseñados en el Cuadro 18, también han influido a las clases intermedias que apoyan la revolución, con respecto al disfrute del poder, a juzgar sobre todo, por las conversiones súbitas al marxismo, lo cual es un hecho frecuente en la «élite del poder» en la isla. Estos factores de apoyo de todas maneras han debido ser afectadas por leyes posteriores, que iban dirigidas principalmente a las «clases dominadas», en el pasado, como la «ley del servicio militar obligatorio» que obliga al ciudadano a dar 2 años al Estado, ya sea para entrenamiento militar o para trabajar en la producción con un salario de 7 pesos al mes.

En cuanto a la segunda hipótesis, observamos que durante la época de Batista, los partidos tradicionales van perdiendo cada día más fuerzas. Algunos de ellos intentaron movilizar al pueblo para así poder concurrir a las elecciones convocadas por Batista, ya sea en 1954 o en el 1958, pero nunca encontraron el apoyo para ello. Los que optaron por la vía insurreccional como la mayor parte del «autenticismo», no recibían la confianza popular, porque ya habían pasado por el poder y se les culpaba en gran medida de la situación que vivía la isla durante Batista. En cuanto al Partido del Pueblo Cubano (ortodoxo) después de la muerte de Chibás, su caudillo, no pudo surgir una figura que pudiera compararse, a no ser el propio Fidel Castro, el cual prácticamente colocó dicho partido a sus órdenes al dejarlo prácticamente, sin juventud.

Cuando llegó 1959, había dos movimientos en la isla con base: el 26 de Julio, con poca organización y mucha masa, y el Partido Socialista Popular con mucha organización y poca masa. Ambos se conjugarían admirablemente en ese período y el anterior. Esto da mayor evidencia a lo sustentado por Lipset (1963, pp. 243 y s.) en cuanto a la relación entre el voto izquierdista y la falta de «tradicionalismo» y tiene que ver con la carencia de instituciones en la isla.

Principio de Oposición: Al definirse como marxista, todas aquellas ideologías que compitan con ésta van a continuar en la oposición. Aquí se incluyen aquellas producto de las estructuras anteriores burguesas. El énfasis principal entonces va a ser el enemigo interno, ya sea por las dificultades que engendra el paso de un sistema capitalista o socialista, por el exceso de burocratización o por la ineficiencia en la producción. Las críticas tienen que ser hechas dentro de la revolución y nunca fuera de ella, de lo contrario, sería «contrarrevolucionario», lo cual añade una dimensión más a lo especificado en las anteriores fases.

Conclusiones

Con esta descripción, hemos aportado evidencia en cuanto a los siguientes aspectos:

1. Corroborando lo dicho anteriormente, se prueba que la revolución cubana cambió su naturaleza de manera esencial, interviniendo para ello la modificación del pensamiento expresado por los principales líderes.
2. Que el movimiento social analizado se identifica principalmente con las clases marginales.
3. Que la referencia a los principios de totalidad abarca en cada fase una mayor globalidad.
4. Que el principio de oposición marca en cada fase un carácter más excluyente.

Todas estas afirmaciones prueban nuestra hipótesis y cierran el ciclo revolucionario. El 26 de Julio es quizás, la fecha más decisiva del régimen para la congregación de grandes masas de población y para anunciar mensajes importantes; tiene como atracción principal un discurso de Fidel Castro. Creímos de interés, entonces para concluir, hacer un análisis de las palabras pronunciadas por el máximo líder de la revolución, en la Ciudad de Santa Clara, ya consolidado en alguna medida el régimen, y cuya duración fue de aproximadamente 3 horas. Dirigimos nuestra atención a aquellos momentos en que la masa respondía al líder por medio de aplausos o interrumpiéndolo con exclamaciones que muchas veces producían un diálogo entre el líder y la masa. Esto ocurrió en el año 1965. Nuestra pregunta principal fue: ¿Qué tema tocaba Fidel Castro que producía esa conducta y con qué frecuencia esto se producía a lo largo del discurso? He aquí los resultados:

Cuadro no. 19: Tema de la interacción entre caudillo y masa

TEMA	No. DE OBSERVACIONES	%
Ataques al enemigo	26	22,6
Elogio a la Revolución	25	21,7
Elogio al Pueblo	23	20,0
Oposición al Gobierno	19	16,5
Por una mayor extensión del Movimiento de Liberación Nacional internacionalista	9	7,8
Símbolos	9	7,8
No Clasificables	4	3,5
TOTAL	115	100,0

Sería preciso aclarar algunas de las categorías: «Ataques al enemigo» se refiere a las menciones del peligro que sufre la isla por parte del «imperialismo yanqui» y de las antiguas clases sociales que imperaban en Cuba. «Elogio de la revolución» es toda aquella mención favorable de las realizaciones del régimen. «Oposición al gobierno» se refiere a un aspecto original de la manera en que se expresa Fidel Castro, en el sentido que él hace veces de defensor y a la vez, de opositor a aspectos que marchan mal dentro de su propio gobierno. «Elogio al pueblo» se refiere a toda mención de las grandes capacidades del pueblo que dirige. «Por una mayor extensión del movimiento de liberación nacional internacionalista» se refiere a toda mención de adhesión a la lucha interna que libran otros países por alcanzar lo que ya ha logrado la revolución cubana. «Símbolos» son palabras que producen reacciones por sí solas, como son el «Partido Unido de la Revolución Socialista», o el nombre de algún connotado revolucionario, etc.

En cuanto a los resultados obtenidos, tenemos que los ataques al enemigo, los elogios a la revolución, los elogios al pueblo y la oposición al gobierno, fueron por amplio margen los que alcanzaron mayor frecuencia en las interacciones entre el caudillo y la masa, a través de dialogo y aplausos. Véase una canalización del conflicto inherente a un país totalitario, a través de la manifestación del mismo por el propio líder de la revolución, en la oposición al gobierno. La reacción que producen las palabras de Castro, libera parte de esa tensión. Los tres aspectos restantes que alcanzaron alta frecuencia sin duda, contribuyen a una integración del líder, la revolución y la masa. En una palabra, se puede resumir la tabla anterior «El enemigo acecha y quiere destruir nuestra revolución cuya realizaciones han liberado al pueblo de la explotación para rechazar a esos enemigos porque saben lo que la revolución les ha dado pese a que hay algunos aspectos injustos de los cuales yo me estoy ocupando». Ese tema, en síntesis, es lo que une más al caudillo y a la revolución, que de esa manera se identifican. Se ha completado así el ciclo revolucionario.

Conclusiones finales

La segunda parte de este estudio, ha tenido tres propósitos fundamentales:

1. Ofrecer un marco teórico amplio a las investigaciones existentes sobre la realidad cubana, antes y después de 1959.
2. Dar líneas de investigación para futuras investigaciones.
3. Ofrecer, dentro de los datos existentes, una explicación adecuada de lo que sucedió en Cuba en los últimos años.

Dentro de las limitaciones inherentes a la escasez de estudios objetivos sobre la revolución cubana, creemos que dichas finalidades se han cumplido. Nos falta ahora relacionar todo lo dicho anteriormente en forma lógica, adelantando algunas explicaciones que necesitarán por supuesto, una mayor aclaración en el futuro. Así, podemos hacer las siguientes afirmaciones que nos ofrecen un modelo de explicación de la realidad cubana, según los períodos históricos enunciados:

1. Período de Gestación
   a. Las clases marginadas en la esfera económica presentaban una predisposición a apoyar movimientos revolucionarios, aunque éste no fue verdaderamente efectivo hasta después de ocurrir la revolución. Por otra parte, las clases «marginadas» en la esfera política, eran de tal naturaleza cuando ocurrió la caída de Batista, que abarcaban casi todo el pueblo cubano. Las clases intermedias, principalmente los profesionales y estudiantes, jugaron un papel decisivo antes de 1959, constituyendo la dirigencia de la revolución en el período de lucha.
   b. El grado de marginalidad, a su vez, impedía que el país se institucionalizara política y económicamente, lo cual llevaba a propiciar un cambio institucional profundo. Antes de 1959, ese cambio se quería que fuera principalmente, en la esfera política, aunque en forma latente se encontraban todos los conflictos derivados de la esfera económica. Este deseo de cambio llegaba a su punto álgido cuando se temía que incluso lo ganado se perdiera.
   c. La poca fe en las instituciones políticas, fue llevando a un mayor «caudillismo» representado principalmente por Fidel Castro y algunos de sus seguidores, que adecuándose a las exigencias del momento, presentaron un programa de contenido amplio junto a una oposición intransigente frente al orden político constituido, lo cual no se extendía al orden económico existente antes de 1959,

reflejando así las intereses manifiestos de todas las clases sociales.

2. Período de Crisis General
   a. Fulgencio Batista dá un «Golpe de Estado» que origina una crisis general en la isla, rompiendo así aún más, el orden institucional político. Poco a poco, va perdiendo sus bases de poder, Estados Unidos le quita las armas, sus principales hombres van corrompiéndose y su ejército se desmoraliza cada vez más.
   b. Llega un momento en que el movimiento lidereado por Fidel Castro es el principal movimiento de oposición, a la vez que el más fuerte en apoyo del pueblo, y militarmente. En un momento de crisis institucional máxima al irse Batista, Castro exige el poder total y lo logra, describiéndose de nuevo el mismo proceso anterior de una menor institucionalización a un mayor caudillismo.

3. Período de Ampliación
   a. La revolución define su acción histórica cada vez en forma más total, y yendo de una fase democrática a una fase marxista leninista en menos de dos años.
   b. Los líderes permanentes en todas estas fases estuvieron radicados en el Ejército Rebelde y el Instituto Nacional de Reforma Agraria, los cuales en 1959, establecieron lazos con las «clases marginadas» en la esfera económica. Los restantes líderes fueron desplazados poco a poco y sustituidos por estos hombres mientras que otros fueron aceptando paulatinamente el proceso de totalización de la revolución. El lazo principal entre los hombres que deseaban llevar la revolución hacia un sistema marxista los que iban siendo desplazados poco a poco, y fue el propio Fidel Castro.
   c. Llegando el momento la revolución se extendió a la esfera económica, apropiándose de los medios de producción, mientras que se definía explícitamente que «ser anticomunista era ser contrarrevolucionario».

d. El Partido Socialista Popular (comunista) jugó un papel preponderante en la organización del Estado Socialista y del pueblo en general.
e. Más tarde se define la revolución como «marxista-leninista».

El apoyo a ella, a lo largo del proceso, encuentra base en un mejoramiento del estatus de parte de la clase marginada, junto a la carencia de vinculación del pueblo cubano a partidos institucionalizados. A esto hay que añadir la carencia de conciencia de clase antes de 1959, de las clases dominantes y el divorcio entre la esfera económica y política en el orden institucional y valorativo. La revolución cubana, al unir ambos aspectos, hizo ver claramente su importancia, aunque demasiado tarde para los que querían ver otro destino para la revolución. Además, lo investigado sugiere que el tránsito hacia el marxismo, se debe menos al hecho accidental de que USA ayudará o no a Cuba, como comúnmente se piensa. El destino actual de la revolución se debe más a la interpretación de totalidad que los dirigentes de la revolución tenían desde un principio y que no confesaron explícitamente, hasta haber logrado sus propósitos.

Referencias

Agrupación Católica Universitaria, ACU. (1957). *Encuesta de los trabajadores rurales, 1956-57*. Recuperado de http://bvs.sld.cu/revistas/spu/vol40_3_14/spu19314.htm

Batista, F. (1960). Respuesta. México, D.F.: Impresa Manuel León Sanchez.

Castro, F. (2 enero 1959). Discurso Parque Céspedes, Santiago de Cuba.

Castro, F. (1960). Fidel Castro Ruz en el jucio contra el excomandante Huber Matos. En Secretaría de Propaganda de la Confederación de Trabajadores de Cuba, *Y la luz se hizo, (3)*.

_____. (1959). Discurso pronunciado en el parque central de New York, Estados Unidos de Norteamérica, el 24 de abril de 1959. Versión taquigráfica. Recuperado de http://www.cuba.cu/gobierno/discursos/1959/esp/ f240459e.html

_____. (1960). *La Revolución Cubana*. Buenos Aires: Palestra.

Dahrendorf, R. (1964) «Las clases sociales y su conflicto en la sociedad industrial». Madrid: Rialp.

Davies, J. (1962). Toward a theory of revolution, *A.S.R., (7)* (1), pp. 5-19.

Dorta. F. (1960). *Justificando una reforma agraria. Estudio analítico-descriptivo de las estructuras agrarias de Cuba*. Madrid: Memoria de Licenciatura.

Draper, T. (1962). *La Revolución de Castro, mitos y realidades*. Buenos Aires. Publicación de Asociación Argentina por la Libertad de la Cultura.

Facultad Latinoamericana de Ciencias Sociales, Flacso (1960). «*Sociología del poder*». Santiago de Chile. Ed. Andrés Bello.

Goldenberg, B. (1965). *The Cuban Revolution and Latin America*. New York: Frederick Praeger.

Guevara, E. (1966). El socialismo y el hombre. *Revista Teórica Movimiento de Izquierda Revolucionaria. «Estrategia»*, Septiembre.

Lenin, V. I. (1960) *El estado y la revolución. Obras escogidas*. Moscú: Edic. en Lenguas Extranjeras.

Lipset, S. (1963). *El hombre político*. Buenos Aires: Eudeba.

Merton, R. (1964). *Teoría y estructura social*. México: F.C.E.

Pearson, T. (1963). *Structure and process in modern societies*. NY: Free Press.

Movimiento de 26 de Julio. (1960). El pensamiento económico del 26 de Julio. *Revista Cuadernos de Economía Humana, (Enero)*.

Revista Bohemia (Febrero 1, 1959), Año 51, No. 2.

Revista Bohemia (Febrero 1 1959). Sección en Cuba Año 51. No. 2.

Revista Bohemia (3 marzo 1967).

Roa, R. (15 de junio de 1959). *Carta del canciller Raúl Roa al gobierno de Estados Unidos*. Hecha pública por todos los diarios en circulación en Cuba.

Sánchez, A. (1960). Reforma Agraria, Habana: Frente Democrático Triple A, p. 59

Secretaría de Propaganda de la Confederación de Trabajadores de Cuba (1960). Declaraciones del Comdte. Fidel Castro Ruiz en el juicio contra el ex-Comandante Hubert Matos *Y la Luz se Hizo, Folleto No. 3.*

Tannebaum, F. (1962). Castro and social change. *Political Science Quarterly*, (*LXXVII*),(2) , pp. 178-204.

Touraine, Alain (1970). *Ciencias sociales: ideología y realidad nacional*. Buenos Aires: Tiempo Contemporáneo.

Zeitlin, M. (1 febrero 1966) «Economic insecurity and the political attitudes of Cuban Workers» A.S.R. , *(31)* (1), pp. 35-51.

Zeitlin M. (March 1966) «Political generations in the Cuban working class» A.J.S., *(LXXI)*, (5), pp. 493-508.

Zweig, S. (1964). La Irrupción de los Nazis. en *Nazismo y Marxismo, Colec. de Política Concentrada,*. Buenos Aires, Jorge Alvarez Editor.

CAPÍTULO V

IMPLICACIONES PARA UNA TEORÍA GENERAL DE LA REVOLUCIÓN

La pregunta fundamental ahora es: ¿qué implicaciones para una teoría de la revolución, tiene lo anteriormente expuesto? Aquí tendremos que determinar las condiciones necesarias y suficientes de la revolución desde el punto de vista teórico con algún apoyo empírico, además de enunciar aquellas generalizaciones capaces de sostenerse. El enfoque central aquí es la comparación de aquellas condiciones que dieron origen a la revolución cubana, con los restantes países en iguales condiciones y con las restantes revoluciones del orbe. No conformes con esto, intentaremos por último, hacer algunos alcances con respecto ya no a la explicación del fenómeno, sino más bien a su comprensión última lindando ya con la misma Filosofía Social y con la Ética, apuntando hacia áreas que aún quedan sin contestar y que necesitan elaboración posterior para dar respuesta a los dilemas que hoy vive nuestro continente.

i
¿Qué es Revolución?

Para los propósitos de nuestra investigación en la realidad cubana habíamos definido la revolución como el reemplazo total del personal adscrito a las funciones positivas ligadas a las posiciones de autoridad junto a la definición de metas de una «élite» que define su ideología en forma excluyente. Sin embargo, la propia experiencia revolucionaria y su proceso inherente de radicalización nos ha enseñado que no obstante haberse producido una revolución, gran parte del personal que ocupaba posiciones de autoridad en la fase democrática, continuaban ocupando dichas posiciones más tarde. Si se utiliza ese enfoque el propio Fidel Castro caería dentro del personal reemplazado, lo cual es un absurdo.

El cambio operado no radica entonces en dicho personal propiamente, sino en los cometidos funcionales que éste cumple, independientemente de la persona concreta que ejerce en determinado momento una autoridad dada. No es raro en la revolución cubana ver católicos connotados y hasta partidarios de Batista, proclamando los fines del régimen. Una de las características de la revolución es precisamente ese cambio de actitud súbito, que recuerda las conversiones colectivas al catolicismo, por parte de los «bárbaros» en la Edad Media, cuando el rey aceptaba la nueva religión. Claro está que casi siempre el personal asociado a esos cometidos acompaña el derrumbe del orden, pero esto depende ya de la investigación empírica en una realidad dada.

Por otra parte, cuando la «élite» define su ideología en forma excluyente, nos estamos refiriendo a un tipo concreto de revolución: la totalitaria, dejando un margen abierto para otro tipo de revolución como la democrática, en que las metas no se plantean en forma excluyente. Ahora bien... ¿Puede, con una definición tan amplia, cualquier movimiento reformista caer dentro de la definición? No...Si establecemos nítidamente la diferencia entre la revolución democrática y el reformismo. Este, si bien plantea sus metas sin carácter excluyente al igual que la revolución democrática, respeta y alienta las funciones positivas de autoridad dadas, y a lo más ajusta funciones desintegradas a aquellas más integradas dentro de la realidad social. Sus metas son pragmáticas y las funciones de la posiciones de autoridad son medidas más por suficiencia, que por su ajuste a una nueva sociedad que no se plantea. Tampoco los reformistas elaboran los modelos capaces de sustituir el orden existente en todas sus dimensiones, lo cual equivale al reemplazo total de las funciones positivas de autoridad en la sociedad. En esto último coinciden la revolución democrática y la totalitaria, no así en las definiciones de las metas que habrán de dirigir esas funciones de la autoridad.

Por lo tanto, la revolución democrática se distancia de igual manera de la totalitaria y del reformismo. Yendo ahora hacia lo empírico: ¿Qué revoluciones democráticas y totalitarias ha habido en el mundo? Las revoluciones del Siglo XIX, si bien aportan antecedentes válidos, caen fuera de la definición, por haber abarcado tan sólo una esfera de la realidad, principalmente la política. Es la revolución rusa, la primera erupción social que puede considerarse de acuerdo a los criterios enunciados, como una verdadera revolución. Sigue la revolución fascista y la nazi. En 1948 surge la China y en 1952 la egipcia y por último en 1959, la cubana. Pudieran incluirse, sin duda, algunas más, pero ninguna puede compararse, sobre todo en sus repercusiones a las señaladas.

Hasta ahora, ninguna revolución democrática puede incluirse, aunque es posible observar todo un proceso de gestación aún sin culminación en la democracia cristiana... ¿Puede haber revolución con libertad? Hasta ahora no se ha dado, pero tampoco antes de 1917 se habían dado una revolución totalitaria moderna. La observación de un período de gestación en el caso chileno y en gran parte de América Latina, hace legítimo desde el punto de vista empírico abrir esa dimensión al campo de la investigación social.

ii
Tipos de Revolución

La realidad empírica nos hace ver que todas las revoluciones ya sean progresivas o regresivas, transcurren dentro de un asentamiento de la «crisis de autoridad» y el fenómeno de la marginalidad esta presente también en todas esas revoluciones. Sabido es el papel que juegan los desertores del ejército ruso en la revolución, las nuevas generaciones con derecho a voto y los desocupados en la Alemania nazi, los campesinos en China y los mismos desocupados en Cuba. Sabido es también el papel de las «clases intermedias» sobre todo intelectuales o profesionales en estas revoluciones, como dirigente de las mismas.

Estos fenómenos son de orden distinto y requieren también un estudio aparte, pero el factor explosivo, sin duda alguna, consiste en la vinculación de ambos elementos. Esto lo comprendió perfectamente Lenin (citado por Sabine, 1963) dice:

...un núcleo pequeño, compacto, integrado por trabajadores leales, experimentados y recios, con agentes responsables en los principales distritos y relacionados por todas las reglas de estricto secreto con las organizaciones de revolucionarios puede, con el amplio apoyo de las masas y sin una serie de reglas precisas, realizar todas las funciones de una organización sindical y realizarlas, además, tal como lo desean los «social-demócratas», (p.584).

El papel de este grupo o partido si se quiere, es tomar el poder político, después vendrá la gran transformación en que las masas se incorporarán dirigidas por esta «élite». De acuerdo con ello, podemos clasificar tipos de revolución según el énfasis en la marginalidad producto de la vinculación entre la «élite» y la masa revolucionaria. Así por ejemplo, podemos decir que la revolución nazi y la egipcia se identifican más con una marginalidad horizontal dado por el factor racial o étnico que fundamenta la nación. La rusa, la china, la cubana, se identifican más con una marginalidad vertical. La que en estos momentos quiere hacer la Democracia Cristiana en Chile, se identificaría más con una marginalidad institucional. Si se llega a realizar, tendrá características únicas y universales dentro de las revoluciones de este siglo.

Claro que dentro de cada una habrá características peculiares que la distinguirán como caso único, pero se trata de establecer a nivel teórico, con alguna fundamentación empírica, aquellos elementos comunes. Por ejemplo, una diferencia peculiar en lo referente a las revoluciones que se identifican con la marginalidad vertical, es el distinto papel que cabe en la rusa a los obreros, cuya participación, en la toma del poder fue preponderante; en la China fue especialmente importante la oposición campo-ciudad, asignando al campesino así un rol protagónico a diferencia de la realidad rusa; mientras que en la cubana, cabe un papel más importante que en las anteriores, a las «clases intermedias» o «élites» que se dedican al «trabajo intelectual» en oposición al «manual». De esa manera, se puede observar que posteriormente, cada revolución llevará el sello de su propio origen.

En cuánto a la revolución egipcia y la nazi, se puede constatar que la primera va en busca de una realidad no lograda, la unidad árabe, mientras que la segunda partía de una realidad, la predominancia de la raza aria; asimismo, es distinto el énfasis en la marginalidad vertical: la egipcia ha socializado los medios de producción y ha promovido una reforma agraria, mientras que la nazi ordenó dicha marginalidad y le asignó un carácter permanente a la autoridad en la asociaciones de dominación, pero subordinadas a la nación. Una es progresiva, otra es regresiva.

De esta manera, podemos hacer el Cuadro 20, tipificando las revoluciones, según la marginalidad con que se identifica realmente:

Cuadro 20: Tipo de marginalidad según orden de importancia

REVOLUCIONES +	HORIZONTAL	VERTICAL	INSTITUCIONAL
Nazi	1	3	2
Egipcia	1	2	3
Rusa	2	1	2
China	2	1	3
Cubana	3	1	2

Nota: Se han escogido revoluciones que haya afectado en gran medida la esfera económica y política en el Siglo XX.
Fuente: Elaboración propia.

El Cuadro 20, por supuesto, es discutible, pero apunta precisamente al esfuerzo por lograr características comunes en las revoluciones. La revolución nazi, a pesar de que tenía el apellido de socialista, no llegó a identificarse con la marginalidad vertical, no obstante haber tomado parte de sus consignas el ataque a los grandes capitalistsa, antes del arribo al poder. En la rusa cobra importancia la participación de los soviets campesinos, de aquí que la marginalidad horizontal haya sido puesta en igualdad de circunstancias con la institucionalidad. La revolución china y egipcia, presentan las sociedades más tradicionales de las naciones en que han ocurrido revoluciones. De aquí que la marginalidad institucional, que surge casi siempre del choque de la sociedad tradicional con la sociedad industrial, no se le de mayor importancia que las restantes marginalidades.

iii
Las fases de la revolución y sus condiciones

Hemos distinguido tres fases en la revolución: un período de gestación, uno de crisis general y otro de ampliación. Sorokin (1962, p. 770) por su parte, trabajando a un nivel más general nos habla de dos fases: una «destructiva» que puede equivaler al llamado de «crisis general» y otra «declinante»… «durante la cual resurgen las instituciones y los valores vitales reanudando su expansión y obligando a retroceder a las fuerzas destructoras de la revolución». En esta última no aparecen los valores e instituciones decadentes del antiguo régimen. Estos son sustituidos por la revolución. Es precisamente este aspecto el que hemos enfatizado sin excluir lo descubierto por Sorokin a un nivel más general.

Cuando uno observa las distintas fases esbozadas (y justificadas ya en diversas revoluciones), encuentra que en la mayoría de los países llamados «en vías de desarrollo» se observan condiciones similares: una marginalidad de gran parte de la población, una falta de interiorización de patrones institucionales en gran parte de los actores, un incipiente en mayor o menor grado caudillismo y una cierta vinculación de clases intermedias o «élites» a esos marginados… y sin embargo no se ha producido una revolución. Hemos enfatizado que el papel de la «élite», es precisamente derribar el orden institucional, con ayuda de parte de la «masa revolucionaria» conciente, permaneciendo la mayor parte de esta en estado latente, durante el período de gestación al no tener conciencia clara de su destino. Es precisamente la irrupción de estas masas, las que no pueden ser previstas por los elementos que están destinados a desaparecer en el nuevo orden, que nos habla Haya de la Torre. La famosa frase emanada de la Revolución Francesa permanece vigente: «¿Es una revuelta?», pregunta el Rey Luis XVI desde su ventana un 14 de julio de 1789, día de la Toma de la Bastilla. —No Sire, es una revolución, le responde uno de sus asesores. También, se puede extender a la llegada al poder del partido nazi que llega al poder con sólo un poco más de un 30% de la votación, para después hacer exclamar a una de sus personalidades más destacadas: «Hitler era el hado de Alemania —nos dice Von Brauchistsch— y ese hado no podría ser eludido. (Shirer, 1962, p. 5).

Es el Partido Bolchevique que a fines de 1917 sólo alcanza un cuarto de la votación total en las últimas elecciones libres celebradas en Rusia y que poco después, asume el poder total. Es observando ello, cuando nos habla Lenin de la Ley Fundamental de la Revolución ya citada, confirmada por todas las revoluciones y en particular, por las tres revoluciones rusas del Siglo XX, que se caracterizan por «la decuplicación o centuplicación del número de hombres aptos para la lucha política pertenecientes a la masa trabajadora y oprimida, antes apática». El substrato que produce esta manifestación que equivale en términos de Berdiaev a la «liberación de las masas», está en ese «estado mental insatisfecho», de que nos habla Davies o en el sentimiento de ser «explotado» que nos habla Marx o en la posibilidad de relacionar una situación dada dentro de la sociedad, con la distribución de la propiedad y la estructura social que nos habla Weber.

En la Alemania Nazi, el énfasis en los factores enunciados por Weber, era la presencia judía en el poder económico de la nación, desplazando a los alemanes, mientras el énfasis en cuanto a la estructura social era que el desorden imperante solo podía resolverse con una autoridad máxima: «No debe haber decisiones de la mayoría, sino únicamente personas responsables» —dice Hitler (Shirer, 1962, p.107)... Desde luego, todo hombre tendrá consejeros a su lado, pero la decisión será tomada por un solo hombre...exclusivamente él puede poseer la autoridad y el derecho para mandar. En la revolución marxista, el énfasis es en las clases explotadoras que controlan los medios de producción, desplazando a los que realmente trabajan, mientras el énfasis en cuanto a la estructura social, era que el desorden puede resolverse por una «dictadura» para las restantes clases del viejo orden, que cree un nuevo orden más justo.

Ahora bien, dicho substrato no puede hacerse consciente sin una «crisis general», que apuntamos como una condición necesaria, aunque no suficiente para probar una revolución que comprenda las tres fases enunciadas. El mismo hecho de la frustración de las revoluciones citadas por Lenin es una prueba concluyente. Crisis generales de ese tipo pueden presentarse y después retornar la sociedad a un equilibrio parecido al período de gestación. El caso de España y el de la revolución de 1933 en Cuba pueden citarse como ejemplos. Aquí se hace especialmente importante «el eslabón débil» en el marco institucional valorativo que se enuncia en el Cuadro 21.

Cuadro 21: Eslabones débiles en revoluciones seleccionadas

REVOLUCIONES	«ESLABÓN DÉBIL»
Nazi	Gobierno
Egipcia	Ejército
Rusa	Ejército y Gobierno
China	Ejército
Cubana	Ejército

Fuente: Elaboración propia.

A excepción del Régimen Nazi, en las restantes revoluciones, el resquebrajamiento del ejército fue el hecho crucial que facilitó el acceso al poder. Pierre Lenoir (1947) dice:

> La prueba suprema de que la revolución es sobre todo el derrumbamiento del poder establecido, se encuentra en el hecho de que vence siempre con una facilidad desconcertante y a menudo, incluso sin combatir. Los Reyes abdican los parlamentos votan su propia destitución casi sin resistencia, una vez que se ven desbordados...Las batallas sangrientas no tienen lugar sino más tarde, entre la revolución y la contrarrevolución...La cuestión tan discutida de saber si una revolución es posible contra el ejército es, por consiguiente puramente teórica. En la práctica esta cuestión no existe. Porque en tanto que el gobierno tiene la fuerza armada en sus manos, el poder no está debilitado y no se dan las condiciones para una revolución...que el ejército se componga de mercenarios o de conscriptos, refleja también la opinión pública y traduce tanto la coherencia como la disgregación de un régimen. Los oficiales sufren la influencia de la crítica y la duda, tanto como las otras capas

de las clases superiores y cuando toda autoridad es discutida y puesta en tela de juicio, la disciplina en el ejército es forzosamente afectada...En realidad, no hay revolución contra el ejército, porque una revolución no se produce más que cuando la fuerza y la unidad del ejército están ya quebrantadas. (p. 44)

De aquí que el ejército en todas las revoluciones, más que desaparecer se divida entre los bandos en pugna. Todos estos rasgos son excepcionales dentro de un período de «crisis general» y equivalen a una agudización de la carencia de patrones institucionales, relacionados a la crisis de la autoridad. Cualquier hecho puede provocar esa crisis general, tales como una guerra internacional, una «dictadura tradicional», una depresión económica, una guerra civil, una toma de conciencia súbita de los sectores desposeídos en estado latente durante el período de gestación, o todo ello junto. Común a todos estos hechos, se encuentra lo apuntado por Davies: un temor general o que incluso lo ganado se pierda. De aquí que todas las revoluciones pasen de la situación de «status quo» a un régimen transitorio luego a la revolución totalitaria. El Régimen Nazi fue precedido por una derecha moderada, el soviético por una izquierda menos excluyente de los otros sectores sociales, la revolución cubana igual y la china tampoco es una excepción. Pero aún en el campo de las instituciones nos encontramos carentes, de aquella variable crucial, puesto que ha habido tremendas crisis generales, tales como la de 1929, que no produjeron semejante fenómeno.

Aquí apuntamos hacia el proceso mismo de radicalización. En todas las revoluciones frente al resquebrajamiento del orden existente, la posición más extrema se ha impuesto y con ella el caudillo y sus partidarios. Podemos entonces afirmar que la condición necesaria y suficiente para que una revolución ocurra es que haya un deterioro continuado de los patrones institucionales y paralelamente el surgimiento de un caudillo y una «élite», capaz de brindar la confianza a las masas revolucionarias de que las metas propuestas se cumplirán. Esto fue lo que no surgió en la revolución española, ni en la revolución rusa de 1905, ni en las restantes revoluciones abortadas, así como en las «crisis generales» habidas.

De manera que la «Crisis General» es una condición necesaria, pero sólo para resquebrajar los patrones institucionales y para arrojar las masas revolucionarias dentro de los nuevos patrones de conducta fijados por el caudillo y la «élite» revolucionaria. Es esta menor institucionalización junto a un mayor caudillismo, lo que pudiéramos enunciar como la condición necesaria y suficiente de la revolución, dentro de un período de crisis general que permita una toma del poder parcial o total para posteriormente lograr una vinculación más amplia entre dicha «élite» y los «marginados» con los cuales se establece una identificación en las metas. Pero esto último no ocurre, sin una toma del poder previa y sin una «crisis general» que afecte a toda la sociedad. He ahí en resumen, las condiciones necesarias y suficientes para que una revolución se produzca. La investigación empírica posterior habrá de refutar o confirmar lo afirmado arriba, a través del estudio de los diversos hechos revolucionarios.

Son pocos los autores que se han dedicado al estudio científico de la revolución y por ello se hace especialmente importante relacionar las anteriores afirmaciones con investigaciones anteriores. En un estudio realizado por Pitirim Sorokin (1962, p. 770) en multitud de países, en un período que se extiende desde el Siglo VI A.C. hasta el 1925 de la era cristiana, en que se estudiaron 1,622 disturbios importantes que califica como perturbaciones internas, se llegó a las siguientes conclusiones:

a. Puede establecerse que por término medio, se produjo una importante perturbación interna en la mayoría de dichos países cada cinco o siete años. Los más largos períodos de vida pacífica comprenden un lapso de unos noventa años, pero esos períodos son escasos.

b. No hay una periodicidad estricta en el estallido de revoluciones.

c. No existen naciones particularmente «ordenadas» o «desordenadas», pues la única diferencia radica en que una nación pacífica durante cierto período, se tornará belicosa durante otro.

d. No hay diferencia tangible entre varias naciones respecto a la violencia, crueldad y carácter destructivo y sanguinario de sus revoluciones.

e. La duración de los disturbios mayores fluctúa ampliamente, abarcando desde varios días a unas cuantas décadas. La duración predominante es de varias semanas.

f. La curva de los disturbios en diversos países a lo largo de la historia difiere ampliamente; no hay una gráfica uniforme de estas curvas respecto a los países estudiados. Tampoco la hay referente al movimiento de las mismas en la historia de un mismo país.

g. Tampoco en la historia de los distintos países, ni en la de Europa en su conjunto, se evidencia una dirección hacia revoluciones más violentas y frecuentes o hacia su desaparición. La noción del reemplazo progresivo del cambio violento por la evolución ordenada en el curso del tiempo, no ha sido corroborada por los hechos.

h. Hay una leve tendencia a que los disturbios internos ocurran más frecuentemente durante las guerras o inmediatamente después de ellas, especialmente en los países derrotados; pero la mencionada tendencia no es pronunciada ni uniforme.

i. Se observa una tendencia hacia las perturbaciones intestinas, que se multiplican durante los períodos de un desenvolvimiento particularmente rápido de determinada civilización, así como durante las épocas de señalada desintegración y decadencia.

j. Las proposiciones h) e i) pueden subsumirse bajo la proposición de que, cuantitativa y cualitativamente, la curva de las revoluciones llega a su máximo en un período de transición e inestabilidad de las instituciones sociales, valores culturales y normas de conducta y desciende a su mínimo en períodos de instituciones sociales, valores culturales y normas de conducta estables y bien cristalizados.

Todas estas afirmaciones abarcan ya los rasgos más generales de las revoluciones. Se hace particularmente instructivo el que la afirmación contenida en el inciso j) se sostenga en las revoluciones vistas, ya que hay una referencia directa a la «crisis de autoridad» sobre la cual hemos hecho descansar nuestro enfoque teórico. También se sostiene lo descubierto por Davies. Se debe tener en cuenta que nuestro enfoque está hecho a nivel de teoría intermedia, la cual se encuentra entre las «hipótesis de trabajo desarrolladas en gran cantidad durante la rutina diaria de la investigación y las especulaciones omnicomprensivas que abarcan un esquema conceptual capital del que se espera que derive un gran número de uniformidades observadas empíricamente, de la conducta social», tal y como define Merton (1964) las llamadas «teorías de alcance medio».

El nivel a que trabaja Sorokin es onmicomprensivo pero sus descubrimientos pueden relacionarse a nuestros resultados al establecer lo que llama la ley de polarización de los movimientos revolucionarios. Sorokin (1964) dice:

> La abrumadora mayoría de la población estudiada en tiempos normales no se muestra ni decididamente mala, ni tampoco virtuosa en forma relevante, ni muy inclinada a la vida de relación, ni extremadamente antisocial...en tiempos de revolución esta mayoría indiferente tiende a escindirse, derivando sus segmentos hacia polos opuestos... La «equilibrada mayoría» tiende a desvanecerse dando paso a facciones polares extremas en los campos ético, religioso, intelectual, otros. (p. 776)

Esto último fundamenta a nivel teórico amplio, todo el enfoque tanto de conflicto como de teoría de alcance medio, a la vez que permite establecer futuras derivaciones de la interpretación sociológica que hace Sorokin de la historia.

iv
Revolución y desarrollo

Al establecer como modelo que informa las generalizaciones empíricas enunciadas, un enfoque de conflicto y ver que la situación limite de la transformación de las estructuras y de la influencia de los movimientos sociales sobre ellas, es la revolución, apuntamos también hacia un enfoque capaz de ser aplicado a realidades en que aún no se han dado esas situaciones límites. Hay consenso entre los sociólogos de América Latina en que para estudiar nuestra realidad social es necesario un enfoque como el propuesto. En este terreno, hemos intentado un ensayo como el sugerido en estas reflexiones. El sentido de las mismas es no aplicar las teorías importadas de países desarrollados tal y como son enunciadas allá, a nuestros países, lo cual lleva a aberraciones que son suficientemente conocidas por los científicos de nuestro continente.

En el enfoque presentado, hay una conciliación subyacente entre lo que pretendemos alcanzar, vale decir, un desarrollo económico y una democracia real en términos amplios, con la realidad interna que viven hoy nuestros países, cuya dinámica al utilizar enfoques estáticos, se nos escapa. La fiebre más terrible que tiene que sufrir un sociólogo, es encontrarse frente a la diversidad de las teorías y al cúmulo de investigaciones aparentemente conexas en la actual «etapa de la teoría e investigación sociológica en América Latina». «Dios mío...Sálvame de este infinito caos de hechos —exclama Sorokin (1956)— porque sí al menos supiéramos si son significativos o no». Muchos optan por preguntarse tan sólo qué es significativo desde la realidad misma, partiendo de una idea valorativa y sin mucha preocupación teórica, comienzan a hacer una ciencia operacional.

Este es el tipo de investigación a nuestro entender, que está haciéndose al aplicarse tan sólo el enfoque de «marginalidad» a los países en vías de desarrollo. De esa manera, se quiere una integración de la sociedad, se nota una desintegración entre sectores y áreas participantes y no participantes, y se entra a operacionalizar, como cortando la realidad según la importancia de los indicadores que nos reflejan las distintas áreas de conocimiento, sin establecer la relación entre los mismos y sin un principio de «límite» para el propósito final de llenar los diversos porcentajes de participación. En las sociedades totalitarias por ejemplo, es donde hay mayor participación organizativa y se ha probado que cuando existe un mayor conflicto, hay una mayor participación política, como en las últimas elecciones chilenas (1966). Además, el acceso al poder de los que propugnan la integración, aparentemente llena este capítulo, podríamos decir que se deja de ser «marginal» en ese aspecto y sin embargo, se sabe que no es así.

Este enfoque hace al sociólogo un simple manipulador de porcentajes, sin ningún impulso creativo, coartando el interés por desentrañar más profundamente nuestra propia realidad y junto con ello, llegar así a esa misma integración que se busca. No obstante el argumento de urgencia por una parte y la etapa en que actualmente viven las Ciencias sociales, no hacen totalmente inválido este alcance, cuando además los mismos que lo sostienen, admiten su inmadurez. Por otra parte, es una exhortación y a la vez, una denuncia para salir de nuestra actual situación, además de darnos una visión fotográfica, en su forma tipológica de la sociedad que vivimos. Pero esto es sólo un primer nivel que se hace importante, incluso para localizar áreas estratégicas, pero que no aporta nada a la teoría científica propiamente dicha.

La actual realidad de nuestro continente nos hace ver que no basta en la acción social, hacer los marginales «integrados», es necesario apuntar hacia las instituciones existentes, preguntándonos cuáles hacen falta, cuales no son necesarias y más aún, obstaculizan el proceso hacia el desarrollo económico y la democracia. En este último aspecto, estamos tocando el problema del poder, lo cual no es central en este enfoque. La justificación de la revolución en el momento de ocurrir es la pauperización de las masas, la injusticia de la distribución de la riqueza, etc. En ese sentido y ante la urgencia de los problemas planteados, el término «revolución» es utilizado en los más diversos sentidos. Existe un consenso, no obstante, en cuanto a que es una manera de hacer énfasis en la rapidez, en el cambio de las estructuras existentes para lograr un desarrollo económico y social que satisfaga a las grandes mayorías desposeídas. Este, como se ve, no es el concepto que hemos desarrollado en este trabajo.

De ello se desprende, no obstante, la relación entre Desarrollo y Revolución, más aún cuando las diversas ideologías ofrecen modelos de solución a esos problemas. Lipset (1947, p. 245) dice:

> Poco se sabe en realidad sobre las condiciones bajo las que una zona atrasada puede transformarse súbitamente para pasar de uno a

otro extremo del espectro político. Los estudios sobre las actitudes políticas en el Cercano Oriente, sugieren que las comunidades, desde el exterior, pueden desempeñar un papel importante mediante la formación del descontento y la exhibición del ejemplo de una utopía norteamericana o rusa en la que los obreros o agricultores viven bien. (p. 245).

Ya en este aspecto hemos hablado de la importancia que reviste en la experiencia cubana, la cercanía a USA, con la llamada «revolución de los consumidores», según nos decía Tannebaumm. La importancia de este hecho radica principalmente en la posibilidad de comparación que puede establecerse, al constatar un actor social una situación dada que juzga injusta. Esa «toma de conciencia» de la cual hemos hablado ya, puede adquirirse súbitamente y está caracterizada por dos actitudes capaces de enraizarse como patrones de conducta:

1. Un rechazo a la situación anterior, la que juega enajenante.
2. Una esperanza de salir de esa situación.

Lo sugestivo del marxismo precisamente, es que ofrece ambas cosas: una interpretación del pasado para condenarlo y superarlo y una visión del futuro que alumbra la realidad a transformar en el presente, muy distinta por cierto a los planes pragmáticos de desarrollo o la gestión burocrática por el «bien común» de otras ideologías empeñadas en los problemas que atañen a los países en vías de desarrollo. Por esa razón, los planes que aplican estos últimos, no producen esa incorporación masiva, que caracteriza las revoluciones que desfiguran la faz social. ¿Cuál es la diferencia? El desarrollo es enfrentado en una revolución nazi o marxista, con un sentido místico, semejante aunque muy distinto, al que nos habla Weber respecto a la influencia de la Etica Protestante en el desarrollo del capitalismo. Shirer (citado por Segundo, 1966) dice:

> El paro, la maldición de los años veinte y del comienzo de los treinta, fue reducido como hemos visto, de seis millones en 1932, a menos de un millón cuatro años después. La producción nacional subió el 102% de 1932 a 1937 y la renta nacional fue duplicada. (p.55)

Iguales índices puede declarar la Unión Soviética de desarrollo económico en los últimos años. La otra cara de la medalla de ese factor místico en la actualidad -cuando asume caracteres colectivos- es el totalitarismo político, lo cual no se da en la «mística» individual que liga la salvación sobrenatural al índice objetivo de la riqueza habida en el mundo. ¿Puede haber una mística de esa naturaleza sin totalitarismo? Esa es una pregunta que aún está por contestar desde el punto de vista empírico. Y si se quiere un desarrollo rápido y no hay recursos para hacerlo, más que el pueblo y sus brazos, es hora quizás de plantearse ello como pregunta fundamental. Los primeros meses de la revolución cubana brindan un buen ejemplo en ese sentido aunque la solidaridad no llegó a cristalizar después a todos los niveles, al imponerse un régimen totalitario. Este hecho plantea problemas éticos y lejos de ser falsamente «científicos» pretendiendo ser neutrales, tomamos partido sin ninguna duda al lado de la libertad y el respeto a la persona humana, bastante olvidadas en los planes de desarrollo de una y otra parte del mundo que vivimos.

Otro aspecto que surge del enfoque teórico presentado es la posibilidad de apuntar directamente, mediante la determinación de las marginalidades más críticas, hacia donde deben propender las prioridades en las políticas de desarrollo, lo cual hasta ahora se tiene dibujado muy vagamente. De esa manera, los «marginales institucionales» por ejemplo, en las áreas rurales, seguramente serán aquellos que recibirán una mayor atención en la planeación del desarrollo en un principio. Por otra parte, intrínseco a ello, estará la búsqueda de fórmulas para incorporar al proceso productivo a estos hombres, ya que la definición de su existir es precisamente, que se encuentra fuera de las asociaciones de dominación económica, sean estas empresas industriales o agrícolas.

Se ha visto con Davies, que las revoluciones no ocurren en los países que transcurren dentro de una pobreza generalizada y podemos añadir, estable. Más bien ocurren cuando estados de desarrollo logrados, no logran seguir una línea ascendente que satisfaga las necesidades de la sociedad. Segundo (1966, p. 55) dice:

Los países latinoamericanos que han llegado a tener una buena proporción de clase media del sector terciario, parecen destinados a un cierto estancamiento económico, con crisis permanentes que afecta a todos, pero de distinto modo. Decíamos que las clases bajas sufren la mayor parte del impacto económico de estas crisis, pero con ello no cambia su situación social. En cambio e observa que las crisis desplazan socialmente a una parte de la clase media, haciéndola descender en la escala social...Pues bien, sería un error grave subestimar el efecto político de este desplazamiento, pues aunque sólo afecte a una pequeña parte de la población el dinamismo y la conciencia de esa parte están sumamente agudizados y constituye a menudo, un factor mucho más revolucionario que la existencia de grandes sectores preteridos y miserables». (p. 55)

Añádase a esto el hecho de que cualquier desarrollo que se pretenda en el continente, tiene necesariamente que restringir el consumo de las clases más beneficiadas, en favor de las clases más necesitadas, que sin duda alguna, podemos localizar en America Latina en los «marginales institucionales». El tránsito de un sacrificio impuesto principalmente a las «Clases altas» e «intermedias» sin que ello redunde rápidamente en una elevación considerable del estándar de vida de las «clases dominadas», puede constituir un dinamismo explosivo de carácter revolucionario del cual no se sospecha aún sus consecuencias. Incluso aquí podemos incluir los sectores más beneficiados de las «clases dominadas», como los obreros industriales y sindicalizados en América Latina que van a negarse sistemáticamente, como ya hay ejemplos de ello, en muchos países, a una congelación de salarios o a un cese de demandas reivindicativas y sociales.

Por esta vía, surge nuevamente el problema no mensurable, que cae fuera de los rigores científicos, de crear una solidaridad indispensable para llevar esa tarea a cabo y volvemos de nuevo a tocar el problema de la «mística del desarrollo». Si no hay convencimiento interno de esos sectores y adhesión entusiasta a las medidas en favor del desarrollo, de manera tal que conciba el sacrificio como una solidaridad, se tomarán esas medidas como imposiciones, sobre todo en las «clases intermedias» y obreros sindicalizados, lo cual puede crear las condiciones propicias para que una revolución asuma el poder. Por otra parte, en aquellos aspectos en que puedan frustrar la metas nacionales, no harán caso de los ruegos del gobierno y por tanto, retrasarán dicho proceso. Ese es el dilema al cual se enfrentan los gobiernos en América Latina que quieren realizar un desarrollo dentro de marcos democráticos. Plantear el desarrollo en forma pragmática o el plantearlo con categorías racionales, no hacen más que rehuir este dilema que tarde o temprano, se presentará con toda su crudeza.

V
Revolución e interpretación de la historia

Cuando nos referimos a las proposiciones de Sorokin sobre la revolución, este hizo mención a que ellas se multiplicaban «durante los períodos de un desenvolvimiento particularmente rápido de determinada civilización, así como durante las épocas de señalada desintegración y decadencia». Ello nos lleva directamente a la validez o no de estas uniformidades, semejantes a las elaboradas por Marx en el Siglo XIX. Bajo el sub-título de: «tipos deficientes de la teoría en la sociología actual» nos dice Talcott Parsons (1965):

> En la historia de la teoría sociológica, hubo una importante corriente de pensamiento que la relacionaba íntimamente y hasta la identificaba con la Filosofía de la Historia... que tuvo dos consecuencias seriamente desfavorables. En primer lugar, al concentrar la atención sobre problemas equivocados, se impidió el progreso en la buena dirección. Erróneamente, se ha intentado alcanzar de golpe, un objetivo que sólo se podía lograr en forma gradual, empezando por establecer las bases y preparar los instrumentos analíticos...puesto que la «teoría» se había identificado casi totalmente con dichas tentativas de generalización empírica global, al fracasar no sólo se desacreditaron ellas mismas —lo que hubiera sido justo y correcto—, sino comprometieron a todo lo que de una u otra manera, se demoninaba teoría. Esta reacción contribuyó mayormente a la propagación de una clase de «empirismo» que rechazaba a ciegas todos los instrumentos teóricos sin distinción. (p. 45)

En contraste con las afirmaciones anteriores, nos dice Sorokin (1965):

Comparado con el período reciente, la sociología general al final del Siglo XIX y principios del Siglo XX, fue más productiva en formular amplias síntesis sociológicas, en descubrir amplias uniformidades y rasgos y en construir grandes sistemas de sociología... la reciente investigación sociológica ha estado dirigida más hacia las técnicas de investigación y menos hacia la formulación de teorías amplias y sustantivas acerca de los problemas básicos socioculturales...El principal cuerpo de investigación corriente representa sobre todo, una reiteración, variación, refinamiento y verificación de los métodos y teorías desarrolladas por los sociólogos del período precedente. (p. 833)

Estas tendencias, aparentemente contradictorias, son inherentes según Sorokin, al desarrollo de la ciencia misma, a la cual después de un período de descubrimiento, sigue uno de ajuste. La siguiente fase ha de ser sintetizadora, integrando así, en un futuro, las teorías analíticas existentes y las uniformidades de «rango medio» que actualmente se han sostenido en la sociología. Esto lo hemos hecho parcialmente, al buscar en una gran teoría, la del propio Sorokin, la fundamentación de nuestros resultados a nivel de «teoría intermedia». No hay duda, no obstante lo dicho anteriormente, que existe una tendencia en la Sociología Moderna —con su énfasis en las «causas próximas»—, a no tomar en cuenta la historia desde el punto de vista sociológico. Dahrendorf desterrará todo este andamiaje teórico de Marx, al ver sus elementos sociológicos y lo examina muy sumariamente. La revolución en Carlos Marx, como vimos, está ligada a la interpretación de la historia. Con Sorokin, constatamos también que la ocurrencia de la revolución está ligada al desarrollo humano a lo largo del tiempo.

No cabe duda que el principio de totalidad que informa estos movimientos, tiene su aparición en determinado momento histórico dado. A nadie se le hubiera ocurrido por ejemplo, hacer la Revolución Francesa, en el Siglo XV. Todo ello apunta hacia una interpretación de las grandes líneas de la historia. Los argumentos dados por los sociólogos norteamericanos no son absolutos, porque también es cierto que en la medida que el científico social se aleje de la acción única que caracteriza el acto histórico, también se separa de la realidad social y de la posibilidad de intervención humana en ella. Estos autores nos vaticinan que la Sociología alcanzará el nivel de la Ingeniería Social dentro de muchos años en el futuro, tantos, que es imposible pronosticarlo.

Mientras tanto, los sociólogos nos enfrentamos aquí en nuestro continente, con la tarea de construir un nuevo orden social, para lo cual es un obstáculo ese tipo de enfoque que además es objetable desde el punto de vista científico. Lo que sucede en la práctica, es que al carecer de una teoría del desarrollo humano adecuada a nuestra realidad particular, y que comprenda a la vez, las grandes líneas del desarrollo histórico, llenamos ese vacío o con la interpretación marxista o con los patrones valorativos producto del análisis de la sociedades avanzadas que hacen los sociólogos norteamericanos. Así, sin quererlo, dirigimos el mundo que intervenimos hacia la lucha de clases generalizada dentro de un cataclismo revolucionario o hacia la neutralidad afectiva, la orientación hacia lo colectivo, los valores universales, el logro y la especificidad en los roles. Las otras alternativas: el pragmatismo o el uso de categorías racionales, sin encarnación histórica, para diagnosticar la realidad de nuestros países, tienden a ser insuficientes y en la práctica se cargan de un lado o de otro de la balanza.

Ello no resulta extraño, si constatamos que nuestra sociedad es muy semejante a la que dio origen a los teóricos del Siglo XIX. Resulta curioso observar por ejemplo, como muchos sociólogos que defienden un enfoque «sin historia» concuerdan en que Marx para su época, interpretó adecuadamente la sociedad que le tocó vivir. Sin embargo, niegan ese mismo enfoque en nuestros países, debido al nivel alcanzado por las Ciencias Sociales, como si éstas no fueran producto de la misma sociedad. Es decir, lo que fue válido para una sociedad convulsionada por el proceso de industrialización, con su consecuente concentración en las ciudades, la extensión de la miseria más inhumana, el conflicto en la distribución de las riquezas, la negación al cambio por las clases dominantes, la contradicción entre el campo y la ciudad, la vinculación del poder económico y político, no es válido para nuestra sociedad que vive semejantes problemas, aunque con diferentes peculiaridades. Esto es una contradicción, aún más cuando constatamos que esa necesidad de una teoría del desarrollo histórico, es llenada de diferentes maneras.

No se trata de detener ahora la historia y negar el progreso alcanzado por las Ciencias Sociales hasta nuestros días, se trata de buscar una síntesis que comprenda ambos aspectos. Un puente entre los sociólogos del Siglo XIX y la sociología actual es el propio Sorokin, cuya interpretación resume los principales descubrimientos del siglo pasado, incluyendo a Marx, Weber y Durkheim, junto a los descubrimientos actuales. Las proposiciones de Sorokin (1956, p. 19) a este nivel, pueden resumirse así:

1. Hay tres formas culturales principales a lo largo de la historia de la humanidad, a las cuales hombres han referido sus valores, sus instituciones y su personalidad. Ellas son la «ideativa» basada en el principio de un Dios súper sensorial y súper racional como la única verdadera realidad y valor. Ejemplo de ella es la cultura medieval y la brahmánica. Hay otra que sigue a ésta, llamada «la idealista» cuya mayor premisa es que «la verdadera realidad es parte supersensorial y parte sensorial». Ella comenzó alrededor del Siglo XII. Pero ello no se detuvo, cada vez más comenzó a emerger un mundo cuyo nuevo valor principal estaba basado en que «la verdadera realidad y valor es lo sensorial», es decir, lo que es percibido por los sentidos; a ella pudiera llamarse una cultura «sensible».

2. El diagnóstico para nuestra sociedad en general, es el siguiente: «habiendo sido dominante por varios siglos la forma sensible, ésta se ha impreso en los principales compartimentos de la sociedad y cultura occidental los ha hecho también predominantemente sensibles. Como la forma sensible se desintegra, también ello afecta a todos los compartimentos de nuestra sociedad y cultura»... entonces... «no es lejano afirmar que durante los últimos 20 siglos, ha habido sólo 4 crisis en la historia de las culturas occidentales y greco-romanas comparable a la presente»... «Nosotros estamos viviendo y actuando...» «cuando una forma fundamental de cultura y sociedad sensible está declinando y una forma diferente está emergiendo... Esto significa que el principal tema de nuestro tiempo no es democracia versus totalitarismo, li-

bertad versus despotismo; ni es capitalismo versus comunismo, ni pacifismo versus militarismo, ni internacionalismo versus nacionalismo»... «Ellos son someros resultados del principal tema».

3. ¿Hacia donde vamos? Hacia una cultura diferente a la sensible que será idealista o ideaccionista o integral que conlleva todas las formas culturales posibles. Los místicos, los santos y los ascetas serán de nuevo héroes. El ser humano en las relaciones sociales e incluso en la ciencia, dejará de ser percibido como número objeto y se le tomará como algo con esencia divina y con dignidad humana. Nuestras instituciones y normas estarán referidas a lo absoluto suprasensible. Los valores serán semejantes al «sermón de la montaña», piedra angular del cristianismo.

La sugerencia en este punto es la siguiente: La revolución como producto de la cultura sensible, es mirada como una reacción frente al énfasis materialista de esa cultura, pero la pregunta fundamental es si la supera o no. Sorokin concluye que ni el nazismo en su tiempo, ni el marxismo actual son capaces de superar ese énfasis en lo material, característico de la cultura sensible. Después del rechazo, caerán en lo mismo que criticaron. Nótese en este punto que el pronóstico se cumple si atendemos a las críticas chinas a la Unión Soviética en la actualidad y a las semejanzas que van adquiriendo las sociedades norteamericanas y soviéticas en su estructura social. Ya dentro del marxismo, se está hablando de «la contradicción entre el hombre y la materia» que es casi volver a hablar del rechazado «pecado original».

El llamado «efecto demostración» respecto a la influencia de los países desarrollados en cuanto al consumo, también responde a estas líneas generales y es un buen punto de vinculación empírica entre la teoría esbozada por Sorokin y nuestra propia realidad. El marxismo entonces, es una protesta, pero no es la cultura del futuro. Al hacer un análisis del porvenir, entramos de plano, en la intervención del hombre en la historia y en la ética de la conducta a seguir en el presente.

vi
La misión del mundo de hoy

De acuerdo con lo enunciado anteriormente, hemos podido salir del dilema presentado por la carencia de una teoría que informe del desarrollo histórico, pero no basta con ello. El descubrir una uniformidad conlleva un ajuste de conducta a dicho descubrimiento. Ahí encontramos una gran debilidad teórica en las Ciencias Sociales. Einstein descubre la teoría de la relatividad y si alguno se niega a aplicarla, sencillamente es tomado por loco o por un mal científico. No sucede así con las Ciencias Sociales, entre otros hechos por los argumentos esgrimidos por Parsons, en contra de estas grandes teorías. No obstante, hemos visto que implícitamente, cuando nos enfrentamos con una realidad como la nuestra, hay detrás una interpretación del desarrollo histórico dentro de dilemas que no son quizás los que se ajusten a nuestro pensamiento.

La alternativa que se nos presenta entonces, es cruzarnos de brazos, en espera de que las Ciencias Sociales alcancen ese nivel de explicación, o lanzarnos a la aceptación de esa teoría general del desarrollo de la historia, para poder, en alguna medida controlar los acontecimientos presentes. Hemos llegado al punto que hizo exclamar a Marx, que ya había pasado el momento de interpretación de la sociedad y que en aquel momento, era necesario transformarla. Aquí no se proclama ello, porque sería coartar todo el progreso científico social. Se aboga sí por una adhesión y a la vez, por una mayor investigación en esa línea. Si llegado el momento, dicha teoría no se sostiene, entonces habrá que sustituirla o modificarla, pero mientras tanto, allí donde haga falta, tiene que estar presente. «Del error-dice Bacon- puede surgir la luz, de la confusión nada». Dicha teoría a la vez puede informar y guiar, esa mística necesaria e irracional, de que hablábamos cuando nos referíamos al desarrollo de nuestras naciones en relación a la revolución.

Todos estos aspectos necesitan una precisión ulterior como sería la conciliación de la exigencia de una revolución en nuestros países con la misma teoría, de manera que no caigamos en el círculo vicioso marxista; el papel que corresponde a cada cual en la consecución de esa nueva forma cultural; la incorporación de otros pensadores a esta dirección. Por ejemplo, Teilhard de Chardin (1957), ofrece una perspectiva amplia que concilia la naturaleza con el hombre, con la cual superó al propio Marx cuyo tema central era éste: a la vez debe pensarse como incorporar estas verdades universales al pueblo, cualquiera sea el nivel cultural de éste; en fin, en este capítulo, se puede encontrar para el futuro una riqueza infinita, cuyos resultados van a depender de la aceptación de esa teoría del desarrollo de la historia.

Timasheff (1961, p. 332), al hacer un comentario crítico de la obra de Sorokin, menciona que su teoría puede concebirse en forma dialéctica también. Y es precisamente aquí donde encontramos la mayor luz para guiar nuestra acción en el presente. Nuestra tarea principal en el mundo social va a ser la aceleración de aquellas relaciones de solidaridad que apunten hacia ese mundo nuevo esbozado por la teoría y cuyo fin principal será una sociedad comunitaria, donde se cumpla integralmente el derecho natural. Aquí se deberá tomar también en cuenta, aquellos factores que la retardan y obstruyen, que pueden estudiarse dentro de un enfoque de conflicto cuando sea necesario. Al mismo tiempo, deberán intensificarse todos aquellos estudios positivos que ayuden a la definición e instauración de un nuevo orden dentro de esa línea. Los trabajos realizados por el profesor Luis Scherz (1968) sobre la Universidad Latinoamericana, son buenos ejemplos y hasta ahora únicos, de este esfuerzo. Ello debiera extenderse a otros ámbitos de la sociedad.

Como se desprende de lo anterior, lo que hemos hecho brevemente es poner a Marx de cabeza, casi igual a lo que hizo éste con Hegel. Lo que pretendemos en esta parte de nuestro estudio que cae ya en el plano ético, es sugerir a grandes, rasgos, la encarnación histórica de las verdades éticas absolutas, única manera en nuestro tiempo, de realizar existencialmente esas verdades en la sociedad y en nosotros mismos. Ello lo hacemos con el fundamento de que, a partir del proceso de industrialización hecho único en la historia del desarrollo humano, el hombre tiende cada vez más al dominio del mundo natural y social. La extensión de la conciencia humana, como nos hacer ver Chardin (1957, p. 131), abarca una mayor complejidad e iluminación. En su proceso de consolidación creciente (desde la materia viviente hasta el hombre, el ser más complejo e iluminado), el impulso vital no se detiene: «Después del hombre, dice Chardin, la humanidad...» Obsérvese que la propia línea de acción desde el marxismo original va en ese sentido, cada vez un mayor desprecio de las fuerzas productivas o infraestructura económica y cada vez más un predominio de la «acción consciente».

En esta sección tan sólo se ha querido tocar aspectos que de una manera u otra tiene que ver con las revoluciones pasadas y futuras, utilizando un método intuitivo más que sistemático. Ello lleva más a sugerir que a convencer, junto a una meditación de nuestra acción cuando planteamos el rechazo de un orden dado y el reemplazo por otro. Como se ve hay más interrogantes de las que generalmente se piensa respecto a la revolución. Ello no debe hacernos dudar en el momento de la acción. La teoría de la relatividad de Einstein podía haberse inventado en cualquier momento de una época dada, más el nudo gordiano que con su espada hizo pedazos Alejandro, tenía que haberse hecho en un momento determinado de la historia, o la sociedad hubiera sido distinta.

Referencias

Chardin, T. (1957). *El Grupo zoológico humano.* Madrid. Taurus.

Lenoir, P. (1947). *Sociología de la revolución.* Buenos Aires: Editorial Claridad.

Lipset, S. (1963). *El hombre político.* Buenos Aires: Eudeba.

Merton, R. (1964). *Teoría y estructura social.* México: F.C.E.

Parson, T. (1965) «La situación actual y las perspectivas futuras de la teoría sociológica sistemática» en sociología del Siglo XX de Gurvitch y More. Ateneo. p.45

Sabine, G. (1963) «Historia de la teoría política», México, F.C.E. p. 584.

Scherz. L. (1968). *El camino de la revolución universitaria.* Santiago de Chile: Editorial del Pacífico.

Segundo, J. S.J. Rev.P. (1966). Ensayo de tipología política de América Latina. *Centro de Documentación Instituto de Estudios Sociales, (34),* (agosto). .

Shirer, W. (1962). *Auge y caída del III Reich*. Barcelona: Editorial Luis de Caralt..

Sorokin, P. (1956). *The crisis of our age*. New York: E. P. Dutton and Co. Inc.

_____. (1962) «Sociedad, cultura y personalidad» Madrid, Editorial Aguilar. p. 770.

_____. (December 1965). Sociology of yesterday, today and tomorrow. *A.S.R. (20)*, (6).

Timasheff, N. (1961). *La teoría sociológica*. México F.C.E.

CHAPTER VI

DECENTRALIZATION, LOCAL GOVERNMENT AND CITIZEN PARTICIPATION IN CUBA

Note: This paper was originally published by the Association for the Study of the Cuban Economy, ASCE (1996). *Cuba in Transition* (pp. 262-282), (6). ASCE, 1996. Retrieved from https://www.ascecuba.org/publications/ annual-proceedings/ An extracted versión appears in Amaro, N.(1998). Decentralization, local government and citizen participation in Cuba. In Irving L. Horowitz (Ed.), *Cuban Communism(9th. Ed)*. New Brunswick : Transaction Books and following editions of the book. The original version of this article and the form it was written will be respected in this chapter. The author has done the same with chapters VII, VIII, and IX.

The collapse of socialist regimes after 1989 reflects more bankruptcy than political change. The "old revolutionaries" and/or "counter-revolutionaries" — depending on the perspective — have been left unemployed. Before, a subversive agenda existed for"would be" destroyers or builders of "Ancient Regimes," "Betrayed Revolutions," and "Restorations." Their prescriptions were very similar to the way Fidel Castro seized power in Cuba. These prescriptions were summarized, with historic descriptions, in Curzio Malaparte's (1932) classic book on "coup d'etat techniques," a very popular book in Cuba prior to Batista's departure.[1] The demise of socialism does not come about in thisway. At some point in time, the parties in power realice that the system does not function as it was anticipated and begin to remedy this situation through policies to manage the regime effectively. Policy prescriptions run in the direction of establishing "market" mechanisms. These reforms tend to be temporary orthodox economic measures. For example, Lenin's "New Economic Policy (NEP)" relatively soon after socialism began in the Soviet Union.

---

[1] The coup d'etat required general crises in a country coupled with "revolutionaries" who had the political will to control through action the regime's central systems of command posts, communications and infrastructure.

Former socialist countries followed this same pattern in 1989. The degree to which they allowed autonomy at the enterprise level varied, permitting some decisions to be based partly on costs, prices and earnings. Recent research suggests that these reforms come in cycles. They intend to solve critical shortterm economic problems, but in the long run they do not address the root of the problem. These deeper obstacles were related to the basic premises of the socialist system itself.[2] They attempted to correct the "Stalinist" version of socialism derived from the experiences of the former Soviet Union since 1917, later extended to Eastern European countries after the Second World War.

The realistic alternative is to change the system. The economic breakdown associated with "bankruptcy" has opened the way for political transformations of the system.[3] Cuba, however, is an exception to this last generalization. Some have argued that the Cuban regime, resilient to the changes needed, may become a "socialist museum."[4] This thought is widespread among many Cuban intellectuals who are attempting to search for answers to the situation within the island.This conceptual paper will discuss the present situation in Cuba and differ-

---

[2] See Kaminski (1994). Poland passed through these stages in 1956-58, 1964-65, 1969-70, 1971-73, 1981-83 and 1988-89. "However, once each of the crisis was eased, Polish radical components of the reform were typically dropped. Thus, politics played a major role" (p. 154).

[3] The best description of this process is given in Solnick (1996). What is important is the expectations of lower agents in the bureaucracy that perceive breakdowns in "property rights" and hierarchy structures to their advantage. The generalization used by this autor is similar to the inverse of a "panic" or "depositors' run" affecting a specific bank. When panic reaches its peak, all principals (clients) run to save what belongs to them of what is left. The inverse relationship refers to the fact that in the case of systemic bankruptcy, panic stems from top authorities when is confirmed by them that lower agents in the chain of command are challenging their control and they do not want to appeal to force or punishment for compliance. At that point in time, all actors make decisions to capture power and resources (institutions, enterprises and fiscal benefits) for their own use. The system—namely the authority, power and political structures—then break down. This is different from a "coup d'etat" or a revolutionary take over.

[4] For example, see a recent work by a Cuban living inside the island that still has hopes of survival, Juan Antonio Blanco (circa 1996). Blanco says: "Cuba is today, certainly, a museum and a promise" (p. 2).

ent alternatives that may help to extend economic changes to the political sphere. It will describe the objectives and transitions in the Soviet Union and Eastern Europe in an effort to derive lessons that might be helpful in analyzing the Cuban situation.

Furthermore, it will examine the extent to which "capitalist" thinking has been introduced into the Cuban political, legal and social structures regarding decentralization, local government and citizen participation. Finally, it will suggest major ways in which the Cuban experience differs from that of other countries, particularly those in Latin America.

In addition, this paper will suggest measures that are needed to bring Cuban decentralization, local government and participation efforts in line with other countries, particularly Latin American and the Caribbean nations, that are in the mainstream of modernization of the state and strengthening of municipal governments.

Lessons from The Soviet Union and Former Socialist Countries

One paramount lesson from the experience of the Soviet Union and the former socialist is that the process of "transition to market systems" is an integrated effort involving multidisciplinary variables rather than an economically unidimensional process. Economic growth policies such as investment and structural adjustment mechanisms do not necessarily work when there is no market in place. Emphasis should be placed in developing the needed arrangements and institutions that eventually would evolveinto rational behavior that will give rise to market signals and intended effects. Economic policies should be pursued in a context of "capacity building"of institutionalized patterns of behavior.[5]

Decentralization, local government and participation changes draw their strength from simultaneous contextual changes. From the economic side, macroeconomic reforms such as structural adjustment and stabilization policies are only one dimension. In addition, there is a need to expand foreign trade and investment geared toward the

---

[5] This approach is advanced in Rondinelli (1994).

participation of theeconomy in the "globalization process"; expand the private sector, encompassing the self-employed as well as small and medium businesses and transnational corporations; strengthen financial institutions and labor markets; and develop more efficient marketingand distribution systems of goods and services, public as well as private.

From the social and political perspective, other measures that need to take place at the same time as economic changes, are needed. For example, political authorities should:

- enhance and make transparent property rights, protected by an independent judiciary operating under the rule of law;
- disentangle the links between the Executive and the Legislative power, ensuring minority and alternate systems of representation trough fair and certifiable elections;
- redirect the educational system towards "globalization" and competitiveness;
- strengthen civil society, encouraging a variety of social organizations such as community associations, pressure and lobby groups, non-governmental and private voluntary entities;
- deregulate all spheres that have dampened human initiative;
- eliminate all monopolies or privileges around state power through privatization and the creation of a reliable and independent civil service; and
- create a social safety net for the transition as a whole.[6]

Only when implementation of these measures is well advanced and documented with results, is it posible to see significant developments in democratization, decentralization, local government and social participation. Opening at the central level is needed to enactreforms. Zealous civil servants have to relinquish their positions; new competencies and financial functions at all levels have to emerge; and links with intermediary levels have to be built. To

---

[6] This last measure has been elaborated in Alonso, Donate-Armada and Lago (1994).

isolate only one of these elements and fail to take action with respect to the others would be a futile attempt at reforming the system.

A recent United Nations conference dealing with transition of former socialist countries (Decentralization, 1995) identified major trends regarding decentralizationand local government. On the basis of studies regarding Bulgaria, the Czech Republic,Hungary, Poland and the Slovak Republic, the following conclusions for all countries in transition were reached:

> the reform...weakened the powers of central government and, in most cases, eliminated or weakened the intermediary levels at the regional and district levels ... reform has set up or reinforced the powers and autonomy of local government authorities at the lowest level as the most authentic expressions of local selfgovernment ... and has favored the grass-roots level ...reflecting a desire to bring the government closer to the governed. (p. 9)

These findings portray a massive transfer of state property ownership to municipalities and passage of extensive legislation giving to the local level competencies and independent financial means under the principle of "self-government." This drive was effected in Hungary by proclaiming "all power to corporate democracy, more restriction to public administration, the weakest possible center and the strongest possible local autonomy" (Balázs and Bertók 1995, p. 60). The Hungarian experience is not far from decentralization efforts in Latin America and elsewhere (see, e.g., Amaro, 1990, 1994 and 1996). vertheless, apart from political statements and isolated studies, scholars either in Cuba or in the United States have not said much in this area for the transition of Cuban socialism.[7]

---

[7] We should acknowledge an article by Cuban analysts (Dilla, González, and Vicentelli 1995) which is part of a wider study that has not been published. Nevertheless, once in a while a sense of triumphalism emerges in this piece of work inadvertently: "Posiblemente no existe en nuestro continente un sistema de gobiernos locales tan vigoroso y participativo..." referring to the Cuban system. A pioneering work in this area is by Ritter (1985).

Decentralization Changes in Cuba

There is no doubt that Cuba has already entered into an economic cycle with state modernization reforms which point toward the market system. This is a trend similar to that of other former socialist countries before 1989. Measures implemented by the Cuban government, however, are limited to specific áreas and show contradictory trends and attitudes on the part of those that proclaim them. The legalization of the use and holding of foreign exchange (August 1993) has checked speculation in the black market but has stimulated a division between the "haves" and the "have-nots" regarding dollars. The revolutionary leadership is looking at this development with concern. The creation of the Basic Units of Cooperative Production (September 1993) and the authorization of self-employment also have been approved in the midst of concerns about increasing income distribution inequalities. In addition, the military budget and personnel have been reduced (March 1994) and a Tax Law (August 1994) coupled with a law seeking to curb fiscal evasión (July 1994) have been approved. Unemployment and the informal sector of the economy have shown considerable growth and are expected to increase even more in the future. Subsidies have been cut and prices increased to try to reach macroeconomic balance. Paying lip service to "the excesses of capitalism," a law against "illicit enrichment" was also approved (May 1994). Taxes are being used to curtail earnings. Fees payable to the state by self-employed workers have been raised to moderate authorized self-employment.

A modest reorganization of state agencies has been launched. The Central Planning Board (JUCEPLAN) has been merged with other organisms such as the one that used to coordinate external assistance from socialist countries (State Committee for Economic Cooperation, CECE). All experts on the subject agree that these measures have had an impact on the availability and reliability of statistics, which are notably contradictory and absent. This lack of information must be deliberate. It reinforces the "secrecy" that surrounds these regimes and underlines the accountability limits of the recent opening. The Cuban National Bank has been strengthened and decentralized through the consolidation of banking functions under its jurisdiction and expansion of subsidiaries.

Activities of the Cuban National Bank in the areas of foreign commerce and tourism have been encouraged. Susan Brandwayn (1993) says:

> ...among the most radical changes in Cuba's public management system is the decentralization of foreign trade... Until recently, import and export procedures were almost completely standardized: what worked for one enterprise would be applied to all others. Now any enterprise producing exportable goods may export and import directly... (p. 367)

A Ministry of Tourism has been created. Joint ventures with transnational corporations are common. Incentives for managers and intensive training are being applied with better results than expected. No doubt some progress has been made. A new managerial style has been instituted and foreign investors from several countries are investing in Cuba (Pérez-López, 1995). But will that be enough to overcome the secular stagnation of socialist regimes?

After all, "the International Country Risk Guide for 1991 showed that investors ranked Cuba 116th out of 129 countries in which to invest" (Brandwayn 1993, p. 374). For 1995, *Euromoney* magazine ranked Cuba "behind Somalia, just ahead of Haiti" among 181 countries (Werlau, 1996, p. 15). María C. Werlau estimates, according to the highest oficial figures, that "in five years Cuba has satisfied 12 percent of the estimated loss of one year of subsidies and assistance from the former Soviet Union, if we rounded to US$6 billion annually" (Werlau, 1996, p. 46). The Helms-Burton Law has increased risks for prospective investors in Cuba to even higher levels.

In addition, no "capacity building" is observed beyond the specific sectors designated for change, such as limited structural adjustment and macroeconomic stabilization; expansion of foreign trade and investment with some "globalization" attempts; and reorganization of the labor market (more as an outlet to unemployment through self-employment than an encouragement of the private sector in a large scale restructuring of the labor force). Other reform measures are completely absent, particularly trends toward the strengthening of civil society and reduction of the state influence in everyday life of ordinary citizens.

Even from an economic perspective, changes have been introduced with extreme caution, as the law on "illicit enrichment" documents. The most emphatic statement was made by Carlos Lage, a Vice-President of the Council of State, who to a great extent is operationally responsible for the changes: "...haremos reformas pero sólo para salvar el socialismo."[8]

The basic power structure as defined in the 1976 and 1992 Constitutions remains in place, but specific government dependencies are responsible for economic priorities which are suffering drastic changes. A new cycle of temporary "capitalism" has been introduced.

Decentralization has occurred when economic requirements have determined the need to make this concession. The model is economic reform without political change.

China, the most authoritarian state in South East Asia during certain periods, and Chile under Pinochet, seem to be the models for accomplishing these objectives.[9] They offer examples of societies that were open to economic changes but, at least for some time or permanently, refused to open their political systems to opposition forces. Cuba is following this development model at present.

Local Goverment in Cuba

Concerns about regional imbalances may be traced back to the beginning of the revolution. The first decade witnessed successful attempts to diminish migration from rural areas to the Capital City.[10]

---

[8] Pumar (1996, p. 2), quoting from El País (19 June 1994), p. 32.

[9] Carlos Lage said at the end of 1992 that the "experience" of China should be "studied, analyzed and kept...present" by the Cuban leadership (free translation by the author). By 1991 exports from Cuba to China had slowed somewhat but the latter country had become Cuba's second most important market after the Russian Federation; imports have increased placing China only after Russia and Spain. See Domínguez (1995, p. 38).

[10] The outcome of these measures is well documented for the first decade in Amaro and Mesa-Lago (1970).

The Institute of Physical Planning (Instituto de Planificación Física, IPF), attached during its first stage to the Ministry of Construction, was founded in 1963 and concentrated on the location of new investments (Boisier, 1987, pp. 23-24). These policies were relaxed during the second decade and beyond. In addition, the territorial dimensión was better integrated into national plans in the midseventies but suffered when these instruments were rejected as unsuitable to address Cuban realities during the "Process of Rectification of Errors and Negative Tendencies" in 1986. This attitude deepened when the "Special Period" was declared after 1989. From this point forward, former Cuban allies increasingly left Cuba at its own.

Table 1 depicts Cuba's territorial and population distribution by provinces and municipalities in 1992. Ciudad de la Habana and Santiago de Cuba provinces have the largest population in absolute numbers, following patterns that were present before the Revolution took place. Nevertheless it is remarkable that the province of Holguín is very close in population to Santiago de Cuba. The number of municipal jurisdictions usually follows unpredictable patterns in many countries. There is a tendency to grant municipality status to territories when constituencies press congressmen to comply with their wishes. The new Cuban distribution of provinces seems to have considered homogeneity criteria to define their limits. The number of municipalities per province vary between 8 and 19, with the exception of Isla de la Juventud.

The percentage distributions by province of municipalities and population tend to be fairly close, except in those provinces where the population is heavily concentrated — Ciudad de la Habana and Santiago de Cuba. For the other provinces, there is a certain balance between the two indicators, except in Ciudad de la Habana, where the relationship is inverse. The latter is the only territory, together with Isla de la Juventud, that deviate from the pattern. The crucial test of homogeneity is the number of people per municipality (municipalization degree), which is given in the last column of Table 1. The province of La Habana appears as the province with lowest level of population per municipality, 34,810 inhabitants, well below the average of 64,318 inhabitants per municipality. Nevertheless both figures are manageable. Only municipalities in the provinces of Ciudad de la Habana, Santiago de Cuba, Holguín and Isla de la Juventud exceed the national average. The rest vary between 34,810 in the province of La Habana and 63,449 in Las Tunas. These figures are not very far from each other. This analysis provides a preliminary basis to consider if present provincial jurisdictions have been constructed considering rational criteria. On the basis of homogeneity criteria, which is only one dimension, the territorial divisionseems reasonable.

The new 1992 Constitution appears to provide for decentralization and local government in Cuba, but in fact there has been little change since the former 1976 Constitution. As all socialist countries, Cuba has institutionalized the "Principle of Double Subordination."Marta Harnecker (1979) says:

> The main criteria prescribe that all enterprises and budgeted units that work for the community, namely for the locality, ought to be transferred to the locality. Those that work for the municipality should depend on the Municipal Assembly; those that work for the province should be transferred under the authority of the Provincial Assembly and those that work for the whole country remain on the hands of central organizations. (p.20)

The consequences of this principle are readily seen at the local level, where administrative organs of "Poder Popular" (People's Power) are responsible for a myriad small businesses: pharmacies, candy shops, bakeries, dry cleaning shops, restaurants, cafeterias, movie theaters, etc., are under the Principle of Double Subordination. This is a heritage of measures taken during the "Revolutionary Offensive" at the end of the sixties; radical changes at that time resulted in government control of 100 percent of industrial and commercial activities.

The Principle of Double Subordination is applied to these operations units through administrative directorates. Consequently, these directorates depend on state provincial and central organizations such as ministries, committees, assemblies and institutes. These entities are in charge of elaborating policies to make operations uniform at the local and provincial level. Tourism, for example, is managed at the central level because it is a national priority. The same happens with sugar production.

Table 1. Cuba: territorial organization and municipal indicators

Provinces	Population 1992	Number of municipalities	Municipalities: percentage distribution	Population: percentage distribution	Municipalization degree: Population/ per municipality
Camagüey	761,855	13	7.69	7.01	58,604
Ciego de Avila	382,766	10	5.92	3.52	38,277
Cienfuegos	376,333	8	4.73	3.46	47,042
Ciudad de la Habana	2,160,901	15	8.88	19.88	144,060
Granma	810,939	13	7.69	7.46	62,380
Guantánamo	507,414	10	5.92	4.67	50,741
Holguín	1,010,658	14	8.28	9.30	72,190
La Habana	661,395	19	11.24	6.08	34,810
Las Tunas	507,595	8	4.73	4.67	63,449
Matanzas	627,114	14	8.28	5.77	44,794
Pinar del Rio	709,867	14	8.28	6.53	50,705
Sancti Spiritus	441,025	8	4.73	4.06	55,128
Santiago de Cuba	1,015,106	9	5.33	9.34	112,790
Villa Clara	820,801	13	7.69	7.55	63,139
Isla de la Juventud	75,982	1	0.59	0.70	75,982
TOTAL	10,869,751	169	100.0	100.0	64,318

Source: Programa de Naciones Unidas para el Desarrollo (1996) on the basis of information given by CEPAL-GTZ, *La Descentralización Financiera: la Experiencia Cubana*, Politica Fiscal Ser. 62, (Santiago de Chile: CEPAL-GTZ, n.d); and INSIE-CEE, *Anuario Demográfico de Cuba* (La Habana, 1993).

The concept being applied in Cuba, as in all socialist countries, is deconcentration. Subsidiaries are created, but decisions ultimately remain within the boundaries of central government authorities. The approach is eminently administrative. A sense of "rights and duties" involved in self-government and autonomy is absent. At any moment, central government authorities can revoke any decision taken at lower levels. The French model (well regarded in Latin America) which has improved its decentralization components recently, offers a good example of the above regarding the relationship between the central government (the prefect) and local authorities (Marcou, 1995):

> "...the new general rule is that local government public power decisions are subject only to legality supervision...If the prefect considers the decision unlawful, he refers it to the administrative court... the prefect will notify to the local authority the unlawfulness to be removed, and will appeal to the court only in case of conflict with the local authority... Financial tutelagewas also abolished and replaced by supervisión both by prefects and new and independent regional chambers of accounts. (p.125)

Local self-government is ruled out in Cuba. The 1992 Constitution is clear about the endorsement of centralism when it states that Cuba has a socialist economy (Article 14) with a comprehensive central plan.[11] It also states that "decisions taken by higher state organs are mandatory on lower ones"(Article 68(d)) and "lower state organs are responsible to higher ones and have to report to them about their management" (Article 68 (e)). An Executive Council composed of the President of the State Council (Fidel Castro himself) and Ministers appointed by him, may decide matters which are the competence of the Ministers' Cabinet (Article 97). The Cabinet may revoke decisions of subordinated administrative organs accountable to Municipal Assembly (Article 98). The Cuban municipal system resembles the "weak mayor-strong council" model, which means that after elections are held for delegates to the Municipal Assembly, the President of the Municipal Assembly

---

[11] All quotations are taken from Constitución (1992). Free translation by the author.

is also the President of the municipality or the Mayor. The Municipal Assembly is equivalent to a large Municipal Council and has faculties to revoke the mandates of the Executive Council managed by the Mayor. This last organ is in charge of managing the production and delivery of basic social services (health, education, social security) or economic operations such as the ones mentioned under the Principle of Double Subordination.

The problems facing these municipal authorities vary by size, migration and urban/rural components (Dilla et al. 1995, pp. 65-73):

- A municipality like Havana-Center presents lower levels of efficiency in services because of the variety and difficulty of problems encountered.
- Another municipality, Bayamo, is much more integrated but unemployment is rampant and female representation in political affairs and labor force is notably absent.
- Santa Cruz is a small municipality suffering from sudden migrations but not pressures on basic services. Integration problems revolve around difficulties with neighbors from other areas that are rejected by old settlers.
- Chambas is a rural municipality where the population is dedicated to agricultural activities. Chambas has not changed much in two decades and does not seem that its future would be different from what it is now. The provincial government is taking away many of the functions formerly performed by the municipality of Chambas.

What comes out of the analysis of sub-territorial units is the complete dependence of the units on the central government. For instance, independent statistics of municipal budgets have never been published. There are indications that some taxes presently gathered at the local level are allocated to municipalities directly without having to channel these funds to the central level. Nevertheless, the fact that statistics on these revenues have never circulated in thirty-six years of revolutionary government is the best indicator of the importance given in the past and present to local governments. Changes brought about by the Rectification Process and the Special Period do not involve any modification of this structure except the elimination of regions as intermediary administrative units, new electoral laws, and the emphasis given to People's Councils (Consejos Populares, bodies where local authorities and neighbors sit together). The following description of the situation in Poland before 1989 may fit the current Cuban situation (Stepien et al. 1995):

> Local government loses the reason for its existence, and local authority is attached to structures of a socalled uniform system of state authority... The nonpartisan public service apparatus is replaced with the so-called "nomenklatura" system. In essence, this is a catalog of senior officers in administration, army, policy, and —what is very important — in the judiciary staffed by people approved by the party... They lose the right to own property and to execute budgets independent from those of the state. They do not have separate self-governmental staff at their disposition, and their councils are not freely elected. (p.80)

The structure and situation of Cuban municipalities as well as their efficiency depend on factors that are beyond their control. On the other hand, decentralization is not a panacea. It is a means for certain goals related to the development model that has been adopted at the central level. This is the way basic needs are satisfied at the local level. On the other hand, many other factors intervene in the chain of command between municipal authorities and the highest authorities which are also beyond what a local government can do. These forces from above tend to take away the few competencies that municipalities exercise. This is particularly relevant in a socialist country where centralism is the adopted system of government.

Citizen Participation

Recently, there have been changes regarding citizen participation: the Electoral Law (1992), the "Consejos Populares," and the extension of the so-called "Rendimiento de Cuentas" (accountability), which is a mechanism that forces elected representatives to report to their constituency. The Electoral Law intends to open political spaces to people from the grassroots. This is a very important point to clarify because it can put in doubt statements made above regarding the similarity between the Cuban and the Polish municipal systems. After the enactment of this law, there will be two kinds of direct and secret elections in Cuba: to elect deputies to the National Assembly of the "Poder Popular" (each for 5 years) and to elect delegates to Municipal Assemblies (each for 2 years and a half). Before the electoral reform, the provincial and national representatives were elected indirectly by the Municipal Assembly once that body was elected.

The principle of both the nomination and the election of representatives by the people is the main argument to defend the new electoral system. This argument runs against the control of who should be elected by the structures of the party. "The multiparty system is a concession — says Fidel Castro when discussing this law — which can never be accepted."[12] The system attempts to reconcile the existence of one party system with democracy. No doubt that this unique party, as in the Polish case, is the Cuban Communist Party. Any citizen has the choice to vote for one candidate, two candidates, all candidates or none from the Cuban Communist Party. The crucial test is that any candidate should have 50 percent of the electorate plus one vote to be considered elected. Otherwise a second round may take place to make this possible.

For making this principle effective, a Candidacy Commission has been created. It is presided by the *Confederación de Trabajadores de Cuba* (Confederation of Cuban Workers, CTC) and composed by mass organizations such as *Federación de Mujeres Cubanas* (Federation of Cuban Women, FMC) and *Comités de Defensa de la Revolución* (Committees for the Defense of the Revolution, CDR) and others. In the past, this Commission was headed by the Communist Party. An effort has been made to prevent the influence from the only political party existing in the country in distorting the elections, according to Cuban authorities.

The Organs of People's Power consist of five-tier set of assemblies. From lower to higher levels they consist of: neighborhood, electoral districts (*circunscripción*), municipal, provincial and na-

---

[12] See, e.g, Castro (1992, p. 4) and (1993, pp. 2-7).

tional levels (Ritter 1985, p. 273). The Candidacy Commission takes the nomination of candidates to the neighborhood jurisdiction. Neighbors approve these candidates by a show of hands. Candidates for the neighborhood are nominated as possible delegates for the electoral districts (*circunscripción*). Usually only one person is nominated and appointed, although other potential candidates may be taken to this assembly at the neighborhood level, anticipating the possibility of rejections.

Experience shows that actual rejection is rare. Ritter (1985, p. 280) states that during the end of the seventies—before the more recent changes took place—"...it is highly unlikely that a candidate with a questionable background, of a noncompliant disposition, or openly hostile, would let his or her name stand as a nominee, thereby risking public embarrassment." [13] Circumstances have not changed since these statements were made. The process of nomination of candidates now is more structured than in the past.

Mass organizations and the Party at the local level are often composed by the same people. Candidates at the municipal level are elected by direct and secret vote of all of the circumscriptions.[14] Thus, the elected circumscription delegates constitute the Municipal Assemblies. These elections take place every two years and a half with the difference that every other election, they also serve as elections for provincial and national office.

Electoral commissions have the task of distributing photos and biographies of all candidates at the local level. Electoral campaigns by individual candidates are forbidden. The attitude of the revolutionary elite regarding political campaigns has always been negative. For the revolutionary elite, political campaigns are synonymous with "politicking." The vices of democracy—particularly those that prevailed before the Revolution—are often brought up in public by the old leaders. According to the revolutionary elite, the-

---

[13] In view of this statement, it is difficult to understand the conclusion reached by Ritter (1985, p. 281) that "local level OPP (Organs of People's Power) assemblies do permit local initiative and participation" in leadership selection.

[14] For an illustration see the information in Castro (1992).

se shortcomings should be avoided, just as it is important to avoid the proliferation of parties that will divide the Cuban nation.

Another measure that tends to enhance representation from below is a rule that stipulates that 50 percent or less of all elected deputies for the provincial and national level, must be drawn from the Municipal Assembly. This rule tends to balance representation, giving grassroots leaders who are young and unknown a better change of being elected to higherlevel bodies.

Recently, Raúl Castro (1996), when reporting to the Central Committee of the Cuban Communist Party, summarized the results of these changes. Elections held in February 24, 1993, had a 99.57 percent turnout of eligible voters. For the elections held in January, 1995, turnout was 97.1 percent. The decrease in support was expressed publicly from one point in time to another. While people casting blank or not valid ballots in 1993 was 7.0 percent, this percentage reached 11.3 percent in 1995.

Some scholars believe these figures reflect a political reality where participants show trust in the system.[15] An alternative explanation, which portrays a better understanding of the situation, is given by Marifeli Pérez-Stable (1995):

> I ask myself: this citizenry, those university graduates, technicians, qualified workers, who the majority of them became adults after 1959, do they have their own ideas different from the leadership on the particular situation that Cuba faces as well as on the Cuban Nation? I assume so and even in some cases I know in fact that this is the way they think, but we do not know that for sure because the political system does not offer guarantees for debating differences of opinion and, especially in different projects and visions. (p.163)

No alternatives have been presented to the Cuban people in a way that a decision can be made without pressures and manipulations. External pressures as well as internal social control has prevented

---

[15] For example, Rodríguez Beruff (1995) says that "the high level of participation (98 percent) and the relatively reduced number of blank and invalid ballots, according to official figures, make unreliable the scenario of catastrophic bankruptcy of the political order that some analysts and political sectors predicted in recent times."

authentic expression. The very high voter turnout rates may be explained, in addition to trust on the system, by inertia in the way attitudes are expressed, family or friendship ties, fear, mobilization capacity of the Communist Party and mass organizations, ignorance, survival, double standards of morality, political ambitions, attitudes toward stepping up in the social ladder, "politicking" for a single party, conservative behavior to keep a job in government payrolls, or any combination of all these factors. Participation rates in elections approaching 100 percent of the population who cast their vote, were not rare among the socialist countries—the former Soviet Union and Eastern European countries—just a few years ago. Thus, these figures and their publicity as a success, may be deceptive.

Electoral procedures violate the right to secrecy at the neighborhood level. In addition, pressures arising from zealous militants may create an atmosphere of fear and distrust which are difficult to overcome. Some neighborhoods may show a greater consensus. On the other hand there are 50 percent of candidates at the provincial and national level that are considered national personalities or figures, and their popularity only tested within that context. In these cases, the population has no other alternative. There is no way to determine by certified, independent observers that the consensus is valid and reliable as the leadership claims either at the local, provincial or national level.

Before the 1993 elections, the only organ of People's Power that could send forward nominees to the Provincial and National Assemblies, was the Municipal Assembly. Typically, the Municipal Assembly would do this after its delegates were elected. A report by a Cuba analyst (Dilla 1995, p. 77) referring to all elections through the beginning of the 1990s stated that on average, 70 percent of the elected representatives or delegates belong to the Communist Party or the "Unión de Jovenes Comunistas" (Young Communists League, UJC), despite the fact that this group represents only 17 percent of the population.

Another report (Ritter 1985, p. 281) states that "in 1979, 6 percent of Provincial delegates and 3.3 percent of National delegates were unaffiliated (to the Communist Party); 99.2 percent and 100 percent of Provincial Executive Committee and National Council of State members, respectively, were Party members." Despite the new arrangements to give greater importance to mass organizations, the earlier tendency approximates what also has happened in the 1993 elections. In Poland (Stepien et al. 1995, p. 80), the system has been described as "a tri-level structure (provincial, county, gmina), where the councils are established on the same undemocratic basis...and executive bodies are subordinated to the central, as well as local, structures of the Communist Party."

The other institution which is emphasized in terms of promoting more participation, is the "Consejos Populares" (People's Councils). Although this organization was contemplated in the 1992 Constitution (Article 104) and was experimented before in the Matanzas province in 1974, according to Cuban sources (Asamblea Nacional 1995), conditions are now better for its implementation. These conditions include the elimination of intermediary levels (the regions) and the increase in the number of provinces from 6 to 14. In addition, new responsibilities were placed on the local level during the "Special Period," such as the collection of taxes and the approval and control of self-employment and economic plans, which require greater collaboration between community organizations and municipal authorities.

At present, there are 1,551 "Consejos Populares" in the whole country. The 14,000 Delegates of the Consejos Populares and of the Municipal Assemblies (Councilmen) select a President for this organization among themselves for each "city town, neighborhood, settlement or rural zones" (Article 104 of the 1992 Constitution). They work with mass organizations (CDRs, women organizations, small farmers, workers and representatives of social services and production centers in each jurisdiction). These organizations collaborate with local governments working for greater efficiency in production and services activities and to strengthen popular participation and the quality of life of ordinary citizens. They also exercise fiscal supervision over all entities rooted at the municipal level regardless of their subordination status.

An important accountability institution is the "rendimiento de cuentas," where each elected delegate reports his or her work performance to the electorate twice a year. The delegate reports information and establishes a dialogue with the population. As a result, solutions are found to problems and agreements are reached with the participation of neighbors. According to official figures 31.2, 24.4 and 22.0 percent of the electorate participated in these events in Guantánamo, Las Tunas and Santiago de Cuba between November and December 1995, respectively (Asamblea Popular 1995, p. 4). This institution, however, has been put into effect only since the end of the 1970s. In any event it will reinforce reforms being enacted at the local level as a result of direct elections of provincial national assemblies.

Recruitment at the grassroots level at a time of crisis seems to be a genuine concern. According to Pareto's Law on the "Circulation of Elites," revolts and revolutions emerge when channels to political power are curtailed and a capable leadership emerges from below. These leaders do not have other alternatives to exercise their skills and are able to challenge top authorities. In this sense, the measures to increase participation are an attempt to prevent this danger and ensure the continuity of the revolution.[16]

Another trend may be detected by analyzing the interplay between the Communist Party and mass organizations *vis-a-vis* the charismatic leadership of Fidel Castro. One constant characteristic throughout time is Castro's resilience to be intermediated by institutionalized organizations. During calm times, e.g., the 1970s, he has relied on institutional mechanisms. When difficult times come, then he turns to mass organizations to survive. The swings from left to right and back which have characterized the Cuban Revolution and its leadership exemplify this process. During crises,

---

[16] Since the Rectification Process at the beginning of the 1990s, there has been a concern with this problem. For example, at present 14 of the 25 members of the Political Bureau of the Communist Party are new, and only 6 members remain of those elected at the First Congress in 1965. Concerns revolve around the perception of the revolutionary leadership that new generations are out of touch with the realities and sufferings experienced by their generation before the Revolution. They believe that new generations take for granted the benefits they enjoy. See del Aguila (1996, p. 397). The meteoric career of Roberto Robaina, current Minister of Foreign Relations, responds to these concerns.

somehow, some form of "direct democracy" is seen as a viable solution without much intermediation. The Rectification Process and the Special Period are no exceptions.

Changes made at the local level reflect more a unique characteristic of the Cuban Revolution and less of a concession to align Cuba with similar accountability and democratic concerns at the international level. Nevertheless, this concession gives territorial responsibilities to the Central Organization of Trade Unions, an organization that has been far away from local structures and has not played a significant role in any stage of Cuba's political development.[17] This inclusion may be an internal compromise between the Communist Party and the charismatic leadership of Fidel Castro. In any event, the top hierarchy of mass organizations are interchangeable with the top hierarchy of the Communist Party. Often Party leaders shift positions in mass organizations and viceversa.

In addition, phenomena such as "sociolismo" (a popular expression mocking the word "socialism" and meaning dubious partnerships) and survival through illegal exchanges in kind, where goods belonging to the state are appropriated if not openly stolen, are so subtle that it is difficult to draw the line between corruption and proper behavior on the part of civil servants. These concerns were raised during the Sixth Congress of the Communist Party in May 1992. Accusations of "improper behavior," such as participating in the black market, trafficking in foreign Exchange and prostitution, were quoted as "contaminating" members of the Union of Young Communists and the Communist Party (Domínguez 1995, p. 30). To apply the law strictly would amount to putting on trial a significant portion of the population, including government authorities. Therefore the "accountability" exercise seems rather ritual when one examines the underlying phenomena where a significant percentage of the Cuban population are involved in illegal activities and many authorities either profit from these illegal exchanges or tolerate them.

---

[17] Dilla (1995, p. 118) confirms this statement.

Non-Governmental Organizations (NGOS) Allowed by The Regime

According to Raúl Castro (1993, p. 5), the revolution defines civil society as mass organizations such as the CDRs and the FMC. In a report presented before the Central Committee of the Cuban Communist Party, Raúl Castro classified NGOs according to whether they contribute or not to the so-called "Track Two." In this last category fall all social organizations, universities or international donors that, according to the revolutionary elite, harbor intentions to subvert the revolution while hiding behind research activities or wish to strengthen civil society in Cuba. "Track One" corresponds to organizations that are openly opposed to the revolution. Under these circumstances, the statements made by Raúl Castro (1996) to revolutionary intellectuals is not surprising. He calls to their attention to the danger of making individual foreign policy decisions when dealing with international donors and NGOs. He warns that this path may lead them to play into the hands of the enemies of the revolution. Raúl Castro (1996) said:

> ...those who want to use the NGOs as a disguise for their subversive and counter-revolutionary organizations, which were created, are subordinate to or are promoted by the imperialists to destroy the revolution and Cuba's independence, haven't the slightest possibility of success in our country. (p.34)

Changes promoted by the regime tend to strengthen national organizations more so than local jurisdictions. In addition, all state dependencies related to mass organizations have been left unchanged, especially those belonging to the Ministry of Interior and the Ministry of the Armed Forces. This lack of action puts in doubt the autonomy of mass organizations, whose hierarchies are interchangeable with state authorities. Leaders of the Cuban Communist Party at the national level are appointed as heads of many of these mass organizations. Raúl Castro's wife Vilma Espín, for example, was for a long time the Head of the FMC.

Maida Donate-Armada (1996), who left Cuba in those years, has said the following about the CDRs:[18]

> ...are the organization that permitted the government to exercise social control in neighborhoods, supplanting other neighborhood associations and preventing the establishment of other forms of neighborhood based associations independent of the state. As a mass organization, [the CDR] brought about the permanent presence of the social control system carried out by the state within family units.

This organization deserves study in depth. In other countries there has been attempts to set them up, but in nowhere else has this organization played the Paramount role that it played—and still plays—in Cuba. Such an attempt was made in Nicaragua, but the Nicaraguan families in the urban and rural neighborhoods rejected the Sandinistas' policies. Specifically they resented, and expressed that attitude at the ballot box, the compulsory military service of their children to fight an uncertain war. Electoral results were unfavorable and the Sandinistas had to relinquish power.

In this sense, CDRs have been a unique contribution of the Cuban Revolution to the heritage of modern day dictatorships. The CDRs and FMC were created in the sixties, when internal strife was at its máximum and the radicalization of the revolution was taking place. These organizations developed their projection without the existence of a Communist Party.

To a great extent, the passionate militancy that accompanied the creation and growth of CDRs and FMC at the neighborhood level was an urban phenomenon. Its basis was the Urban Reform, that together with the radicalization process encouraged the departure of hundred of thousands of Cuban citizens to the United States and other countries. Most of those who departed came from to the Cuban high and middle social classes, and left behind their homes and

---

[18] The author has compared the views of Donate-Armada (1996) with information received from independent sources interviewed by the author in early 1987 and later. The two sets of views do not differ very much. In addition, the author has consulted United States Information Agency (1988, pp. 107-109). The paragraphs that follow are based on these sources.

properties. Their distribution of those properties among those who were using them or those who were loyal to the Revolution, may be called the Cuban "Piñata." This process is equivalent to what occurred in Nicaragua at the end of the seventies. Behind extreme revolutionary attitudes and militancy rejecting any negotiated solution with exile community may be the fear by the rank and file that these properties could be reclaimed by their original owners, as was the case in Nicaragua.

The same may be said of the "Revolutionary Offensive," which expropriated thousands of small businesses at the end of the sixties. The Cuban Communist Party reached higher status in the seventies when the institutionalization process was accepted and diplomatic relationships with the Soviet Union peaked. The Rectification Process prompted a revival of mass organizations beginning in 1986. Therefore, the new roles assigned to mass organizations during the current "Special Period" have antecedents.

On the basis of changes made in 1987, which allowed certain information to be made public, the autor took the pains of tracing the links between organizations at the block level and the state security and military apparatus. Recent verification of this information confirms that basically this is the structure that prevails nowadays. The structure is shown in Figure 1.

The CDR VOP (Vigilancia y Orden Público-Vigilance and Public Order) Front works directly with the uniformed police. At the end of the 1980s, CDRs were reorganized, with each sector now consisting of several city blocks with one person assigned control. Each morning, the sector controller meets with the CDR officials (the president, vice-president, or other official), particularly those in charge of VOP, at each block and obtain the daily log of activities in that particular block.

The CDR officials have the duty to know the activities of each person in their respective blocks. There is an individual file kept on each block resident, some of which reveal the internal dynamics of households. For this reason Maida Donate-Armada (1996) says:

> ...perhaps the greatest contribution (of the CDRs) to the history of world espionage may be to have raised to the level of counterintel-

ligence the daily gossip (*chismes*) and disagreements (*bretes*) that go on at the neighborhood level. Citizens must be careful of their actions and of what they say, as they are being constantly monitored by the block CDR.

The structure consists of a president, vice-president, a treasurer, an organizer, an official responsible for the work force, and another for ideological control. CDRs al include an important component, referred to as the CDR Vigilance and Public Order Front (Vigilancia y Orden Público). After the September 1986 CDR Congress, a special component (front) was introduced to assist those young people who neither work nor study. This division of the CDR is referred to as the Prevention and Education Front. This front notifies the police department of all pertinent information regarding young people who are neither in school nor working. CDR characteristics probably vary according to population size, prevalence of common crime or acts against the state, extremism of the CDR authorities, educational level, etc. An important variable is the lack of commitment of the rank and file at the local level.

Militancy in CDRs is interchangeable with other organizations such as the FMC, the Communist Party, or the League of Young Communists. Any militant of the Party or of the Youth must show that he or she is a member of the CDRs and/or FMC. These last two organizations, together with the Party and the Youth are the most active at the local level. The statutes of the Cuban Communist Party of Cuba, Chapter VIII, Article 73, states:

> The Party guides and directs the work of the mass and social organizations, based on the principle of full and conscious acceptance of its leadership role and of the influence its members and aspirants have in the mass organizations, while recognizing the organic Independence of those organizations.[19]

Within each block, there is one other agent who deals indirectly with the CDRs: this person reports directly to an officer of the security apparatus of the Ministry of Interior. Very rarely are the secret duties of this person known to other block citizens or CDR

---

[19] As quoted in Ritter (1985, p. 277).

officials. In order for a CDR official to be informed of the duties of this person, there must be a working relationship on a particular case.

The organization of the CDRs by sectors and blocks follows the national-regional-province-municipalityzone-sector-block pyramid structure. The sector controller holds a full-time job. They patrol on foot since they do not have other means of transportation.

Their work hours might vary from 9:00 a.m. to as late as 11:00 p.m. Most of them do not even live in the sectors they patrol. The president of the CDR provides all pertinent information to the sector controller. Frequently, however, the sector controller does not trust the CDR president and usually verifies this information with VOP Front Officials.

If enough evidence of wrongdoing is found regarding a particular citizen, the sector controller meets with that individual. Three warnings are given to each citizen, with the first two given in written form. After one warning, the citizen's file is classified as category A; after two warnings, as B. The third warning results in the arrest of the citizen and classification of his or her file as category C.

There are national, provincial, municipal, and zone meetings for all CDR presidents, who then pass on the information to their block officials and citizens. The VOP Front consists of people who have shown extreme loyalty to the revolution, and who are willing to go to great means to discover wrongdoing. The background of the Front officials varies from retirees to people who have served in international missions. The ideological control person usually has a college degree.

As it is depicted in Figure 1, the Ministry of Interior and the CDRs have parallel structures. Security bodies (intelligence and counterintelligence) and pólice back-stop this mass organization. Designation of officials for different posts within CDRs, especially for being in charge of "vigilance," are subject to consultation with the MININT officer in charge.

Figure 1. Cuba: Links between the CDR's Vigilance System and Government Bodies

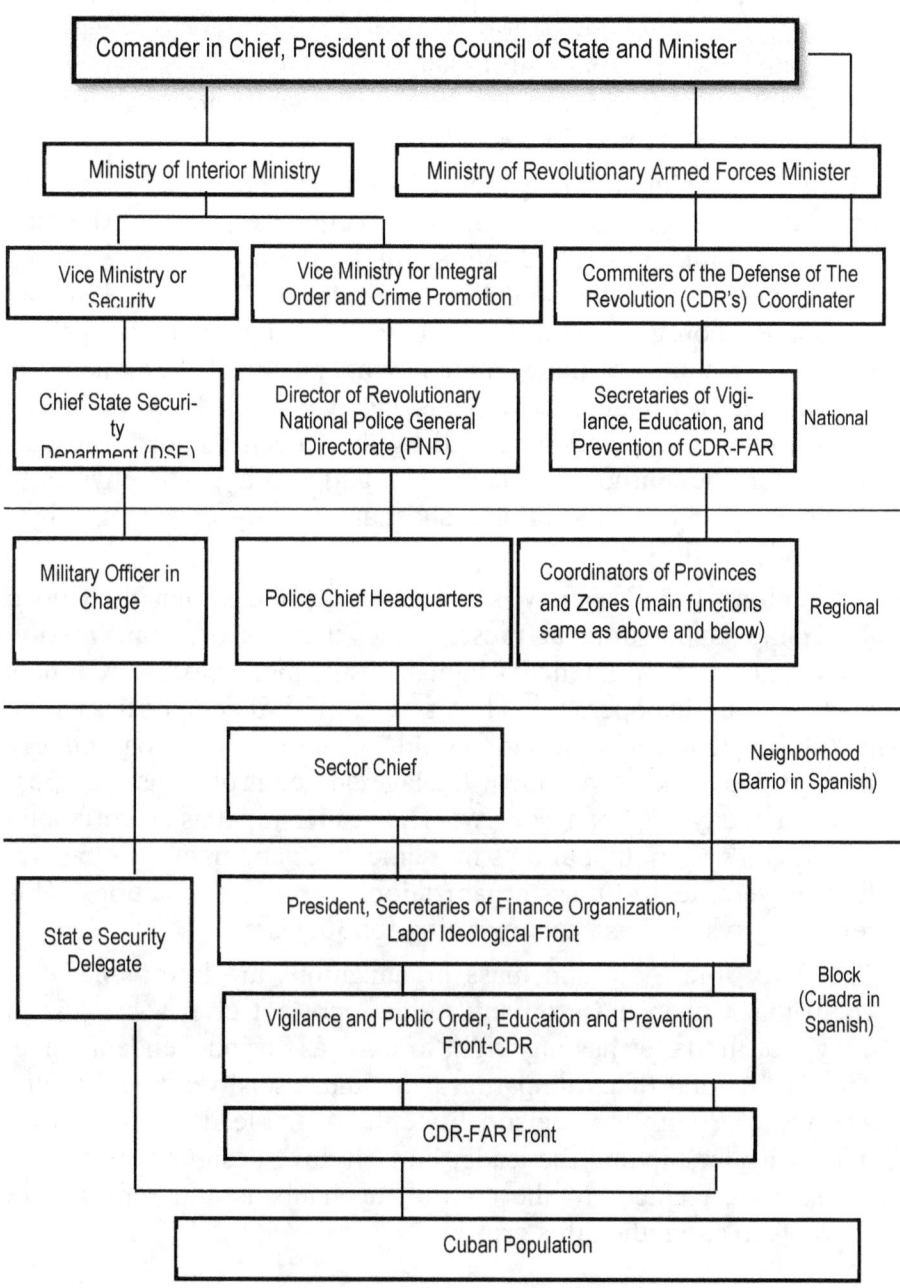

This network in turn is linked to the chiefs of "defense zones" and territorial militia, which are the lower layer of the so-called "Republic of Cuba's Unique System of Exploration" and the mobilization chain for any war action. "Defense zones" are in charge of evacuating the civil population and destroying cities and towns if the socialist system is in danger. These activities are connected to the Ministry of Armed Forces.

There are "Voluntary Brigades of Activists" that are mobilized according to instructions of the state security apparatus. The Brigades are sometimes called into action by the police. They are the direct antecedent of the so-called "Brigadas de Respuesta Rápida" (Quick Response Brigades) that hold "repudiation meetings" in front of the homes of undesirable neighbors, sometimes when it is known that they plan to leave the island. The Brigades are a sort of para-military organization backed by the Cuban authorities established for the purpose of harassing and fighting — physically sometimes, with sticks, bricks, and hammers — dissident neighbors and families.

The notion of civil society is alien to the policies that the Cuban leadership is pursuing at present. The theories of "transmission belts" and an "enlightened vanguard" suit more closely regime's goals and modus operandi. The essence of civil society lies in the possibility that social groups could be autonomous, particularly from military and government tutelage and control. This is impossible in today's Cuban society. The leadership has a horizontal circulation system that allows the same faces and names to transfer from government to mass organizations to military positions. This revolving system has been operating for 36 years.

The Party, the State and mass organizations are intertwined. To claim that Cuban mass organizations represent civil society is to deny that the latter has any right to exist as an independent force. This is the kind of participation Nazi and fascist regimes encourage, together with the "personality cult" of the leader. The revolutionary leadership and the leader himself have designed a totalitarian society; changes to the control mechanisms and reforms are attempts to strengthen this grip.

Bringing Cuban Decentralization and Local Government Efforts In Line With Other Countries

Concerns with decentralization and local government are common worldwide. These concerns have emerged in the former socialist countries as well as in Latin America. Comparing the agenda in these countries with what is occurring in Cuba, suggests that Cuba differs from the other countries with regard to the following:

(a) The decentralization and local government drive in Latin America and the Caribbean and elsewhere is aimed at improving democracy, based on multiparty elections. A multiparty system is out of the question for the revolutionary elite in Cuba.

(b) There is an effort elsewhere to reduce the influence of the state by changing its orientation to make it focus on essential functions (internal order, international relations, defense and provision of needed infrastructure) and an efficient delivery of services based on citizens preferences. Cuba's 1992 socialist Constitution runs counter to these objectives.

(c) There is a consensus that the delivery of services may be carried out by the state, by the for-profit private sector, or by NGOs. The latter two may intervene directly, do so through franchises or contracts, receive subsidies or special bonuses, or use any combination of all these options. The creation of a market where different service providers can compete is not the purpose of changes that have been taking place in Cuba. NGOs are regarded as entities dedicated to espionage and subversive activities. Despite statements to the contrary, the Communist Party pervades all mass organizations.

(d) The trend elsewhere is for countries organized with federal governments (Argentina, Brazil, México and Venezuela) to implement fully the federal system as opposed to ancient traditions of centralism. For countries with unitary systems of governments — the rest of Latin America — the tendency is to federalize. Cuba remains a unitary system of government.

(e) Cuba has rejected the concept of regions while countries more advanced in the decentralization process have created sub-divisions that absorb some of the functions of the central government and receive "situados" (funds) or revenues from specific taxes that can be used directly and autonomously by territorial sub-units. Without financial independence of sub-territorial units, it is a chimera to talk about autonomy or "independence."

(f) Local government autonomy, a long term claim expressed by people in municipal jurisdictions, is granted in Latin America with very few controls. In the case of Brazil, for example, this autonomy extends to fiscal management. All Latin American constitutions — except for Cuba — currently grant autonomy to municipalities. Further, most former socialist countries have rejected the principle of doublé subordination, which Cuba maintains.

(g) The most important "bridge" is between municipal authorities and local organizations, tied to problems of their jurisdictions, rather than national organizations. Local organizations such as Local Administrative Boards (Juntas Administradoras Locales) in Colombia and Juntas de Vecinos (Neighbors'Boards) and Consejos Económicos y Sociales Comunales (Community Economic and Social Councils) in Chile are already under way in these countries and have millions of affiliates.[20]

(h) Changes to state organization made by the Cuban leadership recently have been primarily motivated by economic

---

[20] "Juntas Administradoras Locales" exist in Colombia since 1986. By 1994, it is reported that 30 cities had their neighbors organized. It is estimated that these cities cover 40 per cent of Colombia's population. In the case of Chile, pursuant to Law 18.893 on Territorial and Functional Territorial Community Organizations, affiliations grew significantly during the period between 1973 and 1988, when there were serious restrictions on these organizations imposed by the military regime. By 1991, three years after the law was enacted, affiliations reached close to 3 million members, a figure that exceeded levels attained before 1973. For the Colombian case see Santana (1994); for the Chilean case, see República de Chile (1993).

concerns. They have followed a pattern of decentralization where enterprises and state dependencies have been given new responsibilities formerly executed at the central level, but still decisionmaking comes from above. What is being searched in former socialist countries and most countries of Latin America is not decentralization, but the devolution of authority, which includes policies to strengthen autonomous organizations and self-government of subterritorial units.

(i) Employment in Cuban state payrolls has been reduced but the scope of reduction appears limited. This situation contrasts with significant efforts made in Latin America regarding decentralization and strengthening of local government. For instance, Colombia has been engaged in state modernization since 1974. A new (1991) Constitution has been approved which makes significant reforms at the central and sub-national level. The central government has reduced its size significantly in Chile and Colombia through reorganizations taking into account sub-territorial layers. Large numbers of former central government workers have been transferred to local governments.

Conclusions

The experience of the Soviet Union and former socialist countries indicates that the approach to systemic transitions should be multi-dimensional approach. Structural adjustments and macroeconomic stabilization policies are not enough. They must be accompanied by capacity building of institutional patterns of behavior around the rule of law, private enterprise, globalization, competitiveness, state modernization, municipal strengthening and human resources training, among others, in order to stimulate market forces and rational behavior.

Decentralization steps and changes in local government and citizen participation in Cuba seem to be limited to specific sectors such as foreign trade and tourism. They resemble the usual "capitalist" cycles undertaken by former socialist countries in the past. They aim to isolate the political sphere and, therefore, its power structure, from economic openings. Cuba is not following the model of countries undergoing democratic transitions and is instead pursuing that of countries with authoritarian rule seeking economic openings to the rest of the world. It may be useful to examine the extent to which other regimes—for example, Spain during the last years of Franco; China with its four modernization principles; Chile under the military regime after the plebiscite; Taiwan under the influence of Chinese emigrants at the beginning but suffering political changes after the death of Chiang; Singapore with its present regime; Indonesia under Sukarno and Suharto; Korea since the sixties until recent democratic changes at the end of the eighties introduced effective multi-party systems, balance of power and anti-corruption practices—have managed to accept greater political opening than Cuba.

There is no doubt that former socialist countries closer to the category of developing countries seem to be more resilient to change. There are distinctions between the less developed socialist countries—such as China, Viet Nam, Romania, Bulgaria, Albania, Cuba, the Democratic's Republic of Korea and Laos—where there is still a commitment to socialist ideology and the expectation of a greater role for the state, and post-socialist states such as Poland, Hungary, and the former Czechoslovakia and German Democratic Republic (GDR), which are undergoing drastic political and economic changes toward market behavior and closer relations with Europe and the United States.[21] 21 The former Yugoslavia is a middleof-the-road example where non-socialist parties took control of the Federal Republics of Slovenia and Croatia, while the remaining areas are more attached to former socialist structures. It should be recognized that these are dynamic situations, and changes may be in store that will make some of these judgements seem premature.

Within the sample of authoritarian countries, Chile was able to make the transition toward democracy even though military influence still prevails in certain areas. Taiwan and Korea also offer

---

[21] I owe this distinction to Sobhan (1998).

similar transitions after authoritarian periods. Taiwan as well as Chile had regimes with a strong degree of personalism. Spain offers a good comparison as Franco shared many characteristics with Fidel Castro: Galician origin, anti-Americanism, military background, language and cultural heritage, although they had very different ideological approaches. However, there is nothing in Cuba like the Spanish monarchy that could play the role of an intermediary institution. The revolution did not leave any competing organization intact. Perhaps, the Catholic and some Protestant churches, together with powerful foreign countries, could play this role. Recently the hierarchy of the Catholic church has called for change and reconciliation through a national dialogue between the regime and its opponents in Cuba and in the exile community (Aguila 1996).

A similar contrast may be made with Augusto Pinochet in Chile, with the difference that Pinochet has preferred to guide his succession while he is still alive and protected by the military. In this sense, Pinochet seems to be at some point between Franco nd De Gaulle regarding the concern for the legitimacy of his regime and succession. If Castro does not take steps in the direction of legitimacy of successors, polarization will prevail. So far, Castro has been careless, slow and stubborn regarding alternatives to the present system. The odds at present are against the survival of the Cuban revolutionary heritage in historic terms, that is, beyond the life span of any individual.

The top leaders have their mind on pursuing economic reform measures but not their hearts. Their attitudes are contradictory. Human initiative is curtailed if growth entails palpable inequalities, such as those related to dollarization of the economy. State technocrats give autonomy to managers of enterprises but within certain limits. These constraints may lead to artificial results. The zealousness of maintaining everything under state control leads to bargaining negotiations between technocrats and managers because market mechanisms simply are not there. This has been the case in former socialist countries.

Changes made at the local level follow a logic that has characterized the Cuban Revolution since its beginning. It reflects a genuine concern regarding the greater participation of young people and a lower level of concern regarding local leadership at all levels of the power structure. The new electoral legislation eases the difficulties of young people in reaching higher positions within governmental structures.

Issues tackled by other countries in regarding decentralization and local government seem very far from concerns being addressed by Cuba's government. Democracy as it is known in most parts of the world is not a goal of the Cuban regime; autonomy of subterritorial units is not a concern; fiscal decentralization is not relevant; NGOs are attacked and legitimacy of their activities is questioned; market-building steps are absent; privatization is out of the agenda except in for some narrow areas; and state organization remains much as it is defined in the 1976 Constitution.

This approach, to a large extent, also reflects the circumstances of the special period. Again, the sense of being under attack and the drama for the Cuban population, still being asked to make more sacrifices without hope that the future will bring greater rewards may be influencing these outcomes. Openness may be synonymous with betrayal. The revolutionary leadership feels that is entitled to select their opposition among Cuban political forces within and outside the island: their own scholars, their capitalists, and now even their own NGOs. The discourse behind recent changes regarding decentralization, local government and participation also reflects this cautious approach. The trend is toward greater degree of social control instead of less government intervention in the private life of ordinary citizens.

The Cuban revolutionary leadership has been in power for 36 years. To a great extent the basis for the legitimacy of its social order is still charismatic, resting on the personality of Fidel Castro. This is not strong ground for stability in the future. The charismatic leader has to continue working miracles to keep beliefs alive. Gone are the heroic times when the revolution broke with the Cuban establishment promising the millennium to a radicalized population. Gone are the long speeches and the revolutionary appeals—the "two or three Vietnams" in Latin America and international revolutionary duties in Angola and the Third World, the nationalizations, the "revolutionary offensive," the pursuit of a "New Man," the 10 million-ton sugar harvest, and the "birth of a communist society in one generation."

The top leadership has asked heroic achievements from succeeding generations of Cubans and continues appealing for more achievements and sacrifices during the "Rectification Process" and "Special Period."

Now it is the turn of ordinary citizens. They have been subject to mobilizations and military enlistments; voluntary labor; salary cuts; food rations; "vigilante" activities; and family divisions. Not even sport activities have been free from these manipulations. To follow a path of self-fulfillment in baseball, such as joining a professional U.S. major league team, a rather innocuous action in any country in normal times, becomes a "betrayal" and evidence of "counter-revolutionary" behavior. Pressures has been created from internal as well as external sources. Foreign 'invasions," "embargoes," isolation policies, and mere indifference has helped sustain an otherwise critical situation for years without any sight of light at the end of the tunnel. The search for a political structure adjusted to human needs calls for a halt to any kind of pressures. The only sensible measure to put an end to these sufferings, pressures and manipulations is to let the Cuban people express their will. If the people is the sovereign, as Sarmiento once said, let's educate the sovereign.

The Cuban people are entitled to be fully informed so that they can make the best decisions. Information should flow freely to make this possible. Then, a national election, certified by international observers, should take place. It is the only basis to bring about legitimate decentralization, local government and participation at present. However, the attitude of the Cuban revolutionary leadership toward the Nicaraguan elections preclude a positive reaction to this suggestion. The Cuban reality today is very far from these goals.

References

Aguila, J. M. del. (1996). Development, Revolution, and Decay in Cuba. In Howard J. Wiarda and Harvey F. Kline (Eds.). *Latin American Politics and Development*. Boulder: Westview Press.

Alonso, José F., Donate-Armada, R., and Lago, A. (1994). A First Approximation to the Design of a Safety Net for Democratic Cuba. In Association for the Study of the Cuban Economy, ASCE (Eds.), *Cuba in Transition, (4), 88-154*. Washington: ASCE.

Amaro, N.(1996). "La Descentralización en los Países Unitarios de América Latina y el Caribe en la Actualidad: Cuatro Dilemas Gerenciales," paper presented at the "Conferencia Regional sobre Cooperación Política en Materia de Descentralización en América Latina," Caracas, Venezuela, 1-2 de agosto de 1996 (sponsored by the United Nations Development Program, Proyecto RLA/92-030 sobre "Gobernabilidad y Desarrollo Humano.").

Amaro, N. (1994). *Descentralización, Gobierno Local y Participación-América Latina/Honduras*. Honduras: Guaymuras.

Amaro, N.(1990). *Descentralización y Participación Popular en Guatemala*. Guatemala: Serviprensa/INCEP.

Amaro, N. and Mesa-Lago, C.(1970). Inequality and Classes," in Carmelo Mesa Lago (Ed.), *Revolutionary Change in Cuba,*. Pittsburgh: University of Pittsburgh Press.

Asamblea Nacional del Poder Popular. (1996). Algunas consideraciones sobre la descentralización hacia los órganos locales del Gobierno de Cuba, paper presented at the Conferencia Regional sobre Cooperación Política en Materia de Descentralización en América Latina. Caracas, Venezuela, 1-2 de agosto (sponsored by the United Nations Development Program, Proyecto RLA/92-030 sobre "Gobernabilidad y Desarrollo Humano.").

Balázs, I. and Bertók, J. (1995). Modernization of the Hungarian Public Administration. In United Nations, Gobernance and Public Administration Branch, *Decentralization and Administrative Modernization in Central and East European Countries*, Report of a Workshop held in Maastricht, The Netherlands, 30 November-30 December 1993. New York: United Nations.

Blanco, J. A. (*circa* 1996). *Cuba: ¿"Museo Socialista" o Laboratorio Social? (Carta a un amigo europeo)*. Manuscript.

Boisier, S. (1987). Ensayos sobre descentralización y desarrollo regional. *Cuadernos de ILPES, (32)*. Santiago de Chile: ILPES.

Brandwayn, Susan. (1993). Cuba's economic and management policy response to the changing global environment, *Public Administration and Developmen (13)*, 361-75.

Castro, F. (October 30. 1992). "Esta ley perfeccionará nuestro sistema y todo el poder popular," *Gramma,*

Castro, F. (February 23, 1993). Estas elecciones han enseñado más a nuestro pueblo que millones de conferencias sobre democracia. *Granma.*

Castro, R. (March 27, 1996)."Informe del Buró Político," *Granma.*

Castro, R. (1996). Maintaining Revolutionary Purity," in The Free Cuba Center of Freedom House *(Ed.), Cuba: Political Pilgrims and Cultural Wars.* Washington:. The Free Cuba Center of Freedom House.

Constitución de la República de Cuba. La Habana: Editora Política, 1992.

United Nations, Governance and Public Administration Branch Decentralization and Administrative Modernization in Central and East European Countries (1995), Report of a Workshop held in Maastricht, The Netherlands, 30 November-30 December 1993. New York: United Nations.

Dilla, H., González, G. and Vicentelli, A. T. (1995). Participación y Desarrollo en los Municipios Cubanos, In , J. Rodríguez Beruff (Ed.), *Cuba en Crisis: Perspectivas Económicas y Políticas.* San Juan, Puerto Rico: Editorial de la Universidad de Puerto Rico, 1995.

Dilla, H. (1995). Socialismo, Empresas y Participación Obrera. In J. Rodríguez Beruff (Ed.), *Cuba en Crisis: Perspectivas Económicas y Políticas,.* San Juan, Puerto Rico: Editorial de la Universidad de Puerto Rico.

Domínguez, J. (1995). Cuba un Nuevo Camino. In J. Rodríguez Beruff (Ed.), In *Cuba en Crisis:Perspectivas Económicas y Políticas* (pp. 23-44). San Juan, Puerto Rico: Editorial de la Universidad de Puerto Rico.

Donate-Armada, M. Sociedad Civil, Control Social y Estructura del Poder en Cuba. In Association for the Study of the Cuban Economy, ASCE (1996). *Cuba in Transition, (6.*Washington D.C.: ASCE, 1996. Retrieved from https://www.ascecuba.org/publications/annual-proceedings/

Harnecker, M. (1979). *Cuba: Dictadura o Democracia* (8a. Ed. Rev.). México: Siglo XXI Editores.

Halebsky, S. and Kirk, J. M. (Eds.). (1985). *Cuba: Twenty-Five Years of Revolution, 1958-1984.* New York: Praeger.

Kaminski, B. (1994). The Failure of the Transition from Direct to Indirect Controls in Poland in the 1980s. In *The Role of the Public Sector in Promoting the Economic Development of Developing Countries* pp. 148-171. Proceedings of a United Nations Interregional Seminar held in Nairobi, Kenya. New York: United Nations.

Malaparte, Curzio. (1932). *Coup d'etat, the Technique of Revoution.* New York: E.P.Dutton.

Marcou, Gerard.(1995). Decentralization in France: constitutional and legal aspects," in *Decentralization and Administrative Modernization in Central and East European Countries*, Report of a Workshop held in Maastricht, The Netherlands, 30 November-30 December 1993, Governance andPublic Administration Branch, United Nations. New York: United Nations.

Pérez-López, J.(November, 1995). *Odd Couples: Joint Ventures between Foreign Capitalists and Cuban Socialists.* North-South Agenda Papers 16. Coral Gables, Fla.: North-South Center, University of Miami.

Pérez-Stable, Marifeli. "La Cuba que Aún Puede Ser," in *Cuba en Crisis: Perspectivas Económicas y Políticas*, Jorge Rodríguez Beruff (ed.) San Juan, Puerto Rico: Editorial de la Universidad de Puerto Rico, 1995.

Programa de Naciones Unidas para el Desarrollo, PNUD. (1996). *Informe del Proyecto sobre Gobernabilidad y Desarrollo Humano*, paper presented at the "Conferencia Regional sobre Cooperación Política en Materia de Descentralización en América Latina." Caracas, Venezuela, 1-2 de agosto (sponsored by the United Nations Development Program, Proyecto RLA/92-030).

Pumar, E. S. (1996). Labor Effects of Adjustment Policies in Cuba. Association for the Study of the Cuban Economy, ASCE (1996). *Cuba in Transition, (6),* 262-282. ASCE, 1996. Retrieved from https://www.ascecuba.org/publications/annual-proceedings/

Reilly, Ch. (Ed.). (1994). *Políticas Urbanas: Las ONG y losGobiernos Municipales en la Democratización Latinoamericana.* Arlington, Va.: Fundación Interamericana.

República de Chile, Ministerio del Interior, Subsecretaría de Desarrollo Regional y Administrativo. (1993). *Manual de Gestión Municipal.* Santiago de Chile: Talleres de LOM.

Ritter, A. (1985). The Organs of People's Power and the Communistg Party: The Patterns of Cuban Democracy. In S. Halebsky and J. M. Kirk (Eds.), *Cuba: twenty-five Years of revolution, 1959-1984,.* New York: Praeger.

Rodríguez Beruff, Jorge (Ed.). (1995). *Cuba en crisis: Perspectivas económicas y políticas.* San Juan, Puerto Rico: Editorial de la Universidad de Puerto Rico.

Rodríguez Santana, P. (1994). Gobiernos locales, descentralización y democracia en Colombia. In Charles Reilly (Ed.), *Políticas Urbanas: Las ONG y los Gobiernos Municipales en la Democratización Latinoamericana* (pp. 191-210). Arlington, Va.: Fundación Interamericana.

Rondinelli, D. A. (1994). Capacity-building in emerging market economies: The second wave of reform," *Business & The Contemporary World, 3,* 153-167.

Sobhan, R. *(1998). Towards a theory of governance and development: learning from East Asia. Dhaka, Bangladesh: Centre for Policy Dialogue University Press Limited.*

Solnick, S. L (January, 1996). "The breakdown of hierarchies in the Soviet Union and China: A neoinstitutional perspective," *World Politics, (48),* 209-238.

Stepien, J., Gintowt-Jankowicz, M., Rabska, T. and Ruszkowski, J. (1995). Local government in Poland and problems of decentralization," in *Decentralization and Administrative Modernization in Central and East EuropeanCountries,* Report of a Workshop held in Maastricht,

The Netherlands, 30 November-30 December 1993, Governance and Public Administration Branch, United Nations. New York: United Nations.

United Nations. (1994). *The Role of the Public Sector in Promoting the Economic Development of Developing Countries,* Proceedings of a United Nations Interregional Seminar held in Nairobi, Kenya. New York: United Nations.

United States Information Service, Voice of America, Offfice of Research & Policy, Radio Martí Program. (1988). *Cuba Annual Report, 1987*. New Brunswick: Transaction Publishers.

United Nations, Support and Management Services. (1994). *The Role of the Public Sector in Promoting the Economic Developmentof Developing Countries*, Proceedings of a United Nations Interregional Seminar held in Nairobi, Kenya. New York:United Nations.

Werlau, M. C. (1996)."Foreign Investment in Cuba: the Limits of 'Commercial Engagement' as a Policy Prescription," In Association for the Study of the Cuban Economy, ASCE (Eds.), *Cuba in Transition, (4), 88-154*. Washington: ASCE. Retrieved from https://www.ascecuba.org/publications/annual-proceedings/

Wiarda, Howard J., Kline, Harvey F. (Eds.). (1996). *Latin American Politics and Development*. Boulder: Westview Press.

CAPÍTULO VII

LECCIONES DE LA PAZ EN CENTROAMERICA: UN INTENTO DE APLICACIÓN A CUBA

Nota: Este artículo fue publicado originalmente por la Association for the Study of the Cuban Economy, ASCE (1998). *Cuba in Transition* 355-364, *(8)*. ASCE. Recuperado de https://www.ascecuba.org/publications/annual-proceedings/

Este trabajo quiere examinar las similitudes y diferencias entre diferentes conflictos que lograron culminar en firmas de paz o procesos electorales en el área centroamericana.

Ello ofrece la base para escoger el caso guatemalteco como aquél que teniendo aspectos comunes con los demás conflictos en el área tales como el nicaragüense y el salvadoreño, se acerca más a la situación que prevalece en Cuba comparativamente. Estas condiciones en Guatemala y El Salvador culminan con la firma de la paz mientras en Nicaragua se acuerda entre gobierno y oposición un proceso electoral.

Esta selección anticipada de Guatemala como un caso paradigmático, será justificada en las secciones que siguen para desprender de aquí lecciones que pudieran trasladarse a la experiencia cubana si se logran reproducir determinadas condiciones que precipitaron el proceso de paz que hoy vive Guatemala. El caso guatemalteco en particular y las condiciones que propiciaron el proceso de paz en Centroamérica puede servir entonces como un paradigma con el cual podemos contrastar los eventos cubanos cuyas particularidades muchas veces resisten generalizaciones esquemáticas.[1] Por ello calificamos este ejercicio como un modesto «inten-

---

[1] Se trata de usar el mismo término que Kuhn pero para un caso. El paradigma dentro de esos términos es una serie de conceptos interrelacionados en los cuales concurre la comunidad científica para crear un «rompecabezas» o una serie de

to» enmarcado entre la objetividad de las ciencias sociales y políticas educadas que derivan de valores eternos.

Nicaragua: Un caso especial en Centroamérica y una sola Lección

En toda Centroamérica se ha desencadenado un proceso de paz después un largo tiempo de lucha armada y desavenencias intransigentes. Tanto en El Salvador como Guatemala se trató de movimientos armados dentro del concepto de «guerras de baja intensidad» contra agrupaciones políticas, fuerzas armadas y élites oligárquicas. El caso nicaragüense constituyó un caso especial. Si bien en un principio, estas características eran llenadas aquí, fuerzas desalojadas del poder disputaron su hegemonía a una guerrilla devenida en poder. Este desenlace acerca esta toma del poder a una situación similar a la de Cuba en el año 1959. Las orientaciones marxistas de sus dirigentes y las medidas internas y externas que propugnaron en los inicios profundiza la similaridad. Tanto sus orientaciones, como los sectores internos de apoyo como sus enemigos pasaban por los mismos meridianos.[2]

Este marco pudiera ser suficiente para extraer las similitudes con la situación cubana. Sin embargo, el arribo a la solución del conflicto bélico hace que la situación nicaragüense se aparte de la cubana. Cabría preguntarse...¿no fue éste el escenario en un principio de los primeros años triunfantes de la élite de poder cubana? ¿Cuál hubiera sido el desenlace si en vez de jugarse todo el futuro a una «invasión» incierta, se hubiera alimentado la tesis de muchos grupos insurgentes en aquel momento que confiaban en la infiltración y los alzamientos lo cual estaba más a tono con los últimos

---

enigmas, que guían posteriormente la investigación. El caso guatemalteco es usado en este trabajo de esa manera pero referido a un caso que alumbra en mejor manera una serie de campos y conceptos alrededor de la paz que de esa forma son mejor aclarados. Al mismo tiempo, alumbra áreas de investigación susceptibles de ser esclarecidas. Ver Kuhn (1971).

[2] Este marco de análisis fue usado en mi artículo "Mass and Class in the Origins of the Cuban Revolution" (Amaro 1987). Las fases de instauración del poder total bien pudieran aplicarse al Frente Sandinista en Nicaragua.

100 años de historia cubana y con la realidad nicaragüense antes de instalarse el proceso de paz?

No obstante, un proceso electoral puso punto final a los intentos continuistas a la cubana. El viejo adagio tuvo completa aplicación: «Nunca segundas partes fueron buenas». ¿Por qué el resultado sandinista ha sido diferente al cubano? ¿Faltó el elemento carismático personalizado en Fidel Castro? ¿Estuvo ausente el entusiasmo de una Unión Soviética ya decepcionada de los subsidios permanentes que negaba a su población necesitada? ¿Estuvo presente acaso un grupo que bebía intelectualmente en la Teología de la Liberación y por tanto había mayores restricciones al haber alianzas más amplias?[3] ¿O acaso hubo menos de esas mismas restricciones en la Administración Reagan para hacer la guerra frontal a Nicaragua cuando se compara con las políticas cautelosas de Kennedy respecto a Cuba en el pasado? Las respuestas a estas preguntas ya nos indican las particularidades del proceso de paz nicaragüense. Por tanto, su desenlace no puede ser comparado a lo que pudiera aplicarse a Cuba.[4]

La polarización en la isla es de tal naturaleza que elude en estos momentos la posibilidad que una situación multipartidaria conduzca a un proceso electoral; que existan contingentes armados en lugares inhóspitos que cuenten con equipamiento y financiamientos directamente suministrados por USA y apoyados por países limítrofes; tampoco se observa una joven guerrilla en el poder; con un oposición con capacidad de reclutamiento militar de jóvenes capaces de plantear un reto en vez de una asimilación al país que la acogió en la emigración. No se cuenta con factores de posiciones de «centro» dentro de Cuba como los que se alinearon alrededor de

---

[3] En apoyo de esta aserción se encuentra que con el triunfo del sandinismo no ocurrieron fusilamientos masivos como en Cuba y los comité populares a nivel de manzana fueron bastante tímidos a diferencia de los Comités de Defensa de la Revolución (CDR), en la isla. En parte esto último puede deberse a la mayor urbanización de Cuba, donde los CDRs y la reforma urbana, su base, constituyeron un elemento de aglutinación importante.

[4] Las informaciones de la época en que se gestaba una salida electoral, dan cuenta que el régimen cubano presidido por Fidel Castro vio con escepticismo esa posibilidad ante la consulta de la élite de poder nicaragüense.

Violeta Chamorro que sin mirar el pasado somocista con nostalgia, eran capaces de plantear un régimen democrático de cara al futuro.

Por tanto, ese proceso de paz no puede arrojar las lecciones necesarias para el caso cubano.

No obstante, lo ocurrido en Nicaragua pudiera colocarse en la ola de desalojo del poder de gobiernos marxistas en el mundo entero. Aquel axioma político que preconizaba que ningún gobierno marxista, una vez instalado en el poder, había sido derrocado, aludía a países de Asia, la Unión Soviética y Europa Oriental. Este axioma ha pasado a la historia. Nicaragua es también un ejemplo de ello y por tanto añade mayor peso a la vulnerabilidad de la permanencia del régimen cubano.

Comparaciones útiles entre Guatemala y El Salvador

Una vez desechado el caso nicaragüense como paradigmático es necesario establecer que también hay diferencias cruciales entre el proceso armado de El Salvador y Guatemala. Esta condición es imprescindible para obtener cualquier conclusión comparativa respecto al caso cubano. Mientras en el caso guatemalteco la guerrilla en su momento cumbre llegó a controlar un 10% del territorio nacional, en el caso salvadoreño dicho control llegó a establecerse en un tercio del territorio nacional.[5] No obstante, en el caso de Guatemala esta fuerza se evapora y en el momento que se firma la paz en diciembre de 1996, la guerrilla opera en territorios marginales del país.

Realmente su capacidad de acción era muy limitada. La retirada fue de tal magnitud que hizo imposible al alto mando guerrillero convocar de nuevo a una guerra generalizada. Tanto en el caso guatemalteco como el cubano, desde frentes ideológicos opuestos, hubo una carencia de convocatoria para una nueva gue-

---

[5] Estas cifras tienen su fuente en un alto oficial de los mandos militares guatemaltecos que merece la más alta credibilidad y eran los números que se manejaban en las altas esferas del gobierno cuando fungí como Viceministro de Desarrollo Urbano y Rural en los años 1987-89 durante la Administración de Cerezo en Guatemala.

rra, después de haberse frustrado una primera convocatoria (para el caso cubano fueron cruciales los años 1959-61 y para el caso guatemalteco 1979-83).[6] La guerrilla salvadoreña llegó a contar con un contingente de alrededor de 10 mil hombres mientras que la guatemalteca coquetea con ese número a principios de 1982, para luego después de firmado el proceso de paz presentar como tropas para su desmovilización alrededor de 3,000 hombres.[7] Incluso esa cifra se estima inflada debido a incorporaciones a última hora de población civil cercana a la guerrilla.[8]

Después de principios de 1982, la insurgencia guatemalteca fue abatida y operaba en zonas marginales del territorio guatemalteco. No constituían una amenaza militar. La principal causa de su derrota fue que el ejército hizo un idéntico llamado para combatir a los insurgentes a la población. Esta estrategia le quitó «el agua al pez» para parafrasear la famosa frase de Mao-Tse-Tung respecto a la necesidad de la guerrilla de contar con el apoyo de la población en los territorios donde operaba.[9]

---

[6] Se pudiera desafiar esta afirmación diciendo que hubo una convocatoria anterior por parte de la guerrilla en la etapa guevarista a finales de los 60. La realidad fue que los centros geográficos de rebelión fueron distintos. En los 60 fue en el Oriente del país, en los 80 en el Altiplano. En los sesentas la guerrilla no pasó de ser un "foco guerrillero" molesto, mientras en los 80 hubo participación amplia de uno y otro lado de la población.

[7] Estas cifras se infieren de los programas que han reicorporado la población combatiente de la Unidad Nacional Revolucionaria Guatemalteca (URNG). Lo mismo puede decirse del Frente Farabundo Martí de Liberación Nacional (FMLN) de 29,266 beficiarios del Programa de Transferencia de Tierras (al 10 de mayo de 1995), dirigidos a la reincorporación de ex-combatientes, 21,542 eran "tenedores" de tierra sin propiedad residiendo en tierras ocupadas bajo control guerrillero, el resto era ex-combatiente. Ver Reyes Illescas (1997, pp. 87-94).

[8] Estas cifras han sido dadas a la publicidad en los principales periódicos de Guatemala y son los números que manejan las agencias de desarrollo que apoyan el proceso de incorporación de los combatientes.

[9] El ejército organizó las llamadas Patrullas de Autodefensa Civil (PAC) que llegaron a alcanzar 900,000 hombres en casi todas las comunidades del altiplano. Al ocurrir ello, otra máxima proclamada por Fidel Castro cayó cuando retaba a los gobiernos del continente latinoamericano a armar al pueblo como se

Mientras, en el caso salvadoreño existía un «impasse» en donde ninguno de los dos ejércitos, el insurgente y el oficial podían derrotarse. Esta característica aleja el caso salvadoreño del guatemalteco. En este sentido, en Nicaragua, los «contras» disfrutaban de igual estatus ya que era difícil su eliminación por parte del Sandinismo. No obstante aquí la relación de poder es inversa: la guerrilla en el poder y las fuerzas más tradicionales eran contestarias. El caso cubano es más parecido al guatemalteco ya que las fuerzas de oposición no constituyeron después del fin de la «invasión» y mucho más tímidamente después de los brotes del Escambray a mediados de los sesenta, una fuerza bélica capaz de desafiar al régimen cubano. Brotes de oposición permanente, sin embargo, pueden ser encontrados en Cuba como nos enseña Benigno Aguirre (1988).

Por otra parte, basta ver las listas de presos políticos adelantadas por países con los cuales Cuba mantiene relaciones para darse cuenta que esta oposición está lejos de ser pasiva. No deja de llamar la atención las incursiones invasoras de personas de edades avanzadas como la ocurrida hace poco tiempo en la Provincia de Pinar del Río. Si a lo anterior se añade la oposición de aquellos que han votado con los pies en forma masiva y que se congregan mayormente en USA, la presencia de un contingente guerrillero es circunstancial y es un problema de grado. Tan efectivo es el «lobby» cubano ante Washington para impedir la eliminación del embargo, como cualquier brote guerrillero que haya cortado las comunicaciones en un lugar alejado de Guatemala, Nicaragua o El Salvador en el momento más álgido del conflicto. Más todavía, la economía de escalas que representa el «embargo» es superior a la acción limitada de cualquier grupo insurgente armado.

De todas maneras este escenario aleja el caso guatemalteco del salvadoreño ya que en el primero no hay control territorial ni tampoco contingente armado de envergadura. Esto último, sin embargo acerca el caso cubano al guatemalteco. Por otra parte, no puede descartarse tampoco el «lobby» internacional de la URNG y otras fuerzas de oposición que supieron mantener activo el tema de

---

hacía en Cuba. En Guatemala, el pueblo fue armado por los militares, con una ideología inversa a la preconizada por la revolución cubana.

los derechos humanos en Guatemala, a pesar de la baja intensidad del conflicto bélico.

Además, tanto el caso salvadoreño como el guatemalteco, son conflictos entre oposición y gobierno que tienen su origen hace un largo número de años al igual que el caso cubano. Las desavenencias que dieron lugar a los procesos de paz pueden trazarse en Guatemala hasta 1954, cuando el Presidente Arbenz fue derrocado por una fuerza insurgente apoyada por la Central de Inteligencia Americana (CIA). Desde ese punto de vista, al lado de los 38 años de permanencia del régimen instaurado por Fidel Castro pueden colocarse los 44 ó 36 años que ha durado el conflicto guatemalteco.[10] 10 Tanto en El Salvador como en Guatemala, los procesos de paz tomaron largo tiempo. Para Guatemala el Acuerdo Básico fue suscrito en Oslo, Noruega en 1990, y la paz se firma 7 años después. El inicio de estas pláticas se produce de manera informal con una visita del Presidente Vinicio Cerezo a Costa Rica en 1986. Diez años y medio después se produce la firma de la paz. La implementación de estos acuerdos tienen 1 año y algunos meses de ejecución.

El fruto de estas negociaciones graduales está a la vista. En 1991 se celebró un acuerdo; en 1994-95 se llegó a 4; y en 1996 se llegó a 6 acuerdos firmados. Estas negociaciones han tenido lugar a lo largo de 4 administraciones: Cerezo, Serrano, De León Carpio y actualmente Alvaro Arzú. Ello constituye un ejemplo de continuidad de gobierno por encima de banderas políticas. Estos acuerdos han llevado a más de 400 compromisos y se estima que su implementación completa pueda tomar más de dos generaciones. La concertación en Guatemala ha culminado en el diseño de un modelo de desarrollo, más que una paz momentánea.

---

[10] La primera fecha denota la salida del poder de Arbenz en 1954. La segunda que es aceptada por muchos autores y actores marca el inicio de la guerra civil en noviembre de 1960 cuando ocurre una rebelión militar que tenía como queja, entre otras, el entrenamiento de exiliados cubanos en territorio guatemalteco. Esta rebelión fue más que una asonada. Hoy sabemos que los oficiales involucrados alcanzaban la cifra de 150 oficiales aunque en el momento de la rebelión sólo 45 respondieron realmente al llamado. Véase Gabriel Aguilera (1989, p. 21) y Lawrence A. Yates (1988, p. 50).

Existe otra característica que acerca el caso guatemalteco al cubano y lo diferencia del salvadoreño. La agenda que necesitan los cubanos de la oposición debe ser amplia y profunda. En el caso salvadoreño no alcanzó tal perfil. Los acuerdos militares y políticos tomaron precedencia sobre los aspectos económico-sociales en El Salvador. Por esa razón Miguel Angel Reyes Illescas (1997) dice:

> ...en El Salvador el corto y eficaz periodo de negociación demostró que se «resolvió» el conflicto militar, pero que en el postconflicto no se produjeron los acontecimientos necesarios y suficientes para establecer las bases económico-sociales que garantizaran la paz «justa» y «duradera» que demandaba la población menos favorecida. La «sostenibilidad» de la paz, la democracia y el desarrollo dependerán en proporción considerable de la solución de los problemas sociales que estuvieron en el origen del conflicto. (p.103)

La anterior información olvida que en El Salvador hubo tres reformas similares a las que había dictado el gobierno sandinista en Nicaragua: la reforma agraria, la nacionalización del comercio exterior y la de la banca.[11] Uno de los elementos contribuyentes a la finalización del proceso violento en El Salvador, sin duda se debe a que las «banderas» de la izquierda insurgente fueron asumidas por los militares y el Partido Democracia Cristiana en alianza. Probablemente había menos necesidad que en Guatemala que ello formara parte de las conversaciones de paz.

Al omitir estas dimensiones que son necesarias en cualquier arreglo hacia la paz en Cuba, el proceso de paz salvadoreño se aleja como caso paradigmático y en este sentido se rebela con mayor visibilidad el caso guatemalteco. De esta manera, el caso guatemalteco, al no representar una amenaza militar, al haber un conflicto

---

[11] Tuve la oportunidad de observar la expropiación física de una hacienda extensa en el Departamento de La Unión después de dictada la Ley de Reforma Agraria. Los mismos militares acompañaron a las autoridades civiles para proceder a la expropiación. Al menos para las fincas de gran tamaño, este proceso fue en serio, provocando la brecha entre el Partido Democracia Cristiana y la cúpula del poder militar por una parte y la oligarquía terrateniente por otra parte. La Derecha ilustrada representada por Cristiani, sin embargo, da un paso al frente y hace la paz.

de tan larga duración como el cubano y al presentar una larga secuela de negociaciones alrededor de temas cruciales para la estructura social, económica y política de carácter amplio y profundo, se convierte en el caso a estudiar. En las secciones que siguen se derivarán de aquí las lecciones apropiadas.

El caso guatemalteco: Un paradigma de posible aplicación al caso cubano

En esta sección extraeremos los elementos singulares del caso guatemalteco que pudieran ofrecer un marco orientador para el caso cubano y estableceremos comparaciones de las influencias de diversos actores en los dos procesos. Para ello estableceremos las dimensiones más relevantes y alrededor de ellas construiremos la comparación entre Guatemala y Cuba cuando sea apropiado. En el caso guatemalteco, al menos en los Acuerdos de Paz firmados, hay una extensa y compleja red de gamas económicas y sociales que apuntan a desmantelar en base a consensos, las causas de la guerra civil. Los Acuerdos, por ejemplo, fijan tasas de crecimiento económico, porcentajes de cargas fiscales, aumentos de las coberturas educativas y de salud, etc. Este elemento particular es expresado así por Aguilera:

> Si bien en otras experiencias se ha buscado poner fin al confrontamiento armado mediante la apertura de canales apropiados para la reincorporación de las insurgencias a la vida legal (todos los procesos mencionados anteriormente, o bien se han incorporado disposiciones de reforma política (Colombia, Nicaragua, El Salvador), o de reforma económica y social (principalmente El Salvador) o bien de reconocimiento de derechos locales (Surinam) o se ha intentado un reparto del poder político (Africa), el proceso guatemalteco, con diversa intensidad, recoge todos esos elementos en una agenda amplísima, profunda y ambiciosa.[12]

La agenda en el caso guatemalteco contiene elementos que pudieran servir para una reflexión. Si uno ve esta lista encuentra los siguientes puntos: (1) Democratización, derechos humanos; (2)

---

[12] 12. Torres-Rivas y Aguilera Peralta (1998, p. 123).

Fortalecimiento del poder civil y función del ejército en una sociedad democrática; (3) Identidad y derechos de los pueblos indígenas; (4) Reformas constitucionales y régimen electoral; (5) Aspectos socioeconómicos; (6) Situación agraria; (7) Reasentamiento de poblaciones desarraigadas por el enfrentamiento armado; (8) Bases para la incorporación de la URNG a la vida política del país; (9) Arreglos para el definitivo cese del fuego; (10) Cronograma para la implementación, cumplimiento y verificación de los acuerdos; y (11) Firma de los Acuerdos de Paz Firme y Duradera, y Desmovilización (Reyes Illescas 1997, p. 60).

Una revisión a estos temas indica que ellos no son ajenos a la situación cubana. En este sentido, y sobre la base de las experiencias anteriores, los siguientes temas deben merecer la atención de una experiencia que partiendo del proceso de paz centroamericano, pudiera extenderse a los desacuerdos que han prevalecido en la isla durante los últimos años. Una dimensión importante es que esta agenda sea discutida en su conjunto al principio de cualquier reunión. Los puntos que esa agenda contiene deben recoger las aspiraciones de la oposición cubana. No obstante desde un principio debe evitarse el «maximalismo». Si se quiere hacer una negociación, necesariamente ambas partes tienen que hacer concesiones. La agenda a discutir pudiera contener los siguientes puntos:

El embargo económico. Este tema es controversial. El Gobierno Cubano coloca este tema en la categoría de «inmoral» y por tanto no está sujeto a negociaciones. No obstante, el espíritu de la Ley Helms-Burton recoge un espacio de negociación según los cambios democráticos se produzcan en la isla. Se coloca en el primer lugar de la agenda porque el régimen cubano ha demostrado su deseo que dicha medida sea levantada. El Papa en su visita también expresó su desaprobación. No obstante, para cualquier negociación, la capacidad de infringir daño al enemigo, forma parte de una estrategia de concesiones. Al no haber dentro de la isla insurgencia armada, este tema se convierte en un mecanismo poderoso para la oposición. En el caso guatemalteco se negociaba y al mismo tiempo las operaciones de guerra continuaron. Por el contrario, los ascensos en el clima bélico y sus bajas dependieron de los resultados en la mesa negociadora.

Por último, el cese al fuego se produce cuando ya todos los acuerdos sustantivos están firmados. Desde esta perspectiva y dentro de un horizonte temporal mediano, esta temática puede ser un arma poderosa de negociación para cualquier oposición cubana. De hecho es la única, aparte de una oposición colectiva dentro de la isla que no logra cristalizar sus esfuerzos en una escala suficiente para provocar cambios. Se coloca en el primer lugar de la lista porque sería una buena demostración de buena voluntad el poder comenzar a levantar el embargo, conforme haya buena voluntad por parte del gobierno cubano de conversar sobre temas cruciales en relación al destino del pueblo cubano.

Elecciones en forma de plebiscito dentro de un clima de libertad de información y con certificaciones válidas confiables dentro de un nuevo régimen constitucional. Se debe convocar a una Constituyente y ello debe ser sometido al consenso de la población cubana.

Democratización y derechos humanos. Un punto crucial es la aceptación de un sistema político multipartidario. En el caso guatemalteco si bien normativamente existía la posibilidad de organizarse en partidos políticos, en la práctica se permitían éstos siempre y cuando su alineamiento no pusiera en peligro el marco de la «guerra fría». El Acuerdo de Paz implicó la posibilidad de organización política de la antigua guerrilla. No se trata de hacer ello de la noche a la mañana en Cuba, pero debe haber un horizonte temporal en que esta aspiración finalmente se plasme. Otro es la libre asociación y expresión otorgando una carta de legitimidad a los grupos disidentes dentro de Cuba.

La reunificación familiar. Este punto recoge una necesidad sentida por la población fuera y dentro de Cuba. La ampliación de los vuelos aéreos; la normalización de los permisos de entrada y salida; y la desregulación de todo lo que envuelve las transacciones entre los cubanos de afuera y de adentro, debe ser un tema relevante de negociación. Esta aspiración es un rasgo totalmente perteneciente al proceso cubano.

Amnistía para los delitos políticos y marco institucional de acogida para la población cubana en el exterior. Este punto debe ser un gesto de buena voluntad por parte del régimen existente en Cuba.

Fortalecimiento de la sociedad civil y función del ejército en una sociedad democrática. El tema de organizaciones no gubernamentales, de una universidad libre, un sindicato autónomo, agrupaciones económicas libre de la tutela estatal y política, debe figurar en la agenda. Al mismo tiempo se debe desvincular los cuerpos militares de la actividad económica y social hacia un profesionalismo. En el caso de Guatemala, el ejército aceptó su reducción hasta en un 33% de su gasto y admitió la creación de la Policía Nacional Civil que agrupa en la actualidad a diversos cuerpos encargados del orden interno fuertemente influenciados en el pasado por los militares.

Desvinculación de los aparatos de seguridad del estado de la vida ciudadana. La pesada carga de los organismos de vigilancia y de la estructura de un Ministerio del Interior moviendo los hilos de los Comités de Defensa de la Revolución debe ser desmantelado. La politización de toda la vida de los ciudadanos sin dar margen a la propia privacidad y produciendo una hipocresía como norma de sobrevivencia debe terminar.

Descentralización, gobierno local y participación ciudadana. Todos los países en transición hacia la democracia que estaban bajo la tutela ideológica marxista, han orientado sus acciones hacia el fortalecimiento de los niveles locales en oposición a la centralización que ahogaba todas las iniciativas.[13]

Bases para el libre juego de fuerzas políticas e incorporación de la disidencia y población en el exterior a este proceso. Esta negociación supone acuerdos en todos los puntos anteriores y las normas que se desprendan estarán dirigidas a normalizar el proceso político en el corto plazo. En el caso guatemalteco ello se ha producido con éxito. La URNG respeto los comicios de noviembre de 1995 haciendo un alto al fuego cuando se producían y en la actualidad se encuentran participando en alianzas electorales.

---

[13] En este sentido véase Amaro (1998).

Firma de acuerdos de paz. Cada uno de los puntos señalados arriba debe ser fruto de un planteamiento realista y que busque consensos entre las partes. En este sentido esta primera aproximación al tema quiere hacer un llamado para ir fortaleciendo esta agenda o para irla modificando. La experiencia del caso guatemalteco fue que en muchos de los puntos discutidos como fueron las concesiones del ejército, las posiciones de la URNG lucían más brillantes, mientras que en otros como los «Acuerdos Socio-Económicos», las posiciones del gobierno parecieron prevalecer y la URNG aparece concediendo en mayor grado.

La agenda de los cubanos en el exterior y dentro de Cuba aparece en total desarraigo. No hay acuerdos respecto a los temas a discutir. Siempre las alianzas han sido precarias y en la actualidad aparecen grupúsculos cuyos nombres y propósitos se pierden en la diversidad y heterogeneidad de sus planteamientos. Más éxito han demostrado personalidades individuales que encarnan la oposición como Elizardo Sánchez o Gustavo y Sebastián Arcos o Ricardo Bofill. En el caso guatemalteco fue definida desde 1991.

La necesidad de una unidad de los cubanos. Este tema ha sido constante a lo largo de más de 38 años de existencia del régimen cubano. Ni siquiera el entusiasmo de la desaparición de los regímenes socialistas y de la Unión Soviética ha tenido el imán para unir las voluntades. Sin embargo, si se quiere llegar a una mesa para hablar del futuro de la isla con aquellos que hoy la manejan, es necesario plantearse esta dimensión. En Guatemala, El Salvador y Nicaragua, hubo alianzas estratégicas que permitieron ya sea presentarse a un diálogo con el gobierno con una voz o presentar al electorado una alternativa. Si ello no se produce en la situación cubana nunca se avanzará en esta agenda.

Este nuevo diálogo no puede ser como aquél de finales de los setentas, mirado con desdén desde las alturas del poder y manejado por actores de tercera fila. Ni tampoco con francotiradores o «turistas» escogidos por el propio régimen que está acostumbrado a seleccionar su propia oposición. Tampoco se trata desde afuera de excluir a nadie de adentro. Se deben discutir puntos concretos y temas que forman parte de una agenda y no personas.

La participación de la sociedad civil. Esta incorporación es relevante ya que saca de la esfera política y militar las conversaciones. Los empresarios en Canadá, el sector religioso en Quito y en México los sectores sindicalistas y populares fueron al diálogo con la URNG mediante acuerdos celebrados con el gobierno guatemalteco para el efecto. En el exilio todavía hay mucho pueblo organizado activo como los médicos, los municipios y otros que pueden también contribuir desde su perspectiva. Por cierto que fueron las organizaciones de empresarios los más recalcitrantes en incorporarse al proceso de paz. Sólo en el último año, con el triunfo electoral de Alvaro Arzú, estas entidades se incorporan al proceso de paz.

Los terceros. En una situación en que la oposición no representa una amenaza militar como en Guatemala y Cuba, existe la necesidad de incorporar países amigos y organizaciones internacionales y multinacionales. Para los conflictos centroamericanos, el Grupo de Contadora jugó un papel relevante que apuntaba a concluir las luchas internas. Ello fue seguido por las reuniones de los presidentes centroamericanos después del Acuerdo de Esquipulas en mayo de 1986 dirigidas a hacer intervenir la moderación de las partes y normalizar las secuelas de esos conflictos en otros países. La Iglesia Católica jugó un papel relevante en la Comisión Nacional de Reconciliación, cuyo Presidente (1988-93) fue Monseñor Rodolfo Quezada Toruño. Posteriormente, en su etapa final, dicha comisión fue mediada por Naciones Unidas (1994-96).

Numerosos países de Europa y América Latina comparten para sus propios países la agenda enunciada preliminarmente que pudiera representar las aspiraciones de la oposición cubana, recogiendo las demandas generadas del pueblo cubano a lo largo de 38 años. A ellos corresponde el acompañamiento del proceso junto con la Iglesia, y las organizaciones internacionales. Incluso fuerzas insospechadas pudieran tener contradicciones si no se apoya a un proceso de paz en Cuba similar al ocurrido en Guatemala. ¿Por qué negar a la oposición cubana las mismas plataformas que la izquierda insurgente, aliada táctica de la elite de poder cubana, ha conseguido especialmente en Guatemala y El Salvador mediante un proceso de diálogo?

El examen de la oposición cubana en este sentido deja mucho que desear. Las sugerencias de los cónclaves internacionales no han tenido eco en la isla. El régimen cubano sigue persiguiendo su propia agenda a contrapelo de casi el mundo entero. Sin embargo, el curso sensato es estructurar más estas aspiraciones de gobiernos amigos. Es difícil hacer ello si la agenda es dispersa y la unidad precaria. La visita del Papa, la visita reciente del Cánciller de Brasil quien se acercó a la disidencia cubana e incluso la apertura reciente de la Embajada de Guatemala en Cuba son ventanas de oportunidades para fijar las definiciones de la agenda y calendarizar las mesas de conversaciones.

La voluntad de la más alta magistratura. En todos los conflictos centroamericanos los que detentaban el poder decidieron abrazar las soluciones pacíficas. Tanto Daniel Ortega en Nicaragua, como Cristiani en El Salvador como Alvaro Arzú en Guatemala, decidieron apoyar el proceso de paz aunque las alternativas fueron diferentes en cada país. En el caso de Guatemala, Alvaro Arzú fue quien verdaderamente dio impulso a las negociaciones de paz. Después de su elección en primera vuelta en noviembre de 1995 se fue a México a conversar directamente con la URNG y una vez electo propició todo el andamiaje que hizo posible la firma de la paz a finales de 1996.

No nos engañemos. La alta voluntad exhibida por la alta magistratura guatemalteca no existe en la élite de poder cubana. Sería un proceso increíble ver a la figura de Fidel Castro, asentar estas bases de solución. Para que este proceso culminara con éxito y sin derramamiento de sangre, se necesitaría un liderazgo de futuro que definitivamente diera alternativas graduales al pueblo cubano, aún después de la muerte del «líder máximo». Se necesita un alto grado de patriotismo para esa renuncia. No obstante la articulación de una agenda de discusión, la unidad de la oposición cubana, la participación de la sociedad civil en el exilio y dentro de Cuba, el apoyo de coaliciones de terceros, pudiera ir creando las condiciones necesarias para el tránsito que tarde o temprano tiene que ocurrir.

Conclusiones

Esta ponencia ha sido un ejercicio comparativo intentando colocar el caso guatemalteco como un ejemplo paradigmático que permitiría extraer lecciones si se quiere un proceso de paz en la isla. Las conclusiones de este ejercicio arrojan las lecciones que pueden inferirse de la exposición anterior.

El caso guatemalteco se acerca más al cubano respecto al perfil situacional que presenta en el periodo que antecede a la paz. La amenaza militar de los «contras» y el FMLN, era de tal magnitud que creaba «impasses» cada vez más costosos hacia el futuro. Al igual que la situación cubana, la guerrilla guatemalteca no representaba una verdadera amenaza militar. Su desenlace tiene que ver más con condiciones externas relacionadas con el descongelamiento de la «guerra fría» y la voluntad política de un nuevo grupo en el poder, que con avances militares. No obstante, la fuerza guerrillera guatemalteca, podía infligir ataques aislados al sistema; pero esta fuerza pudiera compararse con la «oposición colectiva» y la capacidad de «lobby» del exilio cubano en el exterior. Por otra parte, los temas de la agenda guatemalteca con su amplitud y profundidad y la duración tanto del conflicto como del proceso de paz hacen paradigmático el caso guatemalteco respecto al cubano.

La experiencia guatemalteca nos alerta respecto a la necesidad de definir una agenda que recoja las aspiraciones del pueblo cubano por espacio de 38 años. La instauración de una democracia, la reunificación familiar, el embargo, anmistía política y creación de condiciones para el regreso de la comunidad cubana en el exterior, modernización del estado y medidas de corto plazo para asegurar todo ello constituye una primera agenda tentativa de los temas que habría que comenzar a discutir en caso que el gobierno cubano acepte un proceso de paz.

Otra lección apunta a la necesidad de comenzar las conversaciones con la aprobación del más alto nivel de decisión por parte de las fuerzas opuestas. En este sentido, la necesidad de una unidad de las fuerzas de oposición para tener la capacidad de hablar con una sola voz se hace imperativo.

El factor temporal en las diversas conversaciones apunta a ser relativo. Lo importante es el inicio de una mesa de conversaciones donde las partes puedan llevar sus agendas y al mismo tiempo tener la capacidad para hacer concesiones dependiendo del tema que se trate. No caben los «maximalismos» si se emprende este camino.

Poner a bordo a «los terceros» es una condición prioritaria. Las buenas voluntades conseguidas con la visita del Papa, deben llevarse al plano de los espacios de la vida diaria y a las articulaciones políticas que permitan que «Cuba se abra al mundo y que el mundo se abra a Cuba». Estas invitaciones deben ser extendidas y articuladas para incorporar en forma coherente también a los países que puedan servir de intermediarios.

Los cubanos debemos empezar a pensar en términos de la «sociedad civil» y no tanto en sólo alcances políticos. En la sociedad cubana, la sociedad civil, aquella definida como partiendo de los intereses de la sociedad y que no necesariamente están de acuerdo con los intereses del gobierno, se encuentra aplastada por un régimen que confunde «la cultura con la ideología» de un partido político. No obstante, los grupos religiosos, los trabajadores por cuenta propia, las organizaciones locales y municipales, los profesionales y otros grupos, pudieran ser interlocutores válidos de contrapartes en la oposición cubana. Esto equivaldría a un aire de oxígeno en las discusiones demasiado politizadas de afuera y de adentro.

Los temas de la agenda son los que mandan. No se puede excluir a nadie de la posibilidad de contribuir a la paz. Las más altas magistraturas han jugado un papel positivo en las experiencias centroamericanas. Actitudes semejantes son difíciles de concebir en la elite cubana que ha gobernado sin discusión por espacio de 38 años. Las estrategias de francotiradores o los «oposicionistas» legitimados por el régimen no pueden llegar a ninguna parte. Tampoco las conversaciones sostenidas a un tercer nivel llegan a tener desenlaces éxitosos. Al ocurrir de esta manera, las conversaciones hacen resaltar la necesidad de incorporar a sectores de la sociedad civil al proceso. El riesgo es quedarse demasiado a nivel de cúpula que es la crítica que se ha hecho al proceso de paz guatemalteco.

Una última lección, sin embargo, apunta a que todos los procesos de paz en Centroamérica tuvieron un comienzo. Si se quiere hacer la paz, entonces hay que comenzarla mañana.

Referencias

Aguirre, B. E. (1998).Culture of opposition and collective action in Cuba, Department of Sociology, Texas A&M University. Ponencia presentada en la VIII Conferencia de la Asociación de Economistas Cubanos celebrada en Miami, en agosto 6-8.

Aguilera, G. (1989). *El Fusil y el Olivo*. Costa Rica: DEI-FLACSO.

Amaro, N.(1998). Decentralization, local government and citizen participation in Cuba. In Irving L. Horowitz (Ed.), *Cuban Communism*. New Brunswick : Transaction Books.

_____. (1987). «Mass and class in the origins of the Cuban Revolution». In Irving L. Horowitz (Ed.), *Cuban Communism*. New Brunswick: Trasnsaction Books.

Kuhn, T. S. (1971). *The Structure of Scientific Revolutions*. Chicago: The University of Chicago Press.

Reyes Illescas, M. A.(1997). *Los Complejos Senderos de la Paz. Un análisis comparado de las negociaciones de paz en El Salvador, Guatemala y México*. Guatemala: INCEP.

Torres Rivas, E. y Aguilera Peralta, G. (1998). *Del Autoritarismo a la Paz*. Guatemala: FLACSO.

Yates, L. A. (1988). The United States and Rural Insurgency in Guatemala 1960-70: An Inter-American 'Success Story. In Ralph L. Woodward (Ed.), *Central America: Historical perspectives on the contemporary crisis*. Westport, Connecticut: Greenwood Press.

CHAPTER VIII

MODELS OF DEVELOPMENT AND GLOBALIZATION IN CUBA

Note: This paper was originally published by the Association for the Study of the Cuban Economy, ASCE (2000). *Cuba in Transition* 277-288, *(9)*. Washington: ASCE. Retrieved from https://www.ascecuba.org/ publications/annual-proceedings/

A model is a simplification of reality by which specific characteristics are taken out of their context for analytical purposes. Globalization is a recent process that is linking societies beyond the nation-state's limits through massive ways of consumption, communications capital and credit management that supersede former borders and pervade political, social and cultural spheres. At least one author thinks that "development" as such was a world goal until the seventies; nowadays, this project has left behind this visión and globalization has taken its place (McMichael,1996).

The Cuban Revolution has not had a unique development model throughout its existence. This paper will outline four development models that the revolutionary elite has pursued. Each model has had its own characteristics along the same dimensions: ideological justifications, main strategic sector for growth, emphasis on social investment and quality of life, nature of the economic units, external relations with other countries and interactions with the institutional framework. Finally, on the basis of this evidence, an analysis will be made of the most recent development model and the globalization process.

The Independent Path Model, 1959-62

The euphoria of the Cuban revolution's triumph brought new ideas. They circulated among the bulk of the population even before the former regime was overthrown. They were along the line of similar ideas expressed by social democrats elsewhere in Latin America and the world. For this reason, personalities such as José Figueres in Costa Rica, Rómulo Betancourt in Venezuela and Mexican leaders welcomed the Cuban Revolution as if it were one of their own. The new political discourse embraced democracy as opposed to traditional dictatorships, which were witnessing their disappearance in Latin America, and especially in the Caribbean. Another tenet was honesty in public affairs as opposed to the corruption shown by past regimes.

In terms of economic philosophy, they supported the main assumptions of the Economic Comission for Latin America (ECLA) — import substitution and industrialization as the focal points for further autonomy from undesirable external powers and greater independence. Land should be put to work and peasants should have access to markets, generating a new consumption power that in turn would energize industrial growth, the engine for real development. The ideological justification described above increasingly became more radical during this period. Soon the social democratic ideals were abandoned together with democracy and, in practice, ECLA's advice began to resemble a conservative approach. Nevertheless, the need for an industrial "push" remained in force. The way agriculture had been managed in the past, relying only on sugar, was rejected. The presence of Ernesto Guevara as the Minister of Industries, and the earmarking of more than one hundred thousand hectares of land formerly planted with sugar cane to new crops, demonstrated a willingness on the part of the revolutionary elite to put their beliefs into practice. Above all, the premise of Independence from external powers, mainly and almost uniquely from the United States, became a prevailing priority for the revolutionary elite.

The Cuban Revolution promised the millenium to the people. During this period, the attainment of a better quality of life was paramount. This need provided the justification for the radical measures taken. The selfishness of the politicians and propertied class of the past was emphasized while massive literacy campaigns, the "Sixth Grade Battle," the opening of universities to the people, and the universal right to health and housing were constantly invoked. Many goods and services were instantly distributed to those that remained loyal or simply stayed in Cuba, while the upper and middle classes left the island. Even some urban workers felt alienated by these radical measures. Houses that belonged to the people that left the island were distributed to others. This way the revolution touched hundreds of thousands of citizens and provided a strong economic force and vested interest for the Revolutionary Defense Commitees (Comités de Defensa de la Revolución, CDRs) in urban areas.

During the 1959-62 period, 37% of the land was expropriated and turned into "Cooperatives" and "People's Farms"; 85% of the industries became government enterprises; 80% of construction firms were taken over by the government; 92% of the transportation sector went into the state's hands; 52% of retail trade was nationalized; and 100% of activities in the wholesale and foreign trade, banking and education sectors fell under government control (Mesa-Lago 1971, p. 283).

External trade was shifted between 1960 and 1961 from the United States and other non-socialist countries to the USSRR and socialist countries. Thus, around 80% of Cuba's external trade was conducted with United States and other non-socialist countries in 1960; between 1961 and 1962 around 70-80% of trade became oriented toward the USSR and the socialist countries (Baklanoff 1971, pp. 260-261). This was without doubt a remarkable achievement for the period.

A crucial element for the institutional setting to respond to these radical changes was the kind of leadership Fidel Castro exercised vis-a-vis the revolutionary and mass organizations and the state. This period was overwhelmingly charismatic. The new regime was able to extirpate any organized opposition and became free to implement its own unilateral project for the development of the island. The "July 26 Movement," the political organization led by Castro, that galvanized the opposition against Batista, played no role during the period. On the contrary, many leaders that were part of the movement were discredited, persecuted, jailed or became exiles when they were perceived as joining the opposition. The remaining revolutionary forces, such as "Segundo Frente del

Escambray," followed the same path and even some of their "Comandantes" were sent to the firing squad. The revolutionary student movement "Directorio Revolucionario Estudiantil," remained quiet and remarkably collaborative despite some exceptional cases that resulted in indivuals winding up in jail or in revolutionary organizations in exile.

The lack of legal opposition forces, the successful containment of revolutionaries belonging to different organizations and mild opposition to collaboration from political organizations that had certain autonomy, such as Directorio Revolucionario, paved the way for Fidel Castro to exercise his charismatic qualities. Television appearances of many hours became a formidable instrument for a direct relationship with the masses. Since 1960, the population was inserted in a network of mass organizations such as the Federación de Mujeres Cubanas, la Asociación de Jóvenes Rebeldes, "Pioneros," Comités de Defensa de la Revolución, "Con la Cruz y por la Patria," etc. Simultaneously, the state was freed from elements belonging to former governments and played into the hands of the new revolutionary elite whose commanding officer was Fidel Castro. All of these forces, were put to work for the development model of an accelerated industrial society capable of eradicating poverty and making Cuba an independent country.

The Return To Agriculture and Sugar, 1963-70

This model may be subdivided in two stages that extend from 1963 to 1966 and from 1966 to 1970, as Carmelo Mesa-Lago (1979, pp. 20-27) has suggested. The first stage witnessed the first attempt to model Cuba after the Soviet Union in a coherent and integrated way, while the second again introduced a radical independent movement in the political sphere and in the domestic economy, but without altering fundamentally the economic dependence on the Soviet Union. Finally, there is a two-year period (1968-70) in which close relations with the Soviet Union again take place, preparing the scenario for a different model in the seventies. A constant is the emphasis on sugar and agriculture. For this reason this model may be depicted as having ambivalent political purposes, with sweeping changes in relation to the USSR. Initially it goes in the direction of closeness to the USSR, then it takes a radical independent path and finally returns to the original trend.

The shift from the development model of 1959-62 is marked by a paradigmatic event: the signing of a commercial treaty between Cuba and the USSR that launched a new stage for the goals of the revolutionary elite. This event was preceded by a long discussion within the higher revolutionary circles about Cuba's industry as an engine of economic growth and a vehicle for enhancing the quality of life promised by the Cuban Revolution's leaders. The scenario at the end of 1962 was not promising: sugar production had significantly diminished and food rationing, adopted as a provisional measure, seemed to become a permanent measure affecting the quality of life of the Cuban people.

The disorganization of the state meant that it was not able to cope with its new massive responsibilities. A symbol of this disarray was the arrival at Cuban ports of whole industrial plants ready to be assembled that government officials could not put into operation. The "star" of Ernesto Guevara, the promoter and defender of rapid industrialization policies, began to decline significantly. Suddenly, he was dismissed from all his responsibilities and he moved his base of operations to Africa in search of new endeavors. Sugar ceased to be the symbol of "imperialist" influence and the dream of a Cuba free of the influence of the United States and the USSR was left behind. Sugar, according to the new discourse, was in fact the basis for such independence. It was the skill that Cuba knew well and could share in a socialist division of labor.

A schedule for delivery of Cuban sugar to the USSR contained within the bilateral comercial treaty with the USSR would require that Cuba produce ten million tons of sugar by the 1970 harvest. A new development model was installed. Agriculture — and not industry — was the pivot for reaching the millenium. Sugar was the product that would provide the basis for prosperity in the long term. Nevertheless this shift was a pragmatic concession made by the revolutionary elite. The goal was economic autonomy within the framework of socialist triumph elsewhere in the world. However, the new revolutionary regime was lacking credentials in the socialist world, with COMECON, the economic organization formed by the USSR and European socialist allies, not giving a seat to Cuba during this period. Vietnam was the main challenger to U.S. hegemony in a polarized world.

The pursuit of agricultural development with the support of the USSR did not contradict the global policy of weakening the United States in its backyard. Domestically these changes needed an iron hand, a new revolutionary awareness, in one word, "a New Man." Economic stimuli could not be offered. Instead of relying on military means to force people to give their extra effort to accomplish revolutionary goals, "conciencia" (consciousness) was needed. In this context, the ideological elaboration of Guevara regarding the importance of "subjective factors" in the revolutionary struggle was relevant. Guevara could have had this scenario in mind considering that the direct confrontation with the United States had been exhausted after the missile crisis. The USSR would not mind much this approach, except for the complaints of their traditional allies, the network of communist parties in Latin America.

This contradiction was already solved in Cuba after the trial and death sentence of Marcos Rodríguez (1964), a Communist Party affiliate and confidant of Batista's repressive forces. His cooperation with the Batista government led to the loss of life of well known student leaders during the revolutionary struggle. In addition, the denunciation by the revolutionary elite of the "microfaction" (1968) that sent Anibal Escalante, a prominent "old guard" Communist leader, to confinement in a collective farm, proved that no intermediaries were needed between Fidel Castro and the USSR.

The revolutionary regime and Fidel Castro himself fought for this representation and won it. Another Communist Party different from the one that emanated from the Cuban Revolution was not permissible. After all, the Communist "Old Guard" were Batista's allies in the 1940s and they did not participate in the Sierra Maestra's struggle until the very end. The minimization of the old Communist Party provided the basis for the Cuban revolution's leadership in the rest of Latin America. Guevara's adventure in Bolivia would have been unthinkable without a satisfactory solution of this contradiction within Cuba. A good account of the tensions during this period may be seen in González (1971). The call for a revolution in the continent belonged to this new generation that was in search of a new party rather than an established one with an aging leadership. This contradiction, however, confronted Guevara in Bolivia, when the Bolivian Communist Party questioned his credentials to lead the revolution in that country. Nevertheless, during this period, reacting to the discredit and exclusion of its traditional Communist Party allies, the USSR partially cut its oil exports to Cuba, a warning that alerted the revolutionary elite with respect to the fragility of their relations.

During the first years of the revolution, economic units followed centralized management techniques derived from similar experiences in the USSR. By 1963, a second agrarian reform put 70% of agricultura under state control. Adding to the first wave of expropriations, 95% of industry, 98% of construction, 95% of transportation and 75% of retail trade were under the control of government ministries These measures added to the total control that already existed over wholesale and foreign trade, banking and education. Soon, the revolutionary elite realized that they needed greater centralization and less technocratic management and measures (1965). Economic units were literally put under each Minister's command. Finally, virtually the entire economy was put under the state's control (1968) with the exception exception of the 30% of agriculture that remained in private hands.

Increasingly, economic units were managed without any relationship to the market, departing considerably from the Soviet model and other socialist experiences. On the contrary, emphasis on "conciencia" were reminiscent of the Chinese's "great leap forward" at a moment when tensions between the USSR and China were paramount. Castro's dismissed any doubt about a possible alliance straining their relationship with the Chinese in 1966. During this period, around 75% of exports-imports were already being conducted with the socialist world, a figure that remained remarkably stable until the crisis of the nineties.

Moral stimuli, "conciencia," the deliberate effort to make manhours of work the measurement unit of the economy rather than money became the priority for the revolutionary process. The government started to provide free services in transportation and communications (including free telephone calls). The goal was to improve the quality of life of the people now and not sacrifice it for the sake of accumulation. Castro sounded optimistic: "We will build communism in one generation."

These efforts, however were not accompanied by economic successes. Sugar exports were below the figures agreed in the commercial treaty signed in 1963 and the accumulated export deficit grew each year thereafter. Allocation of resources was made without concern about criteria of efficiency. Efforts to export the revolution ended with the death of Ernesto Guevara in Bolivia. In 1968, the differences with the model agreed with the USSR came to an end: the invasión of Czechoslovakia by the USSR gave the opportunity to reverse course. It was fully supported by the Cuban revolutionary elite and then, domestically, the sugar "Ten Million Ton Campaign" was launched, symbolizing that the old revolutionaries were beginning to understand "Realpolitik."

Despite the efforts to build technical and autonomous institutions and economic units at the beginning of the period, the relationship between the revolutionary elite, the state, the party and mass organizations showed a clear direct relation between Fidel Castro followed by his loyal comrades and the masses without any other intermediation. This charismatic order, based on Fidel Castro, intensified to tremendous proportions in the mid-sixties despite the formation of a political party, the so-called "Partido Unido de la Revolución Socialista (PURS)," which grouped the main revolutionary organizations in the struggle against Batista. The only purpose of the PURS apparently was to check the ambitions of the "old guard" of the Communist Party to become the intermediary between the revolutionary elite and the USSR. The identification of the top positions of the state apparatus with the revolutionary elite was complete and at the end of the period there were no differences among the revolutionary elite, the state, the diminished political party and the mass organizations. The top leadership circulated horizontally among all these entities. Above them, Fidel Castro presided over the most minute details.

Pragmatic Development And Geopolitics, 1970-86 (See also Mesa-Lago, 1979, especially pp. 20-27)

The period between 1968 and the 1970 provided a link for the implementation of the new model. Sugar would not be the basis for growth at the expense of the rest of the economy, according to the new ideology. More important was the modernization of the economy and its place in the context of the socialist world with which Cuba had relations. The domestic political system should not constitute a grouping of institutions with the same purpose. The building of a political system that differentiated among state, political party, mass organizations, the revolutionary elite and "the Maximum Leader" was needed. The latter should give rise to an institutionalization of the revolution.

Institutions, not men, were the goals of this period. There were deliberate efforts to separate out administrators from the Party. The brand new Cuban Communist Party celebrated its first Congress in 1975 and approved the SDPE (Sistema de Dirección y Planificación de la Economía, Economic Management and Planning System). The SDPE would be based on "objective economic laws" and consider market mechanisms such as earnings, credit, interests, rational prices, budgets, and economic calculus, especially regarding firms' self-financing, taxes and transactions among state enterprises. Firms would also enjoy a relative independence, e.g., to hire its work force, seek loans, make investment decisions, establish accounting systems and seek earnings (Mesa-Lago 1979, pp. 69-70). Work norms were again implemented at the firm level. There was a return to long term planning together with emphasis on the training of managers, who were forced to learn the new technology with warnings that failure to do so may bring firing and rotation of personnel.

Moreover, material incentives were introduced to reward economic performance and criticism leveled at the "voluntarism" that was practiced in the context of the application of the former model. As a result, voluntary labor declined considerably, absenteeism was checked and increases in productivity sought. New and more specialized ranks were introduced in the armed forces, which were also reduced in size. Meanwhile, the older, voluntary militias started to disappear. All these changes were made in the midst of self-criticisms on the part of the revolutionary elite and Fidel Castro regarding "the mistakes of the past" based on voluntarism and subjectivity.

A moderate reduction in capital accumulation and an increase in consumption improved the quality of life of the people. During this period, Cuba enjoyed moderate economic growth and was able to keep active social policies. Cuba's performance in this regard looks more outstanding when compared to the rest of Latin America, which engaged in massive borrowing that created a huge external debt and later on induced structural adjustments of their economies and considerable reductions of their social expenditures by the end of the seventies and well into the eighties (the so-called "lost decade").

Although times series differ, especially for the period 1960-64, the magnitude of the outburst of the economy between 1970-75 — around 7.5% according to Mesa-Lago (1987) and 10% for Madrid-Aris (1997) — and for 1980-84 — 5.7% for Madrid-Aris (1997) — seems to be well established. Other authors show lower growth in the sixties, around 2.25% for Madrid Aris (1997) and 2.3% for Mesa-Lago (1987) for 1960-70; around 3.4% for Madrid-Aris (1997) and 4% for Mesa-Lago (1987) for 1975-80; and 1.3% for Madrid-Aris (1997) for 1985-88.

Summarizing, it is possible to conclude that economic growth in Cuba from 1960 to 1980 was average in the context of Latin America growth (around 4%). It was better than Latin America's during the "lost decade," but trailed the 5.3% median growth rate of the Newly Industrialized Countries (NICs) (Singh, 1998, p. 250; Hernández-Catá , 1999). In any event, the extraordinary external conditions that prevailed during this period makes the Cuban model almost impossible to replicate — attempts to do so in Chile and Nicaragua ended in failure.

This period witnessed the close alignment of the Cuban economy with the rest of the socialist world. This is what makes the Cuban experience unique. At the beginning of the seventies (1972), Cuba obtained a seat in COMECON; this put the USSR in a position similar to that held by the United States vis-à-vis pre-revolutionary Cuba, even in details such as the share of foreign trade conducted with the island and the preferencial sugar paid to Cuba. In addition, the external aid given to Cuba during the period exceeded any amount provided to any developing country in the world in a similar situation. Between 1970-80, Castro made 4 visits to the USSR and Brezhnev made one visit to Cuba.

Never again would Cuba enjoy such levels of preference. Judging from the outcomes at the end of the eighties, probably never had the revolutionary elite faced more hidden resistance to their goals. Complaints about "irrational investments by the USSR in tropical revolutionaries" that were unheard in earlier periods began to be aired. The caution of the USSR with respect to the help given to the "Sandinistas" in Nicaragua was the consequence of this internal criticism of over-generous aid to Cuba. Overall, one wonders how it was possible for the critics to accept such generosity when Cuban goals in the social área aimed to elevate social indicators beyond those enjoyed internally in the USSR.

An examination of social indicators as a measurement of quality of life, originating from different sources, shows that the Cuban regime during this period made significant inroads in the areas of employment, education, health and social security. Nevertheless, these achievements were made at a great cost for the overall economy and its sustained growth, as the process of capital accumulation and the investment rate show. A more thorough study of these advancements makes evident a heavily subsidized labor, social and consumption sector. Comparisons with Chile and Costa Rica, countries with different ideologies (Pinochet in Chile and democratically-elected leaders in Costa Rica), regarding education and health show comparable advancements under different conditions. Thus, technology may be more important than ideological framework in such advances.

The advances made during this period would have been impossible without a close political agreement between the USSR and Cuba. The model did not resemble the thesis of "socialist development in one country" as the Stalinist period may show, although certain domestic similarities may be highlighted. Castro complained about criticisms made by the Latin

American left regarding his concern for development and the abandonment of the "permanent revolution" beyond Cuba's borders in the area. He justified his pursuit of development as also revolutionary, but this ingredient was not the main characteristic of the period.

The way the revolutionary elite played geopolitics at the global level constituted the defining trait of this period. The strategy meant that weak foreign spots, allied or potentially allied, were occupied by ten of thousands of Cuban military, doctors, teachers and other personnel. This was the result of commitments made at the beginning of the seventies. Packenham (1987) says about this period:

> In short, the military has been by far the most "dynamic" sector of the Cuban economy for at least a decade. The Soviets have paid most of the economic costs in this sector. Many commentators maintain that Cuba's foreign policy reflects Cuba's own interests. However, it is not plausible a country of Cuba's size, location, and precarious economy would, in its own interests, have 70,000 troops and military advisers in 23 countries around the world, mostly in Africa and the Middle East. (p. 136)

Institutionally, a good effort was made to separate out state administrators from the party and even from the armed forces. Nevertheless, the interplay of Castro's charismatic personality, mass organizations, the state and the party was difficult to overcome. Among the most interested in the rule of law were the former Communist Party members — the "old guard" — who had seen many of their peers taken to trial and condemned publicly. They, more than anyone else, could benefit from "socialist legality." The Constitution that was approved in 1976 established a government structure similar to the USSR. Within the central administration, there was separation of the legislative and executive functions (previously concentrated on the Prime Minister's Cabinet). The Communist Party began to have an importance it did not have in the past.

The same happened with mass organizations. The workers' movement witnessed a revival through elections at the local level, union reorganization and periodic national meetings. There was also pressure to integrate the agricultural private sector into the state, following the practice in Eastern Europe. In addition, the youth movement, through the Communist Youth Union (UJC), received special attention to its capacity to cope with students abandoning school and with any rejection of accepted practices through rebellious behavior. The same applied to culture and intellectuals, seeking to gain the affiliation of writers, journalists, visitors from Western intellectual circles and judges in national literatura contests.

Nevertheless, though one may observe a greater sophistication and diversification in the formal power structure, this period could not erase the pervasive influence of Fidel Castro in all affairs. Elite horizontal circulation intensified among the inner circle at the top of party, state, armed forces and mass organizations. Castro dedicated a large amount of time to war games in distant countries and geopolitics. Any sense of crisis, however, immediately brought him to the fore. The most critical situation came around 1986, after Mikhail Gorbachev became General Secretary of the Communists Party of the USSR. This resulted in a new situation that unexpectedly challenged the URRS-Cuba agenda. For the first time, a generation that did not live through the Russian Revolution was in power in the USSR. For the first time, Castro had to face a generation of leaders in the USSR that were younger than he. His political instincts told him that this was change was capable of jeopardizing the honeymoon Cuba enjoyed with the USSR for fifteen years. Winds of change began to blow again and a new model began to emerge.

Rectification of Errors and The Special Period Model, 1986-to Date

The fact that the model we are describing starts in 1986 may raise doubt regarding the link between the "Special Period" and the previous events. From our perspective, they are part of the same underlying trend: the revolutionary elite's search for formulas to cope with the new agenda put forward by the USSR. The events that began in 1986 were a prelude to the fall of the Berlin Wall in 1989 and the demise of Marxist-Leninist regimes in the USSR and Eastern European countries.

The justification for beginning "la rectificación de errores y tendencias negativas" in 1986 was the disgust of the revolutionary elite with the effects of SDPE for 10 years. This line, however, was the official versión told to the Cuban public. Underlying this oficial rhetoric was a concern about the alliance between Cuba and the USSR and the decline of Soviet geopolitical influence in Central America, Africa and the Middle East. Consequently, Cuban international missions declined. The SDPE, the Soviet and Eastern European model adapted to Cuban realities, became the "scapegoat" of all evils in Cuba.

There was criticism of inequalities brought about by market mechanisms permitted within the SDPE. Peasant, artisan and housing markets — where producers and consumers freely came to buy and sell their products — were eliminated. The disappearance of voluntary labor was regarded as negative and such practice was reinstated. Similarly, the importance that had been given to technocratic approaches over political considerations was deemed to have become a source of deviations that should be corrected. All organizations were called upon to discuss ways in which they could "rectify" ideological and practical incongruences of the system installed in the seventies.

The ethical drive, however, was not a return to the 1966-68 period, but moral stimuli was praised over the materialistic approaches attempted by those that allegedly did not understand the Revolution's high moral goals. Corruption was particularly attacked as well as profiteering from the "black market" using state's resources. Ernesto Guevara's figure was resurrected but without the intensity of the past. Thousands of meetings to drum up support for the new campaign were held throughout Cuba for several months.

All accounts of economic performance during this period show that the economic growth rate declined when compared with the former period (Castañeda and Montalván 1996, p. 222). Jorge Pérez-López (1998, p. 225) mentions that there was a recession that intensified in the 1990s. The return to old banners did not work as expected. Economic problems worsened instead of being rectified.

What looked like a temporary reform cycle, perhaps to consolidate the bargaining position of the Cuban revolutionary elite with respect to the changes taking place in the USSR, became a permanent farewell due to the political changes and transitions to capitalism experienced by the former allies in COMECON. The impact of the breakdown in economic relations differs according to different authors, but without any doubt Cuban economic activity declined between 39 and 50% in the 1990-93 period (Pérez-López 1998, pp. 226-7 and CEPAL 1997, p. 626).

The real magnitude of the debacle probably will never be known, but the disappearance of COMECON made transparent the subsidies given to Cuba. Preferential sugar prices disappeared and sugar trade was transacted at world prices as was also oil. When the Fourth Congress of the Cuban Communist Party met in 1991, most expected drastic changes in the direction of democratization and economic liberalization. This was not the case although the government subsequently relinquished control of some aspects of the economy and encouraged some private activity. The most important measures were the allowance of joint ventures with foreign investment operating outside the official economy and the liberalization — to certain extent and without completely losing control — of certain corporations, especially those engaged in foreign trade. In addition, the government proceed to give more independence to the farm sector, legalized the use of dollars by Cuban citizens and made self-employment legal.

In addition to these defensive measures, the "Special Period" forced the revolutionary elite to make an extraordinary effort in tourism. Tourists visiting Cuba have risen from a little more than 400 thousand in 1990 to 1,440 thousand in 1998, almost a fourfold increase, making this activity the main source of foreign exchange (US$1.8 billion). Other efforts in nickel exploitation and oil production are either volatile or not significant enough to make an impact on the crisis.

This new model brought some economic revival to the embattled Cuban economy. By all accounts, the years 1994-99 witnessed positive economic growth but indicators showed some volatility. From 1994 to 1996, GDP growth rates were 0.4, 2.5 and 7.8%, respectively. It appears, then, that the success reached this last year and the confidence that the Cuban conomy had reached bottom in 1993, made the drive toward further changes fade somewhat between 1997 and 1998. According to official data, 1999 witnessed again a strong recovery, 6.2% according to oficial sources, which has been challenged (Castañeda 1999 and Maybarduk 1999).

The historic levels reached by Cuba in social expenditures and social indicators suffered with the economic decline though there has been a conscious attempt on the part of the revolutionary elite to maintain these levels.4 The CEPAL study (1997, pp. 359-382), showed that real salaries dropped 41.4% compared to 1989. State budget expenditures in education declined 46% from 1989 to 1996. Salaries of teachers maintained their levels, but severe cuts have been made in expenditures on supplies and text books as well as in capital formation. Laboratories and workshops that need equipment and materials have suffered together with students housing to which food and transportation have been difficult to provide. This situation has affected all levels of education, but to a greater extent higher education, especially careers such as biology, chemistry and veterinary science where considerable equipment and investment is required.

According to CEPAL, the Cuban government expanded and kept satisfactory levels of public health until 1989. Since then, imports to support this sector began to suffer. Assistance received from COMECON countries stopped, and the allocation of foreign exchange to purchase medicines, equipment, medical instruments and so on declined from US$237 million in 1989 to only US$66 million in 1993. It increased again from 1994 to 1996 (US$90, US$108 and US$126 million, respectively). Self-financing through medicine exports, remittances from Cuban medical doctors outside Cuba, attention to international patients, etc., only reached 15% of the needed resources.

Regarding public health, the CEPAL study concluded that massive preventive measures taken by the government before the crisis has allowed Cuba to maintain the historic public health levels and at the same time has supported austerity measures and reorganizations made as a result of the crisis. Nevertheless, the pressure on the available capacity is such that it is foreseen as shortening the life span of needed health equipment. Assistance given by the European Union and non-governmental organizations has also eased the situation.

Housing has never been a sector about which the government can feel proud. Despite reforms introduced in 1985, the housing situation has tended to worsen. The same can be said of community services related to housing. The CEPAL study noted that during the Special Period, difficulties in the public water and drainage systems were severe. Garbage collection has also deteriorated. Some "cuentapropistas" (small, private entrepreneurs) have started to provide some of these services.

Finally, the culture sector has been more successful than recreation, physical education and sports in attracting financing from abroad for its activities. The CEPAL study, however, sees difficulties in the future related to imports. Sports, like culture, faces the dilemma of commercializing activities abroad to raise foreign exchange, and raises doubts about genuine "amauterism." The equilibrium is precarious at present.

Cuba today faces an institutional crisis that has been brought by the same measures that are being used to defend the system. The elitist inner circle has closed ranks around the charismatic personality of Fidel Castro, whose age calls for a clear picture of a successor. Nevertheless, this subject is not touched and each time the question is asked of Castro, he answers that there are permanent institutions in the island formed throughout the last forty years that will take care of the matter. The armed forces have raised their status during the Special Period, and many officers are carrying out their official duties being directors of firms related to foreign trade. Privileges attached to these posts have increased the differences between these managers and the bulk of the population.

State technocrats that were successful during the decade when the SDPE was implemented are kept at a distance by the revolutionary elite. The opening of a dollar area around tourism and the priority given to certain strategic firms may have created wide differences depending on where a person works. Loyalty is preferred over expertise. The debate over the future of the island has intensified and polarized. The sudden dismissal of Foreign Minister Roberto Robaina is proof of this statement. The cautious approach of the liberalization measures, which slowed down in 1996, must have created further discussion on how to exit the critical situation.

A serious analysis of the alternatives Cuba has for overcoming the Special Period raises important questions. Cuba has no hard currency to engage in significant trade with Western countries. Former socialist countries are part of the problem and hardly can provide solutions at present. China does not appear to be a significant and viable partner to accompany Cuba in this endeavor.

The critical situation described above surprised Cuba while it had the same old charismatic order in place. The state apparatus called to face this situation appears fragmented. The reward system tends to be concentrated on certain economic sectors and in the hands of people loyal to Fidel Castro and the revolutionary elite. Mass organizations play a lesser role than in the past except when they need to mobilize the population on issues such as the Elian case or more recently on the "Adjustment Law" and the embargo. This kind of mobilization tends to strengthen the link between the charismatic leader and the mass organizations directly, without any intermediary. This is the model that Fidel Castro has used in the past in times of crisis. Intermediary organizations such as the Communist Party or the state are a disturbance. This is an element that does not help in seeking solutions that could give Cuba a pathway to the twenty-first century.

Globalization and Development Models

It is difficult to place a definite time when globalization began. Ferrer (1998, pp. 198-9) believes that it may be traced back to the travel made by Vasco de Gama opening the way to the East. Is

Cuba isolated or it is suffering the globalization impact as it follows different development alternatives? Domínguez (1987) says:

> Cuban foreign policy has always been global out of both necessity and principle. In the early 1960s, U.S. policy sought to enlist the assistance of other countries to isolate and overthrow the Cuban government. Survival of revolutionary rule required the sear for support everywhere; this is the foundation of Cuban Soviet relations☐ ☐ ☐Cuba's entry into the Nonaligned Movement in 1961 and its continued membership throughout that decade was consistent with the need for global support☐ ☐ ☐The Cuban government's foreign policy is global also because of the ideological commitments of its leadership☐These are not parochial revolutionaries☐Cuba's global policies spring also from an analysis of the shifts in the so-called "correlation of forces"☐ ☐ ☐A final aspect of Cuba's global policies is its assessment of the relative opportunities and efficacy of assistance to revolutionaries the world over. (pp.647-650)

Thus, we have to conclude that despite all the isolation that can be cited, in at least one area — foreign policy — Cuba has been global. Another question is the development policies followed in the described models. The development model between 1970 and 1985 was the most integrated with the outside world, although it was framed within the most intense "Cold War" mentality. During this period, Cuba acted as a complement of global Soviet policies all over the world. During the second development model, the vision of Guevara weakening U.S. imperialism by opening other fronts in Latin America and selecting a location in Bolivia capable of extending revolutionary warfare to Argentina and Peru, also contributed to this global trend.

Of all the development models followed, the present one seems the most isolationist one. There are no international missions. Cuba is not integrated into the Western world and its links with the developing world are tenuous and without dynamism. The small economic diversification Cuba developed during forty years now constitutes a hindrance for expanding its relationships with other countries.

Cuba has not developed economic platforms in a large scale as China has done. China has attracted massive investments from countries that ideologically are far apart, as Hong Kong and Taiwan. The Cuban enclave in Miami, on the contrary, is regarded as a visceral enemy. Still, tourism, the most dynamic sector of the current Cuban economy seems to have global ingredients. Nickel and oil can be discarded because their contribution to the overall economy is not significant.

Tourism, however, finds enormous obstacles to really globalize the island. Tourism enterprises are not able to hire labor freely in the island. A complicated government system provides the labor requested and corporations pay salaries to the government; the government in turn pays the workers after taking a significant share. Spanish and Canadian corporations are competing for the potential earnings of this sector. Recently, small margins seem to be discouraging tourism investments due to conditions put forward by the Cuban government (Maybarduk 1999, p. 2). These multinational corporation have firms all over the world and may shift their geographical interests if conditions worsen for them, a negative aspect that is part of the globalization process. Only by presenting competitive advantages to foreign investors may Cuba overcome this tendency. There is no political will yet that may encourage this trend but if the Cuban government decides to do so, tourism is the best candidate to start with.

Conclusions

This paper has distinguished four development models pursued by Cuba since the victory of the revolution. Ideological justifications for each model have changed from one period to the other to come back again to the same discourse. This has been a tireless exercise throughout time. Moral stimuli displaced other justifications at the end of the sixties only to appear again more than twenty years later to justify the Rectification Process and the Special Period. The most efficient model was the one executed between 1970 and 1986. It provided the economic base for more ambitious goals but it was aborted when a new elite emerged in the USSR, breaking the close Alliance enjoyed by Cuba for more than fifteen years.

Voluntary labor, mass mobilizations, emphasis on moral stimuli, and charismatic relationships that prevailed between 1966 and 1970 and between 1986 and 1990, had a bad economic record. The same happened in China with "The Great Leap Forward" and "The Cultural Revolution." During these times, idealism is invoked and heroic deeds are praised. Loyalty and revolutionary fervor are considered worthy for the people to practice. Dissident forces are excluded and mass mobilizations become part of ordinary life. Economic activities decline as a result. At present, during the Special Period, these calls are beginning to be more frequent since the Elian case became a rallying point for the revolutionary elite. If these mobilizations become frequent, negative economic effects may interfere with planned goals.

What comes up clearly is the current isolation of Cuba from the world economy. Political and economic relationships with other countries have become difficult given the present economic model. Politically, the regime is vulnerable to campaigns undertaken elsewhere to press for a government with greater respect for human rights, a greater emphasis on democratic principles and procedures and a more tolerant policy toward dissidence and opposition. The majority of countries condition help on democracy, political concessions and liberalization of the economy. In addition, the Cuban government has very little to offer and has no hard currency to back up its intentions.

The Cuban government saw the transition in the former socialist world as a withdrawal from revolutionary ideals. "Glasnost" and "Perestroika" are regarded as ideas that precipitated this failure. For this reason, they are excluded from the revolutionary agenda. In taking such a stand, however, Cuba becomes more excluded and isolated in a world that becomes more global. The global strategy of the seventies and eighties worked for Cuba, but the world has changed and Cuba has to find its place in this new world. The advice given by Juan Pablo II is relevant: "Cuba has to open itself to the world, and the world has to open itself to Cuba." Otherwise, the current development model could result in a tragic end.

References

Baklanoff, E. N. International Economic Relations. In Carmelo Mesa-Lago, (Ed.), *Revolutionary Change in Cuba* (pp. 251-267*)*. Pittsburgh: University of Pittsburgh Press, 1971.

Castañeda, R. H. (1999). Cuba y los Antiguos Países Socalistas de Europa: La Importancia de los Aspectos Institucionales y de Economía Política en la Transición del Socialismo a una Economía de Mercado. *Cuba in Transition, 9,* 224-243. Washington: Association for the Study of the Cuban Economy, ASCE.

Castañeda, R. H. & Montalván, G. P. (1996). Cinco Areas de Acción Estratégicas para Lograr el Milagro Económico Cubano: Una Rápida Recuperación con un Alto y Sustentable Crecimiento con Equidad e Inclusión Social. *Cuba in Transition, (6),* 219-233. Washington: Association for the Study of the Cuban Economy, ASCE.

Comisión Económica para América Latina y el Caribe, CEPAL. (1997). *La Economía Cubana. Reformas Estructurales y Desempeño en los Noventa.* México, Naciones Unidas/CEPAL.

Domínguez, J. I. (1987). Limitations and Consequences of Cuban Military Policies in Africa. In I. L. Horowitz, (Ed.). *Cuban Communism* (pp. 645-681), (6th. Ed.). New Jersey: Transaction Inc.

Ferrer, A. (1998). Desarrollo y Subdesarollo en un Mundo Global. In L. Emmerij & J. Núñez del Arco, (Eds.), *El Desarrollo Económico y Social en los Umbrales del Siglo XXI* (198-208). Washington: Banco Interamericano de Desarrollo.

Gonzalez, E. (1971). Relationship with the Soviet Union. In C. Mesa-Lago, (Ed.), *RevolutionaryChange in Cuba* (pp. 81-104). Pittsburgh: University of Pittsburgh Press.

Hernández-Catá, E. (1999). "Globalization, Transition and the Outlook for the Cuban Economy. "In *Cuba in Transition* (pp. 217-223)*, (9)*. Washington: Association for the Study of the Cuban Economy, ASCE.

Madrid-Aris, M.(1997). Growth and Technological Change in Cuba. In *Cuba in Transition* (pp. 216-228)*, (7)*. Washington: Association for the Study of the Cuban Economy, ASCE.

Maybarduk, G. H. (1999). The State of the Cuban Economy 1998-1999. In *Cuba in Transition* (pp. 1-11)*, (9)*. Washington: Association for the Study of the Cuban Economy, ASCE.

McMichael, P. (1996). *Development and Social Change*. Beverly Hills, California: Sage.

Mesa-Lago, C. (1971). Economic Policies and Growth. In C. Mesa-Lago, (Ed.), *Revolutionary Change in Cuba* (277-338). Pittsburgh: University of Pittsburgh Press.

_____. (1979). *Dialéctica de la revolución cubana: Del idealismo carismático al pragmatismo institucionalista* Madrid: Editorial Playor.

_____. (1987). Cuba's Centrally Planned Economy: an Equity Tradeoff for Growth. In I. L. Horowitz, (Ed.), *Cuban Communism,* (6th. Ed). New Jersey: Transaction Inc., 1987.

Packenham, R. A. (1987). Cuba and the USSR since 1959. In I. L. Horowitz, (Ed.), *Cuban Communism* (pp. 109-139), (6th. Ed.). New Jersey: Transaction Inc.

Pérez-López, J. (1998). Cuba's Socialist Economy: The Mid-1990s. In I. L. Horowitz, editor, *Cuban Communism*, Ninth Edition. New Jersey: Transaction Inc., 1998, 225-56.

Singh, Ajit. (1998). Oriente se Equipara con Occidente: Perspectiva del Desarrollo Económico de Asia y Enseñanzas para América Latina. In L. Emmerij and J. Nuñez del Arco, (Eds.), *El Desarrollo Económico y Social en los Umbrales del Siglo XXI* (pp.247-292). Washington: Banco Interamericano de Desarrollo.

CAPÍTULO IX

LA ECONOMÍA SOCIAL DE MERCADO VISTA POR UN SOCIÓLOGO

Nelson Amaro

«Quiero que la primera ley de la República sea el respeto a la dignidad plena del hombre».

José Martí

El análisis presente se sitúa en un punto intermedio entre la identificación de valores universales y la rebelde realidad de los países en desarrollo, que luchan por níveles que se adecúen en mayor grado a la dignidad de la persona humana. Tanto Jacques Maritain como Enmanuel Mounier, eran pensadores y actores que situaban todo su quehacer sobre la base de esa primacía. Sus preocupaciones alrededor del mundo polarizado de la «Guerra Fría», van actualizando cada vez más sus intuiciones básicas. Por eso, al encontrarse con Maritain o Mounier se tiene la impresión de encontrar viejos amigos. No osbstante, las premisas de ese pensamiento va incorporando otros autores como Buber, Wojtyla, von Hildebrand, Marcel, Guardini, Julián Marías y otros. No obstante, la elaboración presente se concentrará más en los aportes e inspiración de Jacques Maritain (2002). No debemos olvidar, sin embargo que las referencias de estos autores se deben a valores universales. Por ello, la frase ilustrativa de José Martí en el título de esta reflexión.

Nuestra preferencia por Maritain se basa en ese equilibrio no neutral sino activo, equidistante de las «tentaciones totalitarias», pero al mismo tiempo es intransigente con la falta de libertad, la injusticia y las carencias de solidaridad humana. Se trata de una verdadera orientación que va más allá de tiempos y lugares. Por esa razón la obra de Maritain ha trascendido más allá de su muerte. Esta corriente la podemos llamar «personalista», la cual se centra en la dignidad de la persona humana. La Asociación Española de Personalismo la define así: «El personalismo considera la noción de persona como la categoría filosófica esencial y estima que su dignidad es un valor absoluto y los derechos humanos son principios irrenunciables del orden social y político».

Finalmente, no puede olvidarse que estamos en un mundo en que se anuncia el «fin de las ideologías» y el triunfo del neoliberalismo por una parte y la emergencia de los fundamentalismos por la otra que pese a crisis continuas frecuentemente presentan las mismas medicinas que contribuyeron al descalabro financiero o a la caída del «Muro de Berlín». Por esa razón, de nuevo, cuando se lee a los exponentes de la corriente personalista, aparece esta influencia básica. Otra vez este discurso nos aparta de las polarizaciones estériles. El centro de su pensamiento: la primacía de la persona humana, impide otra vez, la dilución de sus contenidos en objetivos extraños o paraísos ficticios en la tierra o en el cielo, por loadas que estas ideas aparezcan.

El propósito de este trabajo es destacar los principales enfoques doctrinales respecto al mercado como tal. Luego se enfocarán las contribuciones a las orientaciones de la economía social de mercado vista por un sociólogo. Nos referiremos a la desigualdad del desarrollo como elemento clave que resume en la actualidad los distintos enfoques y divergencias respecto a las leyes de la oferta y la demanda. Seguidamente se tocará el tema de las etapas históricas del desarrollo a nivel global, en el periodo que va desde 1960 hasta la actualidad. De aquí se desprenderán los perfiles de gobiernos aceptables y perversos respecto a los valores de libertad, igualdad, solidaridad, justicia y paz en base al respecto a la dignidad humana. Por último se derivarán las principales conclusiones de lo anterior.

Visiones Contrapuestas de la Realidad Social

Veamos estas aproximaciones atendiendo a las principales corrientes de pensamiento y cómo se definen los valores de libertad, igualdad y solidaridad en este contexto. Estos valores son universales y deben ser los orientadores de toda la actividad humana en la búsqueda de una sociedad distinta que busca la perfección. Si bien, la Economía Social de Mercado tiene su elaboración y concreción en la Alemania de la post-guerra, ella se nutre antes, durante y después...de una visión cristiana y no rechaza en forma absoluta las operaciones del mercado. Por otro lado, incluso cuando se refiere a acontecimientos que parecen lejanos de esta visión, como la revolución francesa, cuando enuncia los valores de libertad, igualdad y fraternidad como máximas aspiraciones humanas. Esta tendencia, sin lugar a dudas, influencia a pensadores como Maritain, Mounier y otros. El problema, sin embargo, consistirá en cómo basar uno u otro en una ética que prestigie la persona humana en la forma que decía Martí al soñar la nueva República de Cuba: «Yo quiero que la primera ley de la República sea el respeto a la dignidad plena del hombre».

El Liberalismo y Neoliberalismo. Se trata de una visión que declara al mercado como el principio máximo y despliega sus actividades procurando lo siguiente: 1. que la libertad económica tenga primacía; el mercado manda. 2. la igualdad se resuelve porque los frutos de la iniciativa individual producirá nun «efecto derrame» que atenderá la igualdad gracias a la oferta y la demanda; y 3. la solidaridad tomará la alternativa voluntaria en base a donaciones y la acción caritativa. La pobreza se explica por rasgos congénitos (en la que se incluye la pereza) o por factores culturales no tienen que ver con el mercado.

El Socialismo Extremo y el Comunismo. 1. La libertad no es importante. La liberación de las necesidades es lo que da libertad. el mercado no asigna según las necesidades, sino para crear riqueza en base a explotación. 2. La igualdad: es el prncipal objetivo y el estado aquí es el máximo nivelador. Sin embargo, su logro es gradual. 3. La solidaridad tiene como trama principal que este nexo transcurre alrededor del partido y de las organizaciones sociales afiliadas y los trabajadores.

La Doctrina Social de la Iglesia, la Economía de Mercado y la Visión Personalista. Respecto a los tres valores fundamentales reseñados arriba la posición es la siguiente: LIBER-

TAD: La «Rerum Novarum» (1891) hace una crítica a los excesos del mercado y llama a una «justicia salarial», el derecho de asociación de los obreros es parte de su «derecho natural». Juan Pablo Segundo en «Centesimus Annus» (1991) rechaza una libertad sujeta a la supremacía del mercado. El mercado debe estar ordenado por la ética y debe existir un «control público» de los excesos. IGUALDAD: Está regulada por la justicia y la paz. Una prueba de la significación de este pensamiento es la afirmación que «El Respeto al Derecho Ajeno es la Paz» (Juárez, 1867). Citamos a un fundador de la nación mexicana al igual que a Martí como una prueba que este pensamiento rebasa las fronteras de una determina religión y se conecta con valores universales que rebasan los límites de las religiones, ideologías y políticas. SOLIDARIDAD: Alimenta la Economía de Mercado llamando a la participación en la realización del «bien común». Lo contrario, «la marginalidad» que es esa ausencia es atacada. El estado es subsidiario de esa participación. Mientras más sociedad mejor ya que frente al individualismo absoluto o al estado monopolista, el progreso debe venir «desde abajo» no «desde arriba» mediante la imposición.

Visión desde la Sociología y la Doctrina de una Economía Social de Mercado

El Gráfico 1 expone una visión apretada de los juicios de valor que utilizaremos para el análisis de la situación de los dilemas que enfrenta hoy la persona humana. Este gráfico se basa en el «personalismo» y es una interpretación libre de de mi propia percepción. Por tanto se inspira pero no es un fiel retrato del pensamiento de Mounier. Se ve en este Gráfico al ser humano como constructor de la realidad que le ha tocado vivir y al mismo tiempo, creando una estructura social asentada sobre la primacía de la persona humana que es el principio que orienta toda otra afirmación.

Vemos en este Gráfico 1 también el compromiso de construir la historia y de lograr una sociedad que sea una comunidad de personas que es el fin de la acción sobre la estructura social y puede decirse también de la historia del mundo conocido. La dignidad humana deriva de su verdad que es la racionalidad que disfruta el ser humano como ser privilegiado dentro de la creación. El ser humano es racional, libre y dotado de conciencia. La conciencia no significa más que la capacidad de tomar posición frente a lo realizado y de este modo cada vez hacerlo mejor. De aquí se deriva el principio de la perfectibilidad constante de la sociedad y de la noción de la búsqueda incesante del «bien común». La culminación de este pensamiento es la «Nueva Cristiandad» (Maritain, 2001).

Los valores supremos para crear una comunidad de personas parten de la medida en que podamos ampliar la libertad, la igualdad y la solidaridad en las estructuras sociales donde estamos involucrados. Esta es otra forma de referirse al clamor universal de la Revolución Francesa: libertad, igualdad y fraternidad. La merma de un valor a favor del otro crea distorsiones en los procesos reales. Ha habido tratados enteros entre la aparente oposición que existe entre libertad e igualdad. De hecho es el principal tema de Bergson que fue una gran influencia de Maritain en sus inicios (Bergson, 1999). La solidaridad viene a resolver esas contradicciones. De la solidaridad se deriva la necesidad de la participación. El ciudadano apático no puede intervenir decisivamente en la historia, más bien se aparta. Por otro lado, el ciudadano fanático, intenso en su participación pero sin tener la luz de la solidaridad, puede llevar a decapitar cabezas indiscriminadamente y a transformaciones que son nuevas trampas y perversiones.

Figura 2: Valores Universales y su Interrelación de la Economía Social de Mercado: una visión integral desde la Sociología

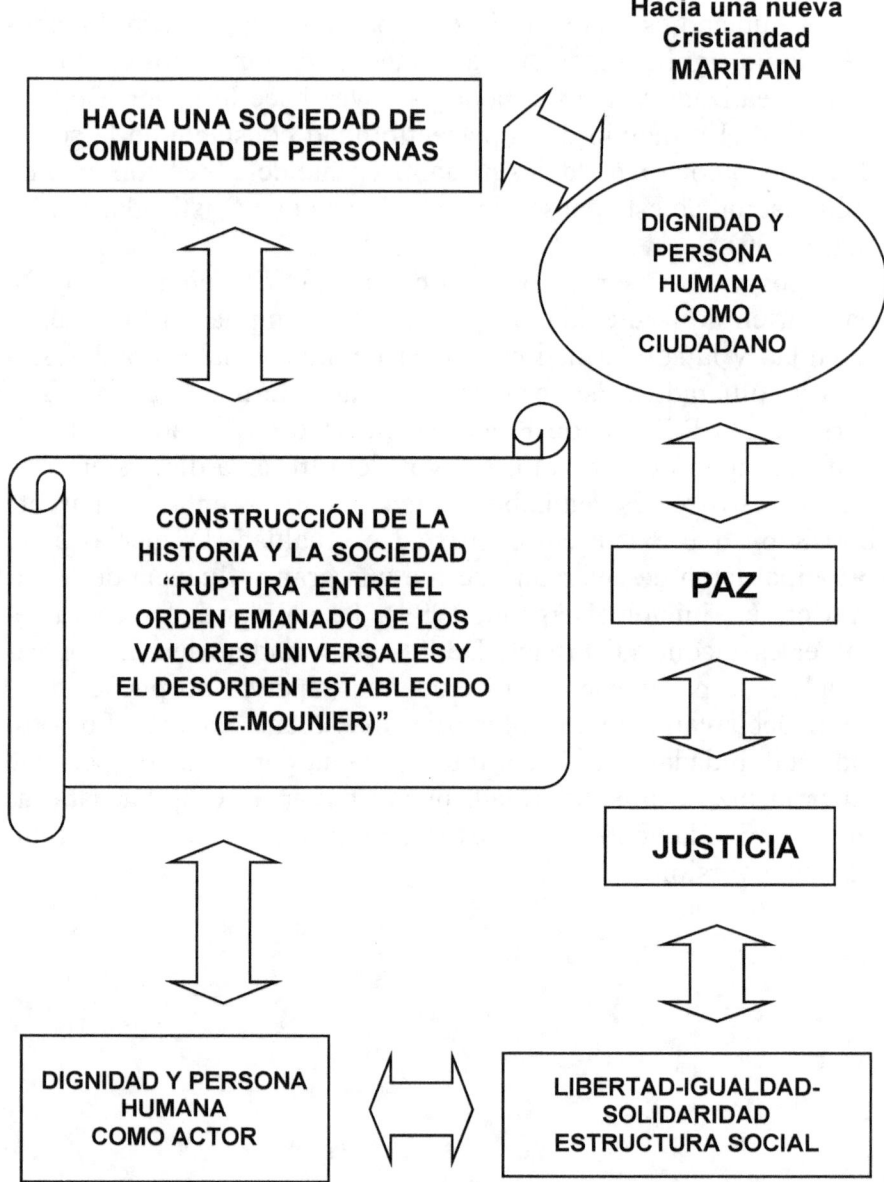

Como consecuencia de la orientación constante hacia estos valores, los espacios para el ser humano se amplían pero ninguno de ellos tiene por sí sólo una primacía a no ser aquel dado por la dignidad humana. Los valores tienen que estar orientados por la Justicia entendida clásicamente como «dar a cada uno lo suyo» y todo ello supeditado a la Paz que puede ser definida, en términos ya mencionados de Benito Juárez, como «...el respeto al derecho ajeno». De aquí, se colige que no puede haber paz sin justicia ni justicia sin la constante renovación de la estructura social propiciando mayor libertad, igualdad y solidaridad. Asimismo, de nada vale la consecución de estos valores si no están al servicio de la persona humana y su mayor dignidad. Estos valores pertenecen a la humanidad y en la era de la globalización lo mismo pueden ser suscritos por un budista que por un cristiano.

Patrones de la Realidad que han Orientado el Desarrollo y el Combate a la Pobreza desde los Sesenta en el Mundo

Ya lo decía Pablo VI: «El desarrollo es el nuevo nombre de la paz» (Populorum Progressio, 1967), En este escenario es que se debaten principalmente los valores reseñados en el Gráfico 1. El mundo ha presenciado sucesivas aproximaciones respecto al tema del desarrollo. Pudieran definirse las diferentes fases apuntando a la actitud principal que informó este quehacer desde los años sesentas. Antes de esa fecha, si bien existían preocupaciones parciales acerca de este tema, no tenían una dimensión global ni contaban con el consenso que se observó a partir de esa fecha. Esto no quiere decir que hubiera ayudas bilaterales importantes como por ejemplo el Plan Marshall después de la Segunda Guerra Mundial que ayudó a Europa a proseguir su marcha interrumpida. En América Latina el llamado Punto IV de la administración de Truman en USA, es otro ejemplo.

Pero estos programas no tenían una visión global del proceso: o terminaban cuando cumplía su propósito o su escala era reducida y marginal. En otras elaboraciones he distinguido 3 fases del desarrollo y de su aproximación a la pobreza: la fase optimista, la pesimista y la actual que se proyecta al Siglo XXI, que pudiéramos llamar la realista (Amaro, 2001). Ahora extenderemos este análisis a la forma en que fue encarada la pobreza en cada una de estas fases desde los años sesentas.

La Fase Optimista. Abarca toda la década llamada por Naciones Unidas, «La Primera Década de Desarrollo». Está llena de eventos cruciales que tuvieron un carácter global, casi siempre contestatario o poniendo en duda el orden establecido. El movimiento «hippie» en USA, la revolución cubana, el movimiento de mayo en Francia, la independencia de los países africanos, la recuperación económica de Japón, cambios poco ortodoxos en Europa Oriental, la promesa de apoyar a los países en desarrollo con el 0.7% del Producto Nacional Bruto por parte de los países más avanzados, el Concilio Ecuménico Vaticano II y la coincidencia de tres personalidades reformistas a escala mundial, Nikita Kruschev, Juan XXIII y John Kennedy para mencionar sólo los más significativos. Todo hacía presagiar un futuro mejor independientemente de las aproximaciones ideológicas aunque ello transcurría dentro de los parámetros de la «Guerra Fría».

Esta actitud «optimista» fue recogida por los llamados téoricos de la modernización: Walt Rostow (1965) y Daniel Lerner (1961) en MIT; y Gino Germani (1962) en Argentina, eran quizás los más representativos. Siguiendo el «clima» de la época, el desarrollo parecía estar al doblar de la esquina. Rostow ejemplifica mejor este pensamiento. Bastaba un «gran impulso» desde la «sociedad tradicional» para instaurar en sucesivas etapas «La Era del Alto Consumo en Masa», donde las preocupaciones materiales iban cediendo su puesto a otras preferencias distintas, como por ejemplo tener niños. El proceso de desarrollo como apuntaron algunos críticos, parecía ser un avión que despegaba en un vuelo sostenido para aterrizar en la tierra de la abundancia y la pobreza se convertía en algo arquelógico.

Las políticas sociales surgían siguiendo fielmente la anterior imagen. Las dimensiones económicas eran la principal preocupación y las sociales de manera gradual irían resolviéndose entre ellas la pobreza. El efecto «derrame» («trickling down») por el cual los más ricos eventualmente incorporarían a los pobres. Las elevadas tasas de inversión sostenidas asignadas a estrategias sectoriales competitivas producto de oportunidades propicias en los mercados era el mecanismo para pasar de una fase a otra. El desarrollo social recibiría el «efecto derrame» que abatiría la pobreza, el desempleo y la marginación social. Lo anterior no quiere decir que se desdeñara la planificación pero la misma se orientaba en forma indicativa con intervenciones sólo en áreas sensitivas para la seguridad del estado como en las comunicaciones o en recursos básicos o en el transporte. En esta fase prácticamente había una ecuación entre desarrollo económico y eliminación de la pobreza, pero no existían ni estudios ni políticas focalizadas hacia los pobres. Las variables económicas ocupaban la primacía por esa razón.

La Fase Pesimista. Abarca la «Segunda y Tercera Década del Desarrollo» que cubre los 70s y 80s del Siglo XX. Esta última fue denominada como la «Década Perdida», porque tal parecía que los progresos alcanzados durante los sesentas se revirtieron. En el mundo entero, los autoritarismos militares parecían imponerse. Sucesivos golpes de estado desterraron la democracia de casi toda América Latina y África. Asia, por su parte, en un franco proceso de crecimiento económico, sus gobiernos eran conducidos en su mayoría por regímenes autoritarios. Las promesas de los países desarrollados de mayor peso, nunca llegaron a dar las proporciones prometidas de su riqueza generada a los países en desarrollo. Estados Unidos por ejemplo, pasa de poco más del 4% de su PIB a alrededor del 2% y menos durante este periodo. Las incertidumbres económicas también hicieron presa de este país.

La subida de los precios del petróleo amenazó con paralizar a los países industrializados. Los ingresos súbitos adquiridos por los países productores de petróleo, se canalizaron hacia la banca occidental, abaratando el interés del acceso a préstamos. Esta oferta monetaria era ofrecida a los páises en desarrollo y América Latina por ocupar un sitio intermedio entre los más ricos y los más pobres, fue el área donde la deuda externa comenzó a alimentarse en cantidades que parecían y todavía lucen impagables. Las tasas de crecimiento económico per cápita se tornan negativas e incapaces de superar las de crecimiento de población.

Un tema que aparecía velado en la década de los sesentas, el deterioro del medio ambiente comienza a hacerse el centro de las preocupaciones. Ya no se trataba de cómo lograr más desarrollo para mitigar al final final la pobreza. El foco ahora era las consecuencias nefastas para el planeta y las futuras generaciones de los excesos del desarrrollo. El análisis pasaba ahora a priorizar el divorcio entre la explotación de los recursos de la naturaleza y el deterioro que significaban la dilapidación de recursos no renovables, la contaminación del ambiente por los procesamientos industriales y hasta el peligro que significaba para la alimentación y la vida misma, las consecuencias no previstas del desarrollo.

Las elaboraciones intelectuales más destacadas de esta etapa fueron la «Teoría de la Dependencia» y el llamado «Club de Roma». La primera anunciaba que la aspiración de llegar a los niveles de los países desarrollados era una quimera ya que esa situación era perpetuada por esos mismos países (Cardoso, 1983). La segunda predecía que si las actuales tendencias continuaban el planeta tierra tenía un promedio de vida de 100 años (Meadows, 1972). En este contexto, los pobres fueron olvidados. A lo más al final de la segunda década comenzó a hablarse del «alivio» de la pobreza como contrapartida a las políticas recomendadas de shock para poner en orden las economías de los países en desarrollo. A finales de los 80s el discurso se hizo más vigoroso cuando se hacía referencia al «rostro humano» de la pobreza, pero en realidad poco se hizo para identificar, focalizar, invertir e incorporar deliberadamente a los pobres. Esta es la razón y no otra, por la que no se encuentran registros estadísticos adecuados de esta realidad y cuando se quiere obtener información los investigadores hacen esfuerzos extraordinarios para poder hacer comparables los datos.

Insitucionalmente hay cambios muy serios en la manera que los organismos internacionales y la ayuda bilateral encara los problemas derivados de los setentas y ochentas. Se nota principalmente la beligerancia de las instituciones financieras. En los albores de la creación del Sistema de Naciones Unidas y de la institucionalización de la ayuda bilateral a los países en desarrollo, se concebía a las instituciones de Breton Woods, el Fondo Monetario Internacional y el Banco Mundial, como encargados del área financiera, mientras que a Naciones Unidas y sus agencias especializadas como cuidadoras de las áreas técnicas.

De esta manera, la educación era el campo de UNESCO, la salud de la OMS, el trabajo de la OIT, etc. En la actualidad, las instituciones financieras de Breton Woods hacen ambas funciones. Toman cuidado de las dimensiones financieros y también de la parte técnica. Como consecuencia el antiguo sistema se ha resquebrajado y ha perdido en gran parte su razón de ser. Como decía un viejo funcionario del Sistema de Naciones Unidas: «Es muy difícil vender sólo consejos, cuando los bancos dan consejos y además dan la plata». Esta nueva situación ha debilitado los lazos multilaterales y ha colocado a los países en desarrollo en una situación más dependiente. No obstante, también este ángulo ha traido innovaciones en la forma de combatir la pobreza.

En nuestros países, cuando se quería saber que pensaba el gobierno sobre el desarrollo, el paso obligado era a través de la oficina de planificación, en algunos países era y es un ministerio, en otros es una secretaría. En la actualidad, para tomar verdaderamente el pulso de desarrollo de un país, más vale visitar Finanzas y el Banco Central. Ellos son los que marcan la pauta, para bien o para mal, del desarrollo de nuestros países. Por esa razón, el poder de la oficinas de planificación que en el pasado constituía un sistema y que todo ministerio se apoyaba en una oficina tal, prácticamente ha desaparecido. Muchas oficinas de planificación de los ministerios se han convertido en elaboradores de presupuesto y las oficinas generales, en sintetizadores de la obra del gobierno orientado por los ministerios de finanzas y las bancas centrales. Esto se aplica a toda América Latina y el Caribe desde la Patagonia hasta el Río Grande.

Las tendencias de la pobreza en la fase pesimista en América Central no pueden apreciarse adecuadamente si no se examina el contexto en que esas tendencias tuvieron lugar. Con la excepción de Costa Rica y Panamá, tanto el Salvador como Guatemala, y Nicaragua experimentaron serias convulsiones políticas y guerras civiles generalizadas por largo tiempo que obligaron a fuertes desplazamientos de población y a pérdidas significativas de población ya sea por migración o por haber sido víctimas de los enfrentamientos armados. Esta afirmación puede extenderse a África.

Además, la mayoría de los países, siguiendo un patrón mundial, se vieron obligados a fuertes recortes del gasto social como consecuencia de las contracciones de las inversiones, la devaluación monetaria como resultado de la inflación y la declinación de la paridad con el dólar, los altos porcentajes que significaban el servicio de la deuda externa, las asignaciones presupuestarias que daban prioridad a los gastos militares y las políticas de ajuste estructural. Como si ello fuera poco, los desastres naturales como el Huracán Mitch que asoló regiones enteras de Nicaragua, Honduras y oriente de Guatemala, jugaron un papel destructor que también incidieron súbitamente en los volúmenes de pobreza (CIS, 2000).

La Fase Realista. Comienza a perfilarse en la «Cuarta Década del Desarrollo» en los años 90s. El análisis de esta realidad reproduce para el observador una dialéctica que va de la etapa de tesis, representada por la visión optimista, a una fase de antítesis, configurada en la óptica pesimista, hasta llegar a la fase realista en que puede desprenderse una síntesis de los acercamientos anteriores. El concepto de «Desarrollo Sostenible» viene a ser la conjugación de las oposiciones anteriores entre desarrollo y medio ambiente. La prescripción en este caso es que se puede explotar los recursos naturales y el futuro de las siguientes generaciones, pero tomando en cuenta sus límites ecológicos e incorporando de manera explícita esta dimensión, a las categorías de desarrollo.

Se puede afirmar entonces que estamos plenamente en esta fase en este momento y las oposiciones generadas en los últimos 30 años están en lucha, ya sea por prevalecer o por permanecer definitivamente. Si bien, el discurso ha evolucionado hacia el desarrollo sostenible, la vigencia de las instituciones financieras continúa con mayor fuerza que nunca Este es un dilema para la futura construcción de la historia.

Con respecto a la pobreza, una tensión principal surge similar a la anterior. En la fase optimista se pensaba que eventualmente los frutos del desarrollo se filtrarían hacia abajo y que la pobreza gradualmente desaparecería. Una y otra vez, con pocas excepciones, los análisis muestran que por el contrario más bien las desigualdades tienden a aumentar y que si bien pueden apuntarse progresos en determinadas regiones como China, India y Chile, la pobreza tiende a presentar progresos muy lentos y en cuanto a la pobreza extrema hay una tendencia a perpetuarse indefinidamente.

Una tendencia positiva que puede anotarse es que por primera vez, los pobres han entrado en los futuros planes de desarrollo y las llamadas estrategias para la reducción de la pobreza que pueden observarse desde Mozambique hasta América Central, llaman a un tratamiento más riguroso de esta temática. No obstante, estas modalidades entran con mayor seriedad en los países que caen en la categoría clasificada por el Banco Mundial como altamente endeudados. Las presiones externas han requerido que estos países pongan todos los programas del sector público en función de metas de reducción de la pobreza. En otros países, aunque existan tales estrategias y haya documentos escritos sobre el tema, la urgencia no se siente con el apremio que puede observarse en Honduras o Nicaragua que después de los desastres del Huracán Mitch fueron clasificados como países altamente endeudados. Como consecuencia de ello, Nicaragua y Honduras han tenido importantes condonaciones de su deuda y también se nota en sus planes de reducción de la pobreza un acercamiento sistemático y una búsqueda de resultados tangibles.

La aprobación de las Metas del Milenio en donde se plantea la erradicación de la mitad de la pobreza extrema para el año 2015, es un ejemplo que hace pensar que por primera vez, se ha tomado conciencia de dirigir esfuerzos focalizados hacia esta población y al mismo tiempo, existe la apertura para hacer un seguimiento de estos resultados y de realizar las transformaciones macrosocioeconómicas, para cumplir con estas metas. No obstante, no siempre las declaraciones líricas que se hacen en los foros internacionales se traducen en medidas concretas en los países en donde este problema se confunde con otras prioridades de los gobiernos de turno. Esta reflexión nos debe llevar entonces al análisis de las tendencias ideológicas que informan las decisiones de los gobiernos, cuando enfrentan la pobreza. Esto se hace particularmente importante porque gran parte de la sociedad civil también se ve arrastrada por estas orientaciones.

Tendencias Ideológicas en relación a la Erradicación de la Pobreza

En una elaboración anterior, hice una distinción basada en tipos ideales respecto a las orientaciones de los diferentes gobiernos en relación al desarrollo. El Cuadro 3 tiene una vinculación directa con el Gráfico 1, donde se expone que los valores fundamentales de la estructura social giran alrededor de la libertad, la igualdad y la solidaridad.

El crecimiento económico está íntimamente relacionado con el valor de garantías para ejercer la libertad y es una condición indispensable para la la creación de riquezas materiales; el tema de la distribución de la riqueza generada por ese crecimiento, toca el tema de la igualdad que está también íntimamente vinculada con la justicia; y por último la participación ciudadana, está estrechamente relacionada con la solidaridad como valor primario. Estos objetivos priorizados no agotan los valores señalados, pero lógicamente tienen una íntima conexión. Al mismo tiempo son probablemente los objetivos más buscados por todos los gobiernos orientados a la búsqueda del desarrollo. Los signos (+) y (–) denotan énfasis y señalan que a estas categorías algunos gobiernos le dan mayor prioridad a determinadas dimensiones que a otras.

En el Cuadro 21, desde un principio daremos importancia a 3 perfiles ideológicos bajo la denominación de tipos de gobiernos «economicista», «balanceado» e «integral». Los otros 5 tipos, el «paternalista», «radical», «ascético», «patético» e «imposible», o son gobiernos que enfrentan crisis temporales o los acontecimientos históricos han declarado obsoletos sus enfoques o caen dentro de una categoría de imposibilidad lógica.[1]

---

[1] Para justificar esta afirmación basta aquí mencionar ejemplos que valen más que explicaciones. Gobiernos paternalistas ocuparon la atención antes del descongelamiento de la "Guerra Fría". Pueden caber aquí todos los experimentos frustrados socialistas incluyendo la Unión Soviética y Europa Oriental. A pesar que tiene

Cuadro 22: Perfiles ideológicos de desarrollo de acuerdo a objetivos priorizados por los gobiernos

Tipo de Gobierno	Crecimiento Económico	Distribución de la riqueza	Participación Ciudadana
Economicista	+	-	-
Balanceado	+	+	-
Integral	+	+	+
Paternalista	-	+	-
Radical	-	+	+
Ascético	+	-	+
Patético	-	-	+
Imposible	-	-	-

Hemos puesto en primer lugar el gobierno «economicista» porque es probablemente el modelo más difundido. Este enfoque prestigia sobre todo el crecimiento económico por encima de las demas dimensiones, la distribución y la participación. La influencia «neoliberal» se orienta en este sentido y el discurso de los organizaciones financieras internacionales en la actualidad también.

---

mayores énfasis participativos muchos regímenes en Africa que han desaparecido también pudieran clasificarse dentro de este tipo. Cuba pudiera situarse también en esta dimensión aunque tiene características más populistas. No obstante se acerca más al gobierno "radical" en la etapa de 1968 a 1970 cuando se puso énfasis en los "estímulos morales" bajo la influencia del Comandante Ernesto Guevara. El regimen del Pol Pot en Kampuchea o China durante el "Gran Salto Adelante" pudieran situarse dentro del tipo "radical". El ascético recuerda a Gran Bretaña durante la Segunda Guerra Mundial cuando Churchill prometía "sangre, sudor y lágrimas". El "patético" es aquella ideología que pone énfasis sólo en la distribución sin tener prácticamente nada que repartir. Recuerda a Bangladesh que visité en los años ochentas y que es uno de los países más pobres del mundo pero altamente participativo con una tradición colonial del "self government" inglés. El gobierno imposible no puede tener casos. Sería improbable que un gobierno tal pudiera mantenerse en el poder sin demostrar ningún resultado en estas categorías.

Todas las prescripciones sintetizadas en el llamado «Consenso de Washington» prescriben esta receta. Se trata esencialmente de poner «la casa en orden» con medidas de equilibrio financiero que atajen el gasto del estado, transparenten los precios, contengan la inflación, mantengan estable la paridad con el dólar como moneda internacional, propicien la inversión y use las tasas de intereses como una palanca de la estabilidad económica.

Con respecto a la pobreza, este tipo de gobierno en una primera etapa omitió la consecuencia para esta población de súbitos «shocks» o «ajustes estructurales» que se administraban al sistema económico y que súbitamente hacía caer a muchas familias debajo de la línea de la pobreza, al generar desempleo, cortes abruptos del ingreso, la caída del gasto social y el aumento de la informalidad. En una segunda fase, esta preocupación cobra relevancia y se comienza a hablar de cómo mitigar la pobreza cuando se adoptan medidas de ajuste estructural. Finalmente, en la siguiente fase que describiremos, se establecen estrategias de reducción de la pobreza con metas concretas y financiamientos asignados. No obstante, el peso de la primera etapa constituye una carga sobre este afán de colocar la pobreza entre las prioridades del gobierno.

En el fondo, la pobreza, a pesar de las declaraciones públicas no ocupa una prioridad relevante. Los que defienden estos modelos con una alta influencia neoliberal y globalizadora afirman que la persistencia de la pobreza se debe a las vulnerabilidades de los países que compiten en este nuevo mundo interconectado. En síntesis, estas fallas se deben a la falta de educación, a la escasa innovación tecnológica y a la lentitud en promover las reformas institucionales llamadas de segunda generación que tienen que ver con la certeza jurídica para facilitar la inversión, una banca central independiente, las reformas fiscal y de seguridad social, la descentralización, etc. (Oppenheimer, 2002). Otros añaden a esta lista de vulnerabilidades la corrupción y la falta de acceso a capitales de inversión.

Esencialmente, esa situación tiene su raíz en una falta de competitividad y adaptación a los nuevos retos que plantea un mercado global. Países que han emprendido estas reformas (como Chile) se alega que han sido capaces de reducir a la mitad la pobreza que existe significativamente. Al final, las prioridades no están en un ataque frontal a la pobreza, sino en alterar el contexto que la rodea para así mediante un crecimiento económico sano, incorporar a las poblaciones pobres a la riqueza a través del «derrame» que se producirá como resultado de estas medidas. Hasta tanto éstas no se tomen, habrá que esperar progresos significativos en esta dimensión. Lo prioritario, es crear este clima propicio, para que las consecuencias de una economía sana y en franco crecimiento llegue a los pobres.

La ideología del gobierno «balanceado» implica compatibilizar el crecimiento económico con una distribución igualitaria de los beneficios. La más reciente incorporación de países asiáticos a niveles comparables con los más desarrollados, presentan estas características. La participación aquí es sacrificada pero ello ha sido compensado con un gobierno autoritario que descansa sobre un consenso de la población bastante generalizado. Este consenso muchas veces surge de la misma fábrica cultural como es el caso japonés. El respeto a las jerarquías y su gregarismo, aparte de la cohesión social generada por la derrota en la II Guerra Mundial, proveen una orientación compatible con los objetivos de crecimiento e igualdad. En este caso, la movilización de obreros agrupados en sindicatos, las organizaciones campesinas y los intelectuales, pierden su importancia como factores de cambio. No obstante, en Corea estas fuerzas se han dejado sentir pero más como contestarios de la marcha del país que como una fuerza integrada a los cambios extraordinarios que se han operado ahí en los últimos años.

Dentro de prioridades de crecimiento e igualdad con desmedro de la participación no se observan las disparidades de ingreso que el gobierno «economicista» impone. Cuando en los setentas comenzaron a surgir encuestas de distribución de ingreso a nivel de muchos países de latitudes diferentes, la sorpresa fue observar que muchos de los países asiáticos presentan distribuciones de ingreso más igualitarias que los pocos países socialistas que permitieron estas investigaciones. Ello estaba a contrapelo de su ideología legitimizadora que proclamaba un mundo igualitario sólo justificado por las diferencias en habilidades. El capitalismo asiático presentaba niveles mayores en esta dimensión que las experiencias conocidas del socialismo prosoviético.

La consecuencia de esta aproximación es un círculo virtuoso para la pobreza y el desarrollo. Estas sociedades presentan los índices de desempleo más bajos y la pobreza no constituye un problema. Siguiendo el ejemplo de Japón, los «tigres asiáticos» irrumpen a pasos acelerados en la cadena del crecimiento económico con economías principalmente orientadas hacia la exportación de productos manufacturados y nuevas tecnologías de punta. Muchos de ellos partían de niveles más bajos que los de América Latina y para principios del nuevo siglo, habían sobrepasado con creces la mayoría de los indicadores de desarrollo de los países de nuestro continente. Más recientemente China e India se han incorporado a este modelo.

La influencia de este modelo decretó la muerte del desarrollo basado en la «sustitución de importaciones» y marca la pauta para nuevos objetivos de desarrollo dentro de la globalización en la mayoría de los países de nuestro continente con mayor o menor éxito. El problema para los países latinoamericanos es que estas nuevas recetas caen en un contexto donde gran parte del sindicalismo estaba organizado; las elites intelectuales han tenido una tradición contestaria de muchos años dentro de un contexto de polarización entre «los que tienen y no tienen»; el estado no tiene los consensos necesarios ni el concurso de elites empresariales similares a Asia para poder hacer marchar el país en las direcciones deseadas; ni tampoco existen en América Latina y el Caribe las condiciones internacionales que hicieron propicio este ascenso.

El gobierno que se orienta por una ideología «integral» es a nuestro entender aquella que se conforma más a una visión personalista del desarrollo y de combate a la pobreza. Se trata de definir las políticas públicas que puedan liberar de trabas la generación de riqueza, dando primacía a un crecimiento económico acelerado pero velando por las desigualdades y con la más amplia participación ciudadana. Con crecimientos sostenidos del 2% no se va a ninguna parte en este mundo. Esta ideología implica asumir la competitividad en un mundo globalizado con todas las consecuencias que ello tiene y trabajar sin descanso para lograr los consensos que puedan materializar esta perspectiva.

Estos consensos implican generar la participación y solidaridad suficiente para llevar adelante estos objetivos. Un examen superficial de la medida en que esta ideología se ha materializado, encuentra ecos en las fórmulas lanzadas por CEPAL para América Latina cuando nos habla de «crecimiento con equidad». Las políticas sostenidas dentro de un marco democrático de Chile, hacen ver un éxito en la transición de una visión «economicista» a una «integral». Las medidas implementadas por Lula en Brazil, aunque ha transcurrido poco tiempo, parecen ir en la misma dirección.

Pivotes para la Ideología Integral: Una Reingeniería Necesaria

Los análisis anteriores pueden encontrar una indiferencia por parte de los que toman las decisiones políticas. «Es más fácil la crítica cuando se miran los toros desde la barrera» pudiera ser el comentario que selle esta actitud. Por ello, a la luz de la contrastación de los valores universales que dan primacía a la persona humana, con realidades concretas, vamos a exponer las medidas necesarias de corto plazo que deben constituirse en pivotes para proyectar los objetivos de desarrollo que den primacía al combate a la pobreza. No entraremos a los detalles de estas medidas. Tan sólo expondremos el curso de acción principal y sus implicaciones para los objetivos que se persiguen. El concepto que mejor se aplica a estas sugerencias es la adopción de una «reingeniería» del tratamiento de este tema en nuestras sociedades.

- Es necesario colocar el tema de la pobreza y el desarrollo como una realidad que es una responsabilidad de todos. Hay que sacar el tema de los documentos internacionales y de la tecnocracia en forma exclusiva y colocarlo además en el Congreso y la Sociedad Civil.[2] Una estrategia de

---

[2] Aquí coincidimos con la apreciación de Julian May que dice: "La preocupación recae en que los requerimientos para la elaboración de políticas no toman en consideración los procesos políticos reales, a través de los cuales se desarrolla la mis-

coaliciones para atajar y hacer retroceder los factores que perpetúan y amplían la pobreza. Los medios de comunicación son imprescindibles para mantener vivo ese interés.

- La monitoría y evaluación de estos procesos debe descansar en buenas fuentes de información con líneas basales, seguimientos periódicos y organismos que tomen decisiones sobre los resultados. Asimismo, medidas correctivas deben ser tomadas después de los reportes entregados.

- Es necesario salir a los foros internacionales y establecer frentes de combate a la pobreza en las prácticas del comercio internacional y en estimular la solidaridad de aquellos países sensibles a este problema. El tema de los subsidios agrícolas que dificultan el acceso de estos productos a los mercados de los países desarrollados y las prácticas transparentes respecto a los precios internacionales de los productos de exportación de los países en desarrollo, necesariamente deben ocupar la atención de los que toman las decisiones. El caso del café en Guatemala y otros países de América Latina y el Caribe, es un ejemplo evidente de las consecuencias de las alteraciones de los mercados internacionales en los patrones de pobreza de estos países.

- Conforme con la lógica que no basta el énfasis en la distribución y la participación es necesario establecer consensos respecto al modelo de desarrollo que se quiere y la estrategia sectorial para maximizar la competitividad con los recursos que se tienen. Se debe partir de las deficiencias y logros obtenidos para de aquí hacer las correcciones adecuadas y abrir nuevas avenidas que lancen a los países por las sendas de un combate a la pobreza crecien-

---

ma y traduce en programas y proyectos que serán presupuestados y que eventualmente serán implementados". Julian May, "Desmantelando la Máquina Anti-Política", Reflexiones Teóricas sobre la Pobreza, Programa Multidisciplinario sobre Estudios de Pobreza, Oscar López, Coord., edición a cargo de Marcel Arévalo y traducción al español Ileana Monterroso, serie Textos Básicos No. 2 (Guatemala, FLACSO/ASDI, 2004) 25.

te. Para algunos estas ventajas pueden ser la agricultura no tradicional o la explotación de la madera. Para otros, la tecnología digital de punta. Para algunos más pudiera ser la maquila en gran escala compatible con el respeto a la dignidad humana.

- El estado debe convertirse en un facilitador para que estas inversiones se canalicen en forma pronta y debe convertirse en un puente para encadenar los diversos procesos productivos y comerciales hasta conseguir los valores agregados necesarios que hagan una diferencia en la forma de generar riqueza.

- Se debe dejar atrás la prioridad de los equilibrios financieros para poner el énfasis en el crecimiento económico. Ello no quiere decir que se deje de vigilar la inflación ni las tasas de interés que es también un flagelo para la población pobre. Ni tampoco que se descuiden las variables macroeconómicas. Se trata de gradualmente liberar el uso del dinero para que pueda canalizarse en forma libre hacia las actividades productivas como objetivo primordial.

- Si hicieramos sólo lo anterior estaríamos dentro de una ideología «economicista». Las anteriores medidas tienen que estar acompañadas con una política de empleo pleno. He llegado a países a preguntar sobre este tema y la respuesta ha sido: «aquí no hay política de empleo. La que existe implícitamente es la de crecimiento económico». De esta manera el estado no asume la responsabilidad de las consecuencias del crecimiento económico ni tampoco de su necesidad de equilibrios financieros. Dentro de una concepción «integral», el empleo productivo que genere los salarios justos debe ser la prueba máxima de éxito de estas medidas.

En los últimos años, hemos observado que la población pobre masivamente ha acudido a estrategias creativas para enfrentar los cambios macroeconómicos que le han afectado. El crecimiento de la economía informal, la incorporación al trabajo asalariado de la mujer, el «voto con los pies» de grandes contingentes de población ya sea para residir en las capitales o en las grandes urbes de los países en desarrollo, la búsqueda y consolidación de redes de solidaridad para la supervivencia económica entre los migrantes del exterior y las familias y comunidades que quedan en los países de origen, han sido respuestas de los pobres a la situación que han tenido que enfrentar.

El tema subyacente a todas estas conductas es el empleo. Un porcentaje significativo de nuestra población que rebasa la línea de la pobreza pero que mantiene a muchas poblaciones en situaciones de riesgo y vulnerabilidad, sencillamente se ha inventado un empleo porque el sistema no genera el número ni la calidad suficiente para su supervivencia. El estado y la sociedad civil deben tener una respuesta frente a esta situación. El empleo es el lazo entre el crecimiento y la distribución de la riqueza. El secreto de los resultados de distribución del ingreso en los países asiáticos, fue que el proceso de crecimiento económico hizo escasa la mano de obra. Ello repercutió, siguiendo las reglas del mercado, en una oferta salarial mayor. Este círculo virtuoso posibilitó la atención de las necesidades básicas de la población más pobre cuyos niveles de manera creciente rebasaron la línea de la pobreza.

- El estado en este contexto debe convertirse en un facilitador y un coordinador eficiente de estas aperturas. Estos cambios e innovaciones deben ir acompañadas de una reingeniería de la política social que englobe nutrición, educación, salud, vivienda, seguridad social y comunicaciones atendiendo también dimensiones transversales respecto a la niñez, el género y etnicidad y los fondos sociales. Los gabinetes sociales pueden ser los llamados a vertebrar todos estos esfuerzos en una sola dirección.

La característica principal de esta política en la actualidad es su fraccionamiento y dispersión, asolada por una caridad mal entendida, el sectorialismo, el «clientelismo» político y la concepción economicista que ve lo social como un gasto en vez de una inversión. Todo ello repercute en una dilapidación en mitad de la escasez. La respuesta es una coordinación efectiva y una focalización mayor de los recursos procurando un aumento en la eficiencia y calidad del gasto; un aprovechamiento de los recursos naturales o estratégicos en poder del estado cuyos excedentes pueden ser utilizados en esta dirección; el establecimiento de estrategias de reducción de la pobreza con ataduras a condonaciones de la deuda; y la elaboración de paquetes fiscales consensuados. Todo ello iría en apoyo del financiamiento de los programas de combate a la pobreza.

Conclusiones

La primera parte de este análisis se aproximó desde el punto de vista sociológico al tema de la economía de mercado y los valores que la informan, los cuales frecuentemente son olvidados. Precisamente la adición de estos valores nos hace apelar a la economía social de mercado. Este análisis hizo una incursión en los valores universales que deben orientar la acción dentro de una concepción personalista que de primacía a la persona humana y que además proyecte la construcción de un orden social dentro del desorden imperante. Nuestra acción se ve justificada cuando con nuestro proceder incidimos en la estructura social ampliando la libertad, la igualdad y la solidaridad en una forma creciente cada vez más perfectible. El equilibrio de estos valores que deben marchar en armonía nos va a llevar a una sociedad justa y en paz. El cumplimiento de estos valores va a verificar si efectivamente estamos construyendo una sociedad a la luz de la visión personalista.

El tema del desarrollo y la pobreza es clave para enfrentar esto dilemas. En todo caso las tendencias históricas indican que son muy pocos los países llamados a superar las «Metas del Milenio» que prescriben reducir a la mitad la pobreza extrema para el año 2015. Otra conclusión que se desprende de estos resultados es que si se quiere hacer una diferencia significativa en esta área, es necesario trabajar en políticas que aminoren la desigualdad existente respecto a la distribución del ingreso.

El tema del desarrollo y la pobreza ha sido tratado de manera distinta desde los años sesentas. En la fase «optimista» se estableció una ecuación que conforme existían progresos de desarrollo, se produciría un efecto «derrame» que lograría incorporar a los pobres gradualmente a un mayor nivel de vida. En la fase «pesimista», inicialmente hubo un olvido de los sectores pobres y muchas políticas implementadas en esta etapa de crisis económica del petróleo, mayor conciencia del medio ambiente, inflaciones incontrolables, devaluaciones y deuda externa acumulada, generaron mayores niveles de pobreza. No obstante, en los últimos años de esta fase, comienza a hablarse del alivio de la pobreza y su mitigación, siguiendo a las políticas de «ajuste estructural».

En la fase que llamamos «realista», se ata el combate a la pobreza con condonaciones importantes de la deuda externa, para países que se clasifican como «altamente endeudados». Ello da lugar a planes articulados alrededor de «estrategias de reducción de la pobreza», lo que constituye un progreso respecto al pasado. Al mismo tiempo, las fuentes de información se mejoran y ello da base para metas específicas en plazos determinados, asignando para ello recursos presupuestados. Esta práctica se generaliza a muchos países que no entran en la clasificación de páises altamente endeudados del Banco Mundial. Los resultados de estas aproximaciones todavía son recientes para poder evaluarlas pero puede afirmarse que sus logros son mixtos. Todavía sus alcances parecieran girar alrededor de las organizaciones internacionales y la tecnocracia de los países en vías de desarrollo. El producto en muchas ocasiones son investigaciones valiosas y planes que se engavetan y carecen de seguimientos y no constituyen prioridades para los gobiernos de turno.

A la luz del contraste de los valores personalistas enunciados en la primera parte, se examinaron tipos de gobierno según tendencias ideológicas imperantes en el ataque a la pobreza. Se prestigió para este análisis variables directamente relacionadas a los valores de libertad, igualdad y solidaridad y que son largamente acariciados por los gobiernos. Por ello, se analizó el crecimiento económico, la distribución de la riqueza y la participación ciudadana de acuerdo a los énfasis que a una o más dimensiones, los gobiernos dan. Se distinguieron 8 tipos: economicista, balanceado, integral, paternalista, radical, ascético, patético e imposible, pero se entró a considerar los 3 primeros por ser los más actualizados a la realidad que vivimos.

El «economicista» continúa en la creencia que la pobreza se extinguiría en base a un «derrame» producto de un crecimiento económico sostenido. Esta tendencia prevalece hasta hoy día y pone énfasis en las reformas necesarias para que los países en desarrollo, reformen su quehacer para adaptarse a un mundo competitivo que exige mayores niveles educativos, innovaciones tecnológicas y una reforma institucional del estado seria. La tendencia «balanceada» pone el énfasis en mayor grado en crecimiento económico pero también en distribución de la riqueza, asemejándose a los modelos seguidos por los países asiáticos después de la Segunda Guerra Mundial. Japón y los «Tigres Asiáticos» son el ejemplo a seguir con economías exportadoras como motores del crecimiento y demanda masiva de mano de obra que mejoró los ingresos y de paso sacó de la pobreza a millones de personas. No obstante estos países, no necesitaron la dimensión participativa.

La tendencia «integral» más ajustada a la realidad latinoamericana y a la visión personalista procura la armonía de estas 3 variables, sin descuidar ninguna. Comprende que es necesario desatar las fuerzas que inducen a un crecimiento económico acelerado que supere las tasas de crecimiento mediocres que caracterizan a los países latinoamericanos. No obstante, cree que ello debe hacerse velando por canales de distribución de la riqueza generada adecuados dentro del consenso mayor posible con todos los grupos y sectores que componen la sociedad civil de nuestros países.

Por último, se hace un perfil de las políticas que tienen que hacer una diferencia respecto a la actual situación para verdaderamente proyectar el problema de la pobreza como una prioridad. Estas políticas pasan por colocar el tema de la pobreza sobre los hombros de todos, incluyendo el Congreso, la sociedad civil y los medios de comunicación de masas. Abandonar las políticas económicas que han convertido el objetivo de estabilidad económica que es un medio en un fin en sí mismo y poner éstas al servicio del crecimiento económico. Ello debe hacerse gradualmente sin provocar distorsiones que alteren las variables macroeconómicas que pudieran incidir negativamente en los niveles de pobreza.

Desde esta perspectiva a la vez que se promueven y facilitan las fuerzas del crecimiento económico, se debe articular una política de empleo capaz de hacer escasa la mano de obra y repercutir en los niveles salariales de los pobres. Ello al mismo tiempo debe ir acompañado de una «reingeniería» de la política social, a favor de un curso de acción articulado que ponga todos los esfuerzos del estado en esta dirección. Sólo adoptando estas políticas puede decirse entonces que estamos en el camino de erradicar definitivamente el flagelo de la pobreza y alcanzar un desarrollo integral basado en la dignidad humana. Al final la visión personalista nos dice que el desarrollo y la eliminación de la pobreza no es un problema de falta de infraestructuras, o déficits de educación o salud o seguridad social. Los objetivos de desarrollo y la erradicación de la pobreza, sólo se lograrán cuando creemos un ser humano capaz de soñar una sociedad diferente, libre del hambre, la ignorancia y la enfermedad en donde impere la libertad, igualdad y solidaridad humana basadas en la dignidad plena del hombre. A través de contrastar estos valores con el «desorden establecido», llegaremos al ideal de una nueva Cristiandad basada en el bien común donde impere en forma permanente la paz y la justicia. La economía social de mercado es la visión correcta a la luz de estos valores.

Referencias

Amaro, Nelson (1990). *Descentralización y Participación Popular en Guatemala*. Guatemala: Serviprensa-INCEP, 1990.

_____ (2001). «El Contraste entre los Compromisos de las Cumbres Sociales y Países Selectos», Departamento de Asuntos Económicos y Sociales de las Naciones Unidas –DESA/ Universidad del Valle de Guatemala, *Seminario Sub-regional de Capacitación. Los Acuerdos de la Cumbre Social. Implementación y Seguimiento Post Ginebra 2000. Informe de Actividades del 30 de Noviembre al 8 de Diciembre 2000*. Ciudad Guatemala, DESA-UVG.

Asociación Española de Personalismo, AEP, (2014). Recuperado en www.personalismo.org en su página central.

Bergson, Henri Louis (1999). *Las Dos Fuentes de la Moral y la Religión*. Madrid: Tecnos.

Cardoso, Fernando Henrique (1983). «Dependency and Development in Latin America». Varios Autores. *Sociology of Developing Societies.* London: McMillan Press.

Comisión Económica para América Latina y el Caribe, CEPAL, (2003). *Panorama Social de América Latina, 2002-2003.* Santiago de Chile, CEPAL.

Comisión Económica para América Latina, CEPAL, Instituto de Planificación Económica Aplicada, IPEA y Programa de las Naciones Unidas para el Desarrollo, PNUD, (2003). *Hacia el Objetivo del Milenio de Reducir la Pobreza en América Latina y el Caribe.* Libros de la CEPAL No. 70. Santiago de Chile: CEPAL, IPEA, PNUD.

Comisión Económica para América Latina y El Caribe, CEPAL (2000). *La Brecha de la Equidad: Una Segunda Evaluación.* Santiago de Chile, CEPAL.

Germani, Gino (1962). *Política y Sociedad en una Época de Transición.* Buenos Aires, Editorial Paidós.

Lerner, Daniel (1961). *The Passing of Traditional to Modern Societies.* N.Y.; Free Press.

Maritain, Jacques (2002). El Hombre y el Estado. Trad. de Juan Miguel Palacios. 2da. Ed. Madrid, España: Ediciones Encuentro y por el mismo autor (2001). Humanismo integral. Trad. de Alfredo Mendízabal. Prólogo de Juan Manuel Burgos. Ediciones Palabra. Madrid, España.

May, Julian (2004). «Desmantelando la Máquina Anti-Política», Reflexiones Teóricas sobre la Pobreza. Oscar López, Coord., edición a cargo de Marcel Arévalo y traducción al español Ileana Monterroso. *Programa Multidisciplinario sobre Estudios de Pobreza.* Serie Textos Básicos No. 2. Guatemala, FLACSO/ASDI.

Meadows, Donnela, Dennnis L. Meadows, Jorgen Randrsf y William W. Behrens III (1972). Los Límites del Crecimiento. México: FCE.

Sistema de Naciones Unidas, SNU (2000). *Guatemala: La Fuerza Incluyente del Desarrollo Humano.* Guatemala: SNU.

Rostow, W.W. (1965). *Las Etapas del Crecimiento Económico.* México: FCE.

Sistema de Naciones Unidas (2003*). Informe de Desarrollo Humano 2003, Desarrollo Humano, Mujeres y Salud.* Guatemala, SNU.

Otras fuentes

Consejo de Integración social, CIS (2000*). Informe Subregional sobre la Infancia. Istmo Centroamericano*. Recuperado de: www.sicanet.org.sv según se indica en la página principal, página 5.

Gutiérrez, Edgar (2004). «Defensa de los Partidos», *El Periódico*, 2 Octubre, Columnas de Opinión.

Perry, Guillermo, Economista Jefe del Banco Mundial para América Latina,(2004). *Entrevista dada al periodista Andrés Oppenheimer el 27 de septiembre de 2004, exhibida en el Canal 39*, Guatevisión de Guatemala.

www.ingramcontent.com/pod-product-compliance
Lightning Source LLC
Chambersburg PA
CBHW070046080526
44586CB00013B/932